娄东文化精髓

许建平　姚大勇　主编

上海三联书店

图书在版编目(CIP)数据

娄东文化精髓/许建平，姚大勇主编.–上海：
上海三联书店,2023.6
ISBN 978-7-5426-8129-4

Ⅰ.①娄… Ⅱ.①许…②姚… Ⅲ.①文化史–太仓
–文集 Ⅳ.①K295.33–53

中国国家版本馆CIP数据核字(2023)第104451号

娄东文化精髓

主　　编：许建平　姚大勇
责任编辑：王　建
装帧设计：崔　明
监　　制：姚　军
责任校对：马健荣
出版发行：上海三联书店
　　　　　(200030)上海市漕溪北路331号A座6楼
邮购电话：021-22895540
印　　刷：上海世纪嘉晋数字信息技术有限公司
开　　本：700×1000毫米　16开
印　　张：15.25
字　　数：195千字
版　　次：2023年6月第1版
印　　次：2023年6月第1次印刷
书　　号：ISBN 978-7-5426-8129-4/K·720
定　　价：80.00元

敬告读者，如发现本书有印装质量问题，请与印刷厂联系021-69214195

目 录

娄东文化精神(代序)

姚大勇　　许建平

　　太仓,又名娄东,位于今江苏省东南部,长江出海口南岸,东南与上海相接,东北隔长江与崇明岛相望,西北连常熟,南邻昆山,西南为苏州。太仓濒海临江,交通便利,自古为江海要津,境内土地肥沃,河流纵横,属鱼米之乡,物产丰饶。生活在这片土地上的人们拥江蹈海,所创造的文化既富于大陆文化的温和厚重特征,又带有海洋文化的开拓进取精神。

　　太仓与苏州相隔不远,自古关系密切,娄东之名,也与苏州建城相关。据《吴越春秋·阖闾内传》记载,春秋后期伍子胥在今天的苏州地方为吴王阖闾建造新都时,"乃使相土尝水,象天法地,造筑大城,周回四十七里。陆门八,以象天八风;水门八,以法地八聪。"[①]以八座城门对应天上的八个星宿,"象天法地",其中东北一门正对应"娄宿",因名"娄门"。苏州城外娄门所对应之地即为"娄地"或"娄县";经过娄门,向东流经今昆山、太仓而最终汇入长江的河流,也就被称为娄江,是古代太湖的主要泄洪孔道之一,也是太仓的母亲河。娄东之名即由娄县、娄江而来,也有谓因此地位于娄门以东而得名。

　　娄东的太仓之名也是由来已久,"大""太"相通,"太仓"即"大仓"之意。太仓之名,据明弘治《太仓州志》引旧志云:"春秋时吴王于此置仓,故名太仓,又曰东仓。"[②]其实不仅春秋时期,另相传战国后期楚国的春申君黄歇、西汉初期的吴王刘濞、三国时期的吴大帝孙权、五代时期的吴越国国王钱镠等人,都曾在此地设立过大型储仓,可见此地之重要。太仓在行政上长期隶属于苏州,与苏州在地理位置上也相距不远,更像是苏州这座内陆城市的江海门户、水陆码头,南北货物、

---

　　① (东汉)赵晔:《吴越春秋》卷四《吴王阖闾》,《四部丛刊初编》影印明刊本,上海书店出版社1989年版,第282册。

　　② (明)桑悦:弘治《太仓州志》卷一《沿革》,《日本藏中国罕见地方志丛刊续编》,北京图书馆出版社2003年版,第3册,第11页。

东西人流,很多都是先在太仓舍舟登岸,然后转输至苏州,再扩散到内地。"上有天堂,下有苏杭",苏州、杭州自古是繁华富庶之地。杭州因有钱塘江潮的涨落,并不适合发展海洋航运,所以杭州虽在海边,但长期以来却是作为内陆城市在发展。与杭州不同的是,历史上苏州的对外交往却比杭州频繁,作为苏州的出海口,太仓引进的各种异地和异域文化,直接促进了苏州文化的发展和演变。

根据地质和历史考察,今天的太仓及其周围地区,在一万多年前,还是一片汪洋。后来,长江东流所携带的泥沙,由于受到西进的海潮洋流的顶托,在入海口附近的南北两侧堆积起来,约在六七千年前渐渐出水,形成沙嘴,并不断扩大。日积月累,长江口南侧的沙嘴,经今太仓南郊、上海马桥、胡桥一线,和钱塘江北侧的沙嘴联为一体,形成沙堤,这也就是历史上太仓、上海两地的海岸线。沙堤由泥沙和海洋生物的甲壳混合堆积而成,后来海岸线又往东延伸,渐次形成新的陆地,这些沙堤高出于地面之上,当地人称之为冈身。随着历史的推移、泥沙沉积的增多,长江南北两岸的陆地面积也不断扩大。到了三千年前左右的商周时期,长江口南端的海岸线已延伸至今天太仓的陆渡,上海的嘉定、南翔、奉贤一线。约一千年前,即唐末五代时期,江南的海岸线又扩展到了今天的太仓浏河、上海吴淞一带,太仓和上海北部的陆地疆域基本稳定,迄今为止未再发生大的变动。上海和太仓,同为海陆变迁的结果,皆横跨冈身两侧,可谓是相伴而生,比邻而居的两座姊妹城市。

娄东地处长江以南,属亚热带季风气候,夏热冬寒,四季分明,雨热同期,降水丰沛,适合农作物生长。境内河流众多,湖汊纵横,以娄江为主干,构成了完整的水系,属典型的江南水乡。即如沙溪古镇,"一河二街三桥一岛",河流穿镇而过,人家依河而建,一派水乡风情。浏河镇也是水网密布,有"五里一纵浦,七里一横塘"之说,至今仍是桨声帆影,络绎不绝。太仓的地理环境和气候条件,不仅有利农业生产,而且宜于水上运输,这对当地的生产建设布局,经济文化发展都产生了持久深远的影响。太仓节令繁多,习俗丰富,也是和当地自然环境相关,体现了传统农业社会的特征。虽然经过长期的发展,太仓的面貌较之以前有了很大的改变,但是很多习俗得到传承和保留,水乡的遗风余韵仍处处可见。

21世纪初在太仓西北双凤镇维新村发现的原始文化遗址,出土了大量的陶片、砺石、鼎足、石箭镞等遗物,显示了从良渚文化(约前5000—前3700年)到马桥文化(约前3900—前3200年)的文化传承,同时也昭示着:早在四五千年前,就已有华夏先民在娄东这块土地上生活劳作。商朝后期,周部族的太(泰)伯和仲雍兄弟奔吴,开创了吴国。据《史记·吴太伯世家》记载:"吴太伯,太伯弟仲雍,皆周太王之子,而王季历之兄也。季历贤,而有圣子昌,太王欲立季历以及昌,于是太伯、仲雍二人乃奔荆蛮,文身断发,示不同用,以避季历。季历果立,是为王季,而昌为文王。太伯奔荆蛮,自号勾吴。荆蛮义之,从而归之千余家,立为吴太伯。"①太伯为吴国的开国君主,太伯死后,又由仲雍继任。太伯、仲雍兄弟南来,带来了北方中原地区的先进文化,促进了江南的开发。吴国在西周和春秋时虽处于蛮荒之地,但是经过历代君主和臣民的共同努力,势力逐渐扩大,到寿梦(前620—前561)为国君时,发展生产,加强军备,抗击楚国,会盟诸侯,朝礼天子,奠定了吴国的富强之基,寿梦也像楚庄王那样正式称王:"寿梦立而吴始益大,称王。"②寿梦之后吴国的历任君主继续励精图治,开疆拓土,到吴王阖闾、夫差的时候,更是伐楚征越,北上与中原诸侯会盟,称霸于诸侯。

娄东地处江南,历史上娄东的发展与江南的开发基本同步。三国时期,江南,特别是沿江一带,在孙吴政权的管辖之下,已得到一定的发展。自西晋后期永嘉年间(307—311)起,由于中原地区连续战乱,北方士民纷纷南下,避乱江左,史称"永嘉南渡"。大批北方的世家大族和平民百姓的到来,带来了先进的生产技术和文化,促进了江南地区的开发,也推动了中国经济重心的南移。随着东晋与南朝的宋、齐、梁、陈等政权在江南地区先后建立,江南地区得到大量开发。当时为安置北方士民,在南方设立了侨州郡县,娄东地区也有北方来的家族在此定居。

隋唐时期,中国南方得到了进一步的发展,大运河的开凿,主要目的就是为了南方物资的北运。唐玄宗天宝十四载(755),"安史之乱"爆发,北方民众再次大量南迁,规模超过之前的永嘉南渡,正如诗仙李白所记:"天下衣冠士庶,避地东吴;永嘉南迁,未盛于此。"③大批北方移民的到来促进了江南的开发,也使得中国的经济重心正式转移到南方。诗圣杜甫曾以诗描绘当时中国南方的物产通过海运北上的盛况:"渔阳豪侠地,击鼓吹笙竽。云帆转辽海,粳稻来东吴。"(《后

---

① (西汉)司马迁:《史记》卷三一《吴太伯世家》,中华书局2013年版,第3册,第1739页。
② 同上,第1741页。
③ (唐)李白:《为宋中丞请都金陵表》,《李太白全集》卷二六,中华书局1977年版,第1213页。

出塞》其四）"幽燕盛用武，供给亦劳哉。吴门转粟帛，泛海凌蓬莱。"（《昔游》其三）当时中国南方出产的粮食、布帛，可以经由海路，从江南鱼米之乡运到北方幽燕勇武之地。据后人考证，杜甫诗中记述的南粮北运，其起始地即为太仓："所谓'东吴''吴门'者，属太仓以循海道也。"①可见唐朝时，太仓已是中国南方的重要海港，当时已有从太仓起锚南粮北运的海上航线。

五代与两宋时期，随着江南的进一步开发，太湖流域已成为当时中国重要的稻米产地，据记载，"方朝廷在故都（开封）时，实仰东南财赋，而吴中又为东南根柢。语曰：'苏常熟，天下足。'"②南宋时也有"苏湖熟，天下足"之谚③。南北宋之交、"靖康之变"前后，因金人南侵，北方士民再次大量南迁，其规模超过以往的"永嘉南渡"和"安史之乱"，时人云："平江、常、润、湖、杭、明、越，号为士大夫渊薮，天下贤俊多避地于此。"④平江即当时苏州之称，随着南宋政权在南方的建立和巩固，江南地区正式成为中国的政治、经济和文化的中心，位于苏州之旁的太仓也渐次成为东南重镇。

太仓的建置沿革，也正反映了太仓与周围城市的兴衰交替。秦始皇于公元前221年统一六国后，分天下为三十六郡，太仓地区属会稽郡（郡治在今江苏苏州）娄县（县治在今江苏昆山）。隋唐五代和两宋时期，太仓均属苏州的昆山县管辖，为昆山县境内一个非常重要的区域。元代元贞元年（1295），昆山由县升为州，延祐元年（1314年），太仓又成为昆山的州治，这行政建制上的变化，正显示太仓户口、赋税的增加和其重要性的提升，正如元代学者杨维桢所言："吾闻昆山自县升州，户版与地利日增，租赋甲天下州郡县，市贾之舶萃焉，海漕之艘出焉，庸田水道在焉。"⑤到了元末，天下纷争，群雄并起，方国珍、张士诚、朱元璋等人先后在太仓展开反复争夺，原本富庶的太仓受到极大破坏，亲历战乱的玉山草堂

---

① （清）徐崧、张大纯纂：《百城烟水》卷八，江苏古籍出版社1999年版，第439页。

② （南宋）陆游：《渭南文集》卷二〇《常州奔牛闸记》，《陆游集》，中华书局1976年版，第5册，第2165页。

③ （南宋）高斯得：《耻堂存稿》卷五《宁国府劝农文》，文渊阁《四库全书》本，上海古籍出版社1990年版，第1182册，第88页。

④ （南宋）李心传：《建炎以来系年要录》卷二〇，建炎三年二月庚午引郑毅言，文渊阁《四库全书》本，上海古籍出版社1990年版，第325册，第313页。

⑤ （元）杨维桢：《昆山郡志序》，（元）杨譓：《昆山郡志》卷首，《宛委别藏》本，江苏古籍出版社1998年版，第49册。

主人顾瑛不禁感叹："吴宫花草，娄江风月，今皆走麋鹿于瓦砾场矣。"①至正十五年（1355），张士诚占领苏州，过了一年，因为太仓遭受战火破坏，就将昆山州治从太仓迁回原马鞍山南麓的昆山旧治。因为太仓的地理位置实在重要，朱元璋在占领太仓后，于吴元年（1367）在此地设立了太仓卫，洪武十二年（1379），又在此地设立镇海卫，派军驻守。弘治十年（1497），又升太仓为州，辖崇明县，隶苏州府。太仓在元明时，不仅具有商业交通功能，也兼备军事战略价值。

原先与吴淞江和东江一起泄导太湖之水的古娄江，到了唐朝后期逐渐淤塞。五代时吴越国开浚疏通新的河道，将太湖之水分流入海。元朝初年，又对新的河道进行了疏浚。"至元二十四年（1287），水涝为灾，宣慰朱清喻上户开浚，自娄门导水，由娄江以入于海，精得水势顺下，不致甚害。"②新旧河道虽然有异，主体方向仍然是自娄门导引太湖之水，东北流而入海。新娄江的开挖和疏浚，由于合于地势，规划科学，因而有效地承担了太湖的导水功能，河道也自此稳定下来，历经七百余年而无大的改变，不仅连接了长江和太湖，而且新娄江的入海口刘家港也一跃成为江海通港，为接下来太仓的发展奠定了基础。朱清、张瑄正是利用了太仓和刘家港的优越地理位置，开辟了漕粮北运的海上航道。

隋唐和北宋时期，南方的漕粮一般通过大运河北运。元朝初年，朱清、张瑄等人向朝廷倡议漕粮海运，得到批准，并被定为岁制，太仓也因其得天独厚的条件，成为漕粮海运的南方起点。"太仓塘，在昆山，自具塘桥直至周泾出海。宋时湮洪，潮汐不通。至元时，娄港不浚自深，日往月来，不数年间朝夕两汛，可容万斛之舟。于是宣慰朱清自淮而浙，创开海道漕运，每岁粮船必由此入海。"③从至元十九年（1282年）开始，朱清、张瑄等人先后开辟了三条漕粮北运的海上航线，皆是从太仓刘家港出发，特别是至元三十年（1293年）开辟的第三条航线更为便捷："千户殷明略又开新道，从刘家港入海，至崇明州三沙放洋，向东行，入黑水大洋，取成山转西至刘家岛，又至登州沙门岛，于莱州大洋

① （元）顾瑛：《玉山名胜集》卷四《口占诗序》，文渊阁《四库全书》本，上海古籍出版社1990年版，第1369册，第73页。

② （明）卢熊：《苏州府志》卷三《水利》，《中国方志丛书》影印明洪武十一年钞本，（台北）成文出版社有限公司1983年版，第432号，第212页。

③ （明）卢熊：《苏州府志》卷三《川》，《中国方志丛书》影印明洪武十一年钞本，（台北）成文出版社有限公司1983年版，第432号，第191页。

入界河。当舟行风信有时,自浙西至京师,不过旬日而已,视前二道为最便云。"①太仓作为漕粮海运的起点,不仅负责南方粮食的征集与运输,而且其他各种货物、各色人等也纷至沓来,促进了此地的发展和地位的提升。元朝政府在太仓建立了行泉府司和都漕运万户府,专管漕粮海运:"(至元)二十四年(1287),始立行泉府司,专掌海运,增置万户府二,总为四府……二十八年(1291),又用朱清、张瑄之请,并四府为都漕运万户府二,止令清、瑄二人掌之。其属有千户、百户等官,分为各翼,以督岁运。"②后来元朝政府还在太仓设置了管理海舶贸易的机构:"庆元等处市舶提举司,在武陵桥北,元至正二年(1342)提举脱脱造,今镇海卫治是也。"③朱元璋建立政权时,仍设市舶提举司,"掌海外诸藩朝贡市易之事","吴元年(1367)置市舶提举司",后虽于洪武初年相继罢太仓、泉州、广州等处市舶司,然"永乐元年(1403)复置,设官如洪武初制,寻命内臣提督之。"④元朝时在太仓城南设海运仓,用于漕粮海运的物资储备,明朝建立后,依元之旧并加增创,有廒仓900多间,可贮粮数百万石。⑤从海运仓规模之大,可见太仓于南粮北运地位之重要。太仓作为当时漕粮海运的始发港,经济繁荣,贸易兴盛,商业发达,各地的货物、人流汇聚于此,海外客商也纷至沓来,太仓成为名副其实的"天下之仓"。

太仓不仅是漕粮北运的始发地,也是海上丝绸之路的一个重要起点。2016年,在太仓城厢镇樊泾村,发现了一处元代中晚期的仓储遗址,总计出土了150余吨以龙泉窑瓷为主,兼有景德镇、磁州等窑瓷的青瓷碎片。海量的瓷器从各地汇聚于此,说明太仓在当时不仅是全国瓷器的集散中心,也是国家重要的出口贸易基地。从这一仓储遗址的发现也可见出,太仓在郑和下西洋以前,已加入到了海上丝绸之路的运营之中。到明初永乐、宣德年间,又因其各方面得天独厚的优

---

① (明)宋濂等:《元史》卷九三,《食货志》一《海运》,中华书局1976年版,第8册,第2366页。

② 同上,第2365页。

③ (明)桑悦:弘治《太仓州志》卷四《古迹》,《日本藏中国罕见地方志丛刊续编》,北京图书馆出版社2003年版,第3册,第102页。按,此处所言的"市舶提举司",应为"市舶提举分司"。

④ (清)张廷玉等:《明史》卷七五,《职官志》四《市舶提举司》,中华书局1974年版,第6册,第1848页。

⑤ 高琪:〈太仓南郊元明海运仓遗址及相关航海古迹史实初探〉,《明史研究论丛》第十辑,故宫出版社2012年版,第98—116页。

越条件,刘家港被选为郑和下西洋的起锚地和归舶港,太仓的繁荣富庶,臻于极盛。之后由于明廷海禁政策的推行,娄东的海外贸易无奈谢幕,但是长期的文化积累,却使它从明朝中后期开始,在文化上绽放出异彩。

太仓与上海,娄江与吴淞江,在历史上也有极深的渊源。太仓与上海相邻,皆是因水而生。水源的稳定、河流的畅通与否,成为二者是否能成为港口城市的重要条件。唐宋时,吴淞江连通太湖和东海,江面广阔,岸边的青龙镇是当时的商贸重镇。宋元时,由于受到泥沙淤堵的影响,吴淞江两岸因为海舶难入、贸易减少而渐趋衰落,元大德二年(1298),上海市舶司被撤销,并入庆元市舶司。与此同时,新娄江却承担了排泄太湖之水的功能,航运便利,商旅众多,使得太仓成为贸易重镇。至元十九年(1282年)太仓刘家港成为海上漕运的始发港,至正二年(1342),元朝政府又在太仓武陵桥北设立市舶提举(分)司,可见到了元朝中后期,太仓已取代了原上海的位置,成为长江三角洲一带的重要对外商贸口岸。到了明初,太仓更因成为郑和七下西洋的始发港而盛极一时。后因明政府实行海禁,太仓的商贸才逐渐转衰。清初开放海禁,太仓的商贸又一度转盛,浏河镇成为南北货物的一重要集散地。但是因为入清以后,新娄江又逐渐淤塞,水量减少,再加上清廷也长期实行海禁,娄东终难再重现以前的辉煌。也正是从明中叶起,随着黄浦江疏浚成功,接续了原吴淞江排泄太湖之水的功能,黄浦江边的上海再度兴起。到了清代后期,第一次鸦片战争结束,上海开埠以后,更是凭借得天独厚的条件,成为中国最大的商贸城市,上海港也逐渐成为东方第一大港。近代以来,娄东的重要性虽然让位于上海,但是它从未放弃过自身的发展,一直秉持着自己的传统,自强不息,勇担使命,不失为长江沿岸的一重要商贸港口,至有"小上海"之誉,特别是在文化建设和人才培养方面,更是获得了长足的进步。毋庸讳言,太仓与上海在历史上是有竞争,但这种竞争是良性竞争,友好协作,二者共同为社会发展和历史进步做出了自己的贡献。

约而言之,娄东襟江带海,土沃水丰,历代人杰地灵,英才辈出,可谓是因水而生,因江而兴,因海而强,因人而盛。约四五千年前的新石器时代晚期,就已有先民在此生活。历史上这里一直是滨海重镇,元朝时是漕粮海运的始发港,明初时更是郑和下西洋的起锚地,明清以来各样人才更是层出不穷。生活在这片土地上的人们,数千年来创造了灿烂的文化,形成了优良的传统。江南文化离不开水,娄东更是如此。娄东介于太湖和长江、东海之间,其形成与发展,均与水相连,在此孕育并演进的文化,也体现出水的特质。娄东是江海汇聚之处,也是大陆文化与海洋文化交融之区,娄东人的衣食住行,风俗习惯,精神心理,文化艺术,皆带有江南水乡的印记,同时又映射出海洋文化的光彩。"上善若水,海纳百川",娄东文化繁复多样,其主导精神约有四端,以下分别述之。

崇正创新

崇正,是谓娄东人秉持正义,尊崇正道。正因为遵守正道,所以娄东人整体而言心态平和,又比较谦虚,能以平等、谦和的心态看待新的外来的事物。创新,是谓娄东人不务空谈,不拘常俗,注重事功,有"敢为天下先"的精神,对外部事物不保守,善于吸纳新知,为我所用,结合实际,推陈出新。守正与创新,二者相为辅依,互为表里。守正乃创新的信念支柱,为创新提供内部动力;创新为守正的外部表现,同时也拓展守正的内涵。

娄东一地,历来重视文教,尊孔崇儒。娄东长期隶属于苏州,唐宋两朝,苏州均设有官学,教育子弟。元延祐二年(1315),因昆山州治移至太仓,遂于太仓设孔庙与州学合置的庙学。明正统年间,太仓城内设镇海太仓卫学,弘治十年(1497),太仓设州,卫学遂升为州学。清雍正初年,又有镇洋县学之设。除孔庙、官学之外,自元至清,太仓还有书院、社学、义塾、家学,教育的覆盖面涵盖社会各群体,教授内容均以"四书五经"等儒家经典和《资治通鉴纲目》《性理大全》等理学著作为主。因为重视文教,蔚然成风,所以历史上娄东地域虽不大,但是科甲鼎盛,成绩斐然。据今人统计:"明代中期太仓设州以后,自弘治十二年己未(公元 1499 年)迄崇祯十六年癸未(公元 1643 年),太仓州有进士 123 人,举人 255人,贡生 168 人。"其中状元一人,会元、榜眼三人;"清代自顺治四年(公元 1647年)迄光绪三十一年(公元 1905 年)废科举为止,太仓州、镇洋县共有进士约一百人,举人三四百人,诸生五千多人。"其中状元二人,探花二人,会元二人;"明清时期,是太仓科举的黄金时期。在明清两代约 500 年的时间里,太仓共涌现出 300多名文武进士,约 800 名文武举人,还有近万名秀才,取得了不俗的成就,在全国同级别城市中名列前茅,引人瞩目。"①也诚如明清时人所言:"娄之学建立独后

---

① 以上均见高琪:《娄东文化读本》,南京大学出版社 2013 年版,第 84—85 页。

于吴,而科目人材,渐进渐出,遂甲于吴而闻于天下。"①受传统教育的熏陶,太仓历史上的忠臣义士,也是代不乏人。如王锡爵入值内阁,立朝刚正,勇于直言;王忬、王世贞父子忠贞报国,不畏权势;张溥、张采创立复社,复兴古学,指陈时弊,扶植正气,并且继承东林精神,与阉党作斗争,声震朝野。近代以来国势日蹙,娄东人发扬家国情怀,勇于担当,积极地兴办教育,创建实业,救亡图存。清末废除科举,但是娄东人重视文教,尊师重道的传统却一直延续下来,在科学研究和其他行业上做出了令人瞩目的成就,为国家的建设和发展贡献了力量。

娄东人虽然重视文教,尊崇正道,历史上举业兴盛,闻名天下,但娄东人并不保守。娄东文化和其所属的吴文化、江南文化一样,本质上是一种"水文化"。娄东濒海临江,河汊纵横,原为水乡泽国,历代劳动人民通过辛勤劳动,将其开辟成了鱼米之乡。"上善若水""智者乐水",水的流动不居,灵活智慧,也深深启迪了娄东人民,影响了娄东文化。娄东人民勤劳智慧,勇敢坚强,重视文化,尊重教育,不仅在各行各业取得杰出成就,而且常常成为时代的弄潮儿,开拓创新,引领风气。《论语·子罕》中录孔子论水之语曰:"子在川上曰:'逝者如斯夫,不舍昼夜。'"可见古人对时间的珍惜,对进德修业的重视。《荀子·宥坐》中另记孔子与弟子子贡的一番关于水的问答。子贡问孔子为何见水必观,孔子回答说:"夫水遍与诸生而无为也,似德。其流也埤下,裾拘必循其理,似义。其洸洸乎不淈尽,似道。若有决行之,其应佚若声响,其赴百仞之谷不惧,似勇。主量必平,似法。盈不求概,似正。淖约微达,似察。以出以入,以就鲜絜,似善化。其万折也必东,似志。"寻常之水,体现了人身上的德、义、勇、法等各种美德,特别是"其赴百仞之谷不惧,似勇",与"其万折也必东,似志",更是抉示了水所体现出的人的勇敢、坚强的品德。娄东人身上,确也体现出了"万折也必东"之志,与"赴百仞之谷不惧"之勇,他们选好目标、择定志向之后,即不畏艰险,黾勉以求。

人们常谓水文化比较软弱,偏于阴柔秀美。这实际上是对水文化的误解,不仅不符合吴文化的特点,也不符合娄东文化的实际。水,既有小的溪涧,也有大的江海;既有涓涓细流,也有滔滔巨浪;既有风平浪静,水波不兴,也有风高浪快,波澜壮阔。崇正平和绝不预示着保守懦弱,娄东人也具有勇敢无畏的积极进取

---

① （明）吴伟业:《太仓州学记》,《吴梅村全集》卷六〇《辑佚》,上海古籍出版社1990年版,第1219页。

精神,春秋时吴国的征战,海上航道的开辟,就是这种精神的体现。元初张瑄、朱清两位在此开辟海上漕运通道,率人将南方的粮食通过海路运往北方,这也非具勇气与大力者所莫办。

娄东属吴地,吴地向来有尚武之风。太伯与仲雍兄弟体谅父亲周太王,主动避位,固然是体现了其谦让风度,但是兄弟二人并不像同样避位的伯夷、叔齐兄弟那样最终选择退隐,而是来到吴地,开创新的基业,这正体现了其开拓精神,这种精神也传给了后世吴人。汉代民间歌谣"吴王好剑客,百姓多创瘢"(见《资治通鉴·汉纪三十八》),虽是讽刺之言,但也道出了古代吴人的尚武之风。从关于春秋时吴国人干将莫邪铸剑的传说(见《太平御览》卷三四三载刘向《列士传》和《孝子传》,另见晋干宝《搜神记》),以及春秋末期专诸刺杀吴王僚,要离刺杀庆忌这些真实的历史事件,均可看到吴地民众勇武的风气与坚毅的性格,正如东汉班固所言:"吴、粤(越)之君皆好勇,故其民至今好用剑,轻死易发。"①

春秋后期,吴国经过长期的发展,已成为一方霸主。其在娄东地区设置大型仓储,娄东的太仓之名也即由此而来。这大型仓储的设立,不仅与娄东的地理位置相关,也是吴国的军事、政治雄心的体现。吴国是希望通过在此濒海之地设置仓储,为其向海上的发展提供物资与航运上的保证和便利,娄东地区正是吴国向海洋发展的一个前进基地。春秋吴国很早就训练水军,吴王阖闾曾挫败了夷人的侵扰,追至海上,并迫使其投降。据记载,"阖闾十年(前505),国东有夷人侵逼吴境",阖闾亲征,"夷人闻王亲征,不敢敌,收军入海,据东州沙上。吴亦入海,逐之,据沙洲上,相守一月。"后夷人"献宝物,送降欸,吴王亦以礼报之。"②这次阖闾与夷人的征战,按其方位,即在今太仓一带的陆海之上。另鲁哀公十年(前485),吴王夫差亲领军队伐齐南境,另派徐承率舟师从海上夹攻③,由此爆发了中国历史上有记载的第一次海战。这次海上之战尽管以吴国舟师的败绩而告终,但从中也可见吴国军队的英勇和其向海洋进军的气魄。

越王勾践于周元王三年(前473)灭吴之后,即将都城由越迁吴,显示出其统

---

① (东汉)班固:《汉书》卷二八《地理志》下,中华书局1962年版,第6册,第1667页。

② (宋)范成大:《吴郡志》卷五〇引《吴地记》,《丛书集成初编》本,中华书局1985年版,第3152册,第420页。

③ (清)高士奇:《左传纪事本末》卷五一,文渊阁《四库全书》本,上海古籍出版社1990年版,第369册,第517页。

治中心的北移。相较于以前的都城会稽(今浙江绍兴),以吴都(今江苏苏州)为都城,既便于越国北上与中原诸国争衡,同时因有娄东这一出海口,也利于其向海洋扩张。秦统一六国后,推行郡县制,也以吴县(今江苏苏州)为会稽郡治所,今昆山、太仓、嘉定、上海等地,当时统归会稽郡下的娄县管辖。在秦末的反秦风暴中,项梁、项羽叔侄即在吴中起兵,其所带的八千子弟兵,绝大部分也就是吴地健儿。后来项羽在和刘邦的垓下会战中失败,不肯过江东回吴地,自谓无颜见江东父老(《史记·项羽本纪》),也体现了这位失败的英雄的刚烈气概。汉末三国时期,东吴政权除了在陆地上与曹魏和蜀汉政权展开争夺外,还在海上进行了大规模的航海活动。黄龙二年(229),孙权"遣将军际温、诸葛直将甲士万人浮海求夷洲及亶洲。"嘉禾元年(232)三月,"遣将军周贺、校尉裴潜乘海之辽东。"是年冬十月,"魏辽东太守公孙渊遣校尉宿舒、阆中令孙综称藩于权,并献貂马。"次年三月,孙权"遣舒、综还,使太常张弥、执金吾许晏、将军贺达等将兵万人,金宝珍货,九锡备物,乘海授渊。"①动辄上万人的庞大舰队泛海远征,北上辽东,可见当时东吴高超的航海水平和无畏的勇气胆识。元初,张瑄、朱清两位不畏风险开辟海上漕运路线;明时,倭冠也曾侵扰此地,受到当地军民的奋力反击,这些也都体现了娄东人一贯的开拓进取、勇猛刚毅的精神。

虽然春秋后期的吴越争霸,最终以吴国的灭亡、越国的胜利而告结束。但是吴国亡国以后,原先的文化并没有消失,而是作为一种有生命力的文化,通过吸收越文化、中原文化和其他地方的文化,融合发展,推陈出新,逐渐发展出了以今长江三角洲地区为主要流行区域的吴文化。吴地伟烈之士的任侠尚武之风,到后世则转化成了开拓冒险精神。娄东自古属吴地,娄东文化作为吴文化的一个重要组成部分,也以自身的特色,丰富了吴文化的内涵。娄东在历史上,也多次经历了战乱,如唐时的"安史之乱"、宋时的"靖康之变"、元末战乱、明清鼎革,另外在明朝时还常受到倭寇的侵扰,在近现代也多次遭受帝国主义的侵略,但是它每次都能很快医治好战争的创伤,迅速恢复。这也正如水一样,虽然看似柔弱,但是奔流赴海,百折不回。娄东也是屡经磨难,而自强不息,一遇有适当时机,就无可阻遏地发展起来,甚至青出于蓝,较前更盛。

娄东文化除了具有吴文化、江南文化的总体特征,还有自己的独特之处,其

---

① (晋)陈寿:《三国志》卷四七《吴主传》,中华书局 1959 年版,第 5 册第 1136、1138 页。

中重要一点，就是因其处于海头江尾，江南吴地的边缘，虽非中心区域，但是反而易得地利之便，不仅发展得快，而且可以更直接便捷地与中国南北各地甚至海外国家和地区进行经济贸易往来，燕赵、齐鲁、江淮、闽广，乃至日本、朝鲜、东南亚等国家和地区的文化联翩而至，太仓对之来者不拒，兼收并蓄。经贸的繁荣，移民的兴盛，共同促成了当地的繁荣。元代太仓一度成为昆山州治所，而据当时人所言："今州治乃旧太仓地，地濒海荒落，其后日渐生聚成市，蕃汉闽广，杂处混居，而土著者十无二三，文学之士率自他邦来，今之旧隶儒籍者数不满十人。"①太仓虽原是海边荒僻之地，但是因有地理上的优势，再加上人心理上的开放，很快地就聚集成市，而且吸引了各处的人来此杂居。各样人才的到来，为太仓的发展带来了活力，注入了动力，也促进了当地文教的兴盛，文化的繁荣。可以说，太仓虽处于吴地的边缘，但是在文化上常引领风气，成为吴地，有时甚至是中国的文化中心。

娄东文化，如水之秀润灵动，奔腾澎湃，娄东人也常常是引领风气，具有开放性和创新精神。娄东历史固然很长，但是其发展也有个从酝酿到成熟的过程，并非一蹴而就。毋庸讳言，如果只是单纯地向内陆发展，娄东一地并没有多少优势可言，吴文化的中心是苏州，娄东因地处海滨，长期是作为吴地的边邑出现在历史舞台，直至宋代，它都不如苏州及其他周边城市那般显耀，而只是安心地僻处一隅。而当吴地需要向海洋拓展时，首先就得借濒海临江的娄东作为其出海港口，娄东的地理优势立时得以体现，它也可顺势而为，得到长足发展。

娄东在历史赋予它重任时，它也当仁不让地肩负起自己的使命。在元代，娄东因是漕粮海运的始发港，在经济、文化各方面都快速发展。到了明代永乐、宣德年间，太仓作为郑和七下西洋的起锚地，更是达到了其经济发展的历史最高峰。随着郑和下西洋的结束，娄东在经济上虽不如以前辉煌，但是凭借着以前打下的基础，娄东在文化上仍继续迈进。明清两朝，娄东在政治、军事、经学、文学、书画、音乐、戏曲、工艺、科技各方面皆取得巨大成就，出现了一大批各行业领域内的顶尖人物，如王忬、王世贞、王锡爵、魏良辅、严澄、王时敏、陆子冈、张溥、吴伟业、毕沅、俞粟云等。大批的文化名人在不太长的时段内集中出现，这不仅在

---

① （元）李祁：《昆山州重修儒学记》，（明）钱谷编：《吴都文粹续集》卷五，文渊阁《四库全书》本，上海古籍出版社 1990 年版，第 1385 册，第 129 页。

吴文化区内,就是从整个中国来看,也是非常突出的现象。可以毫不夸张地说,明清时的娄东,已从海滨僻邑变成了名副其实的文化中心区域。近代以来,随着上海的崛起,娄东作为对外贸易港口的位置逐渐让位于上海,但是它仍在继续发挥着人才支撑的作用,源源不断地为各行各业培养、输送各类优秀人才。

相较于吴中其他地方,娄东的发展、兴盛在时间上确实比较靠后,但是一俟因缘际会,便一日千里。明末清初娄东人吴伟业在《太仓州学记》中说:"吾娄之有学,自先朝弘治年始,有州即有学……是以娄之学建立独后于吴,而科目人材,渐进渐出,遂甲于吴而闻于天下。"①不仅科举,娄东的其他方面也是如此,多呈后来居上之势。娄东在明清时的文教,确实是甲于东南,闻名天下。如王锡爵,嘉靖四十一年会试第一,廷试第二,万历二十一年为内阁首辅。②王世贞为嘉靖二十六年进士,主盟文坛二十余年"一时士大夫及山人、词客、衲子、羽流,莫不奔走门下。片言褒赏,声价骤起。"③可以说,娄东在明朝后期,俨然成了天下文人学士争趋向往的文化圣地。明末清初的四王画派,更是引领全国的画坛风气两三百年,娄东也当之无愧地成了全国的艺术中心。

娄东地区本属陆地上的农耕区域,但是它又是江海通津,在文化的产生与发展上又与水相关,海洋文化的特征也较为明显。太仓文化既有江南文化的灵秀,又有海洋文化的刚健。当地的人民千百年来为了生存和发展,一直顽强地与严酷的自然相抗争,不仅改造了当地环境,将海边斥卤之地垦辟成富庶之区,而且积极地向海洋拓展,将风高浪险视为常态,于惊涛骇浪中鼓勇前行。千锤百炼,历代相传,太仓人也具有宽广豪迈的胸襟、拼搏进取的精神。

郑和下西洋无疑是大明王朝蒸蒸日上国力和昂扬骏发精神的体现,也是娄东历史上最值得称道的事件。郑和七下西洋,皆以太仓为起锚地和归舶处,这也是历史的抉择。自东晋至两宋,永嘉东渡、安史之乱、靖康之变,导致中国的经济重心由北方的黄河流域转移到南方的长江流域。唐朝时,已是"天下大计,仰于

---

① (明)吴伟业:《太仓州学记》,《吴梅村全集》卷六〇《辑佚》,上海古籍出版社 1990 年版,第 1219 页。

② (清)张廷玉等:《明史》卷二一八《王锡爵传》,中华书局 1974 年版,第 19 册,第 5751、5752 页。

③ (清)张廷玉等:《明史》卷二八七《王世贞传》,中华书局 1974 年版,第 24 册,第 7381 页。

东南"①。到了宋代,太湖流域更是成了国家重要的粮食产地,有"苏湖熟,天下足"之谚②。及至元朝,不仅有"江浙税粮甲天下"之说,而且平江(苏州)、嘉兴、湖州这太湖周边三地的税粮又"当江浙什六七"③。娄东衔江接海,居南北之中,由此可以北上燕云,南下闽广,甚至远及海外,当时太湖流域出产的粮食和其他物资若要从海路外运,首选太仓刘家港。

元世祖至元十九年(1282),鉴于内河航运和陆上运输的限制,下诏寻求南粮北运的新路线。朱清、张瑄二人建议实行海运,被朝廷采纳,二人遂居太仓,主持漕粮海运大计,开创了漕粮海运的历史,将南方的粮食等物资,源源不断地运往北方。随着漕粮海运的进行,太仓的海外贸易也迅速发展起来,东南福建、浙江、广东的客商,甚至日本、高丽、琉球、南洋的外商,也云集于此。据明弘治《太仓州志》记载:"元至元十九年(1282),宣慰朱清、张瑄自崇明徙居太仓,创开海道漕运,而海外诸番因得于此交通市易,是以四关居民闾阎相接。粮艘海舶,蛮夷商贾,辐辏而云集,当时谓之六国马(码)头。"④元代漕粮海运的路线主要有三条,皆是从平江路刘家港出发。⑤"宋时潮汐不通,至元时娄江不浚自深,潮汐雨汛,可容万斛之舟,朱、张由是开创海运,每岁粮船必由此入海。"⑥以漕粮海运为龙头,不仅粮船由此入海,其他各种货物、资源也在此集中。随着对外贸易的兴盛,太仓本地的经济迅速发展繁荣,明代陈伸在《太仓事迹序》中就记载了当时太仓的盛况:"税家漕户,番商贾胡,云集阛阓。粮艘商舶,高樯大桅,集如林木。琳宫梵宇,朱门大宅,不可胜记。四方谓之天下第一码头。"⑦"六国码头""天下第一码头"之称,都是对当时太仓地位的形象说明。不仅各地商贾接踵而至,而且由刘家港下海,也可直达东洋、南洋和西洋,娄东已成为当时海上丝绸之路的重要

---

① (宋)欧阳修等:《新唐书》卷一六五《权德舆传》,中华书局 1975 年版,第 16 册,第 5076 页。

② (宋)高斯得:《耻堂存稿》卷五《宁国府劝农文》,文渊阁《四库全书》本,上海古籍出版社 1990 年版,第 1182 册,第 88 页。

③ (明)宋濂:《元史》卷一三〇《彻里传》,中华书局 1976 年版,第 10 册,第 3163 页。

④ (明)桑悦:弘治《太仓州志》卷一《沿革》,《日本藏中国罕见地方志丛刊续编》,北京图书馆出版社 2003 年版,第 3 册,第 12 页。

⑤ 章巽:《我国古代的海上交通》,复旦大学出版社 2015 年版,第 218—221 页。

⑥ (明)桑悦:弘治《太仓州志》卷一《山川》,《日本藏中国罕见地方志丛刊续编》,北京图书馆出版社 2003 年版,第 3 册,第 21 页。

⑦ (明)陈伸:《太仓事迹序》二,(清)王昶:嘉庆《直隶太仓州志》卷六三《旧序》,清刊本。

始发地。朱瑄和张清开辟元代漕运的海上通道,固然值得称道,而其背后正是有以前航海知识与经验的积累,有太仓人在人力和物力上的支持,有太仓人开拓冒险精神的支撑。若不然,张清、朱瑄只会是海上的一股盲流,而不可能成就一代伟业。

　　元朝末年,因为战乱,太仓沦为几方势力的争夺之地,遭到严重破坏。朱明王朝削平各方势力,统一中国之后,即着手恢复海运,且延续以前元朝的政策,继续由刘家港作为漕粮海运的始发港。太仓在元明之际虽一度衰落,但很快就得到恢复。明朝政府在太仓南码头兴建仓房,贮存粮食,额定漕船数量,并派军队负责押运,以保证北方粮食供应。明代高宗本《太仓十景·南仓烟草》小序中就言:"太仓城南有海运仓,人皆以南仓呼之。永乐初年,贮米数百万石,浙江等处起运秋粮皆赴焉,故天下之仓,此为最盛。"①太仓在当时是关系国家命运的南方重镇。从明永乐三年(1405)到宣德八年(1433)间,郑和七下西洋,更是均以太仓刘家港为起锚地:"永乐三年(1405)六月命(郑)和及其侪王景弘等通使西洋。将士卒二万七千八百余人,多赍金币。造大船,修四十四丈、广十八丈者六十二。自苏州刘家河泛海至福建,复自福建五虎门扬帆"②而据宣德六年(1431)年初郑和第七次下西洋前在娄东刘家港天妃宫所立《通番事迹碑》:"(郑)和等自永乐初,奉使诸番,今经七次,每统官兵数万人,海船百余艘,自太仓开洋,由占城国、暹罗国、爪哇国、柯枝国、古里国,抵于西域忽鲁谟斯等三十余国,涉沧溟十万余里。观夫鲸波接天,浩浩无涯,或烟雾之溟蒙,或风浪之崔嵬,海洋之状,变态无时,而我之云帆高张,昼夜星驰。"③三十余年之间,郑和率人七下西洋,遍历诸国,风险备尝,洵为世界航海史上的壮举。庞大船队出海对各种人力、物力的需求,又导致了各式人才、各种物产,如水之赴壑,向娄东集中,共同促进了此地的繁荣。优越的地理环境,雄厚的物力财力,发达的造船术,富有经验的舵师水手,这些都是郑和选择以太仓刘家港为下西洋起锚地的直接原因。娄东人民所具有

---

　　①　(明)桑悦:弘治《太仓州志》卷一〇上《诗文》,《日本藏中国罕见地方志丛刊续编》,北京图书馆出版社2003年版,第3册,第265页。

　　②　(清)张廷玉等:《明史》卷三〇四《郑和传》,中华书局1974年版,第26册,第7766—7767页。

　　③　(明)郑和:《娄东刘家港天妃宫石刻通番事迹记》,(明)钱谷编:《吴都文粹续集》卷二八,文渊阁《四库全书》本,上海古籍出版社1990年版,第1385册,第722页。

的冒险精神、开放胸襟,支持着郑和船队劈波斩浪,远涉重洋。也正是在郑和下西洋时期,太仓达到了其历史发展的顶峰。从"天下之仓""天下第一码头"之号,可见太仓在农业与商业上所担负的不同使命,同时二者又相互依存,"天下之仓"的繁荣富庶促进了"天一第一码头"的形成,而"天下第一码头"反过来又促进了商品的流通与集中,使太仓成为各色物品的汇聚之地,"锦绣江南金太仓"名不虚传,太仓至此成为名副其实的"天下之仓"。虽然后来因为各种原因,下西洋之举被强行废止,但是太仓人开拓进取的精神依然还在,并一代一代传承下来。

宋元时期,因地理便利,商贸兴盛,生活富足,已有文人墨客在娄东登上历史舞台。宋代,娄东即已出现龚宗元家族、郑覃家族和胡峄家族等文化家族。元代顾瑛筑玉山草堂于娄江之上,招引其他文人画士如杨维桢、倪瓒等慕名而来,诗酒流连,传下历史佳话。郑和七下西洋以后,明廷实行海禁政策,楼船敛迹,海域寂寞,但是在长期的历史发展中积累下来的文化因子,却借着郑和下西洋带来的经济余荫,在太仓这片濒海临江之地孕育绽放,形成了璀璨多姿的"娄东文化"。因郑和下西洋汇聚而来的丰厚的物质固然促进了当地经济的发展,而下西洋所体现的开拓进取精神,更是深植在娄东民众的思想深处,对太仓产生了潜移默化的影响。繁荣的经济、开放的思想、纯朴的民风、包容的精神,吸引着八方人士荟萃于此,或驰技献艺,或经商会友,或长期定居,或短期停留。明代中后期开始,娄东地区经过长期积累,文化上出现了"爆发"的局面,文化家族也大量出现。文学上,"后七子"之一的王世贞即为太仓人,他继李攀龙之后主盟文坛二十多年,是当时当之无愧的文坛领袖。吴伟业不仅开创了"梅村体",而且引领了盛极一时的"娄东诗派"。张溥、张采兄弟领导的复社,既是文学社团,也是政治团体,可以影响政治舆论,左右士林风气。绘画上,"吴门四家"之一的仇英原籍即为太仓,王时敏、王原祁开创的"娄东画派"更是引领画坛风气数百年。音乐上,"曲圣"魏良辅在太仓创制了昆曲,徐上瀛也创立了"娄东琴派"。雕刻上,出现了以赵宧光、汪关为代表的娄东篆刻派,陆子冈也在太仓从事玉雕,被称为玉雕大师。娄东文化从明中叶起开始绽放,异彩纷呈,蔚为大观。

重教务实

娄东人历来尊崇文化,重视教育,同时又关注现实,热心世事,不重虚名,躬行实践,具有求真务实的精神。

　　娄东在古时不仅以贸易兴盛闻名,更以文教昌明著称。自唐宋直至明清,此地除了开设州学、县学、孔庙、书院这些公开的教育机构,还广设家学,以教育子弟,传承文化。娄东地方虽不甚大,但是科甲鼎盛,明清两朝共出文武进士300多名,举人800多名,状元、榜眼、探花也所在多有。如沙溪与浏河均为娄东古镇,据统计,历史上沙溪共出进士54名,浏河出进士26名,浏河还有榜眼2人(王锡爵、王衡父子),举人63名①,可谓成绩斐然,令人欣羡。除了举业,娄东人还重视其他学问与技术,历史上所出的医药、商贾、农林、艺术等方面人才也不胜枚举。光绪三十一年(1905),清廷下诏废止科举,娄东一带又相继兴办了各式中小学堂和师范、职业学校,继续为社会培养输送各类人才。正是因为重视教育,所以娄东一地从古至今风俗淳厚,人才辈出。

　　娄东历史上的一个重要现象就是家族文化的兴盛。富裕的经济,重文的风气,催生了娄东的众多文化家族。北宋时,娄东一地虽然在经济上还未如后世那般兴盛,但是已出现以龚宗元、郏亶、胡峄为代表的龚、郏、胡三大文化家族,且都传承至三代以上,每代皆有才俊出现,显示出娄东在文化上的崛起。其中郏亶(1038—1103)还是娄东历史上第一位进士,堪称"破天荒":"郏亶字正夫,太仓人。起于农家,自幼知读书,识度不类凡子。年甫冠,登嘉祐二年进士第。昆山自国朝以来,无登第者,正夫独破天荒。"②北宋仁宗嘉祐二年(1057)的这一届科举,由欧阳修主考,所录取的进士中,不乏像苏轼、苏辙、曾巩、张载、程颢、王韶、吕惠卿、曾布、章惇这些后来在各方面都出类拔萃的人物,号称是中国千年科举史上网罗人才最多的一届。郏亶年方二十,而能与一代文豪苏轼同榜中进士,其聪慧与勤奋程度都不难想见。其后郏亶子郏侨"亦有才,乡里推重,谓之郏长官。尝为王荆公所器许,见之于诗。有《幼成警悟集》行于世",其孙"升卿,绍兴进士,知常、徽二州"③,皆能绍其家声。之后元明清三朝,娄东的文化家族则更多,代表性的是以顾瑛为代表的江南顾氏家族,以王世贞为代表的琅琊王氏家族和以王锡爵为代表的太原王氏家族。这些家族不仅人丁兴旺,瓜瓞连绵,而且家风传承,绵历久远。如顾氏自汉魏至隋唐即为江东四大姓之一,唐以后南北播迁,流

---

① 高琪:《娄东文化读本》,南京大学出版社2013年版,第231—232页。

② (宋)龚明之:《中吴纪闻》卷三《郏正夫》,上海古籍出版社2012年版,第43页。

③ (宋)凌万顷、边实《淳祐玉峰志》卷中《郏亶》,《宛委别藏》第45册,江苏古籍出版社1988年版,第114页。

衍日广。元朝后期,顾瑛(1310－1369)筑玉山草堂于昆山,时太仓为昆山州治,顾瑛家富园池亭馆之盛,他本人又轻财好客,喜交文士,玉山草堂遂成为文士游宴聚会之所,当时文坛上的知名之士,如杨维桢、柯九思、倪瓒等,也多往来太仓,诗文唱酬,留下《玉山名胜集》《玉山倡和》《草堂雅集》等唱和联咏诗集,文采风流,映照古今,玉山雅集遂与以前的金谷、兰亭、西园诸会相颉颃,成为盛极一时的文坛雅事。王世贞是明代的文坛领袖,与其弟王世懋及其子王士骐、王士骕、王士骏俱以诗文著称。王锡爵与其子王衡俱中榜眼,晚年回乡后,因其支持倡导,其子孙又以戏剧和绘画擅长,其家乐班延续时间达八十余年之久,其孙王时敏为“四王”之首,开创娄东画派。王时敏后代也一直传承画学,直至清末,后裔女孙王采蘋等仍以绘事知名艺林。此外如汪廷玙家族、陆增祥家族、唐文治家族等也均以科举显盛,簪缨连绵,为世所称。汪廷玙、汪学金父子,先后于乾隆十三年(1748年)和乾隆四十六年(1781年)中探花。陆增祥于道光三十年(1850)中状元,其堂弟陆增炜也于光绪二十四年(1898)中会元。唐受祺、唐文治父子均投身科举,唐文治更是国学大师,推扬国学不遗余力。可以说,文化家族的迭相出现,是太仓历史文化的一个显著特征,正是一些绵延久远的文化家族,有力地撑挂起了太仓的文化大厦,促进了文化的传承延续。

直至近代,娄东的人才培养,仍继续体现出家族文化的特征,许多科学、实业、教育、艺术等领域的重要代表人物,也多出身于文化世家。如陆宝忠(1850－1908),太仓城厢人,清末教育家。其父为举人,曾官刑部郎中。陆宝忠于光绪二年(1876)中进士,历任湖南督学使、内阁学士兼礼部侍郎、户部右侍郎等职,支持变法,提倡新学,重视教育。光绪二十六年(1900)出任顺天学政时,上疏请整顿教育,广设学堂。光绪三十一年(1905),复又上疏请设立文部,专管自京师大学堂、译学馆以下的各省学堂。他还主张加强师范教育,广储人才,推广职业教育,多设商、农、工、蚕、林学等科目,以促进国家的发展。这些措施均切合实际,符合需要,在当时取得了显著的成效。陆宝忠以其超前的眼光,促进了中国近代教育事业的发展。再如唐文治(1865－1954),出生于太仓岳王市的文化家庭,其父唐受祺为塾师。唐文治自小接受儒家经典教育,曾入江阴南菁书院学习,十八岁中举人,二十八岁中进士,先后在户部、总理衙门、外务部和商部任职,主张学习西方先进科技文化,提倡兴办实业,维护国家民族权益。光绪三十三年(1907)担任邮传部上海高等实业学堂(交通大学前身)监督(校长),到任后调整学科,先后创设铁路、电机、船政等专科，开中国近代高等学校工程专科教育之先河，也奠定了以后交通大学的发展方向。1920年，又应聘任无锡国学专修馆馆长，1927年改校名为无锡国学专门学院，褪去私家学馆色彩，1929年定名为无锡国学专修学校。唐文治自无锡国专创办直至解放，培养了大批中国传统学术方面的优秀人才，为保存国学、传承文化做出了无可替代的贡献。另唐文治子唐庆诒为英语语言学家，曾任交通大学外文系主任；唐庆增为中国经济思想史专家，曾任复旦大学经济系教授；唐永庆为银行家，皆以所学服务社会。唐文治孙唐孝威，为核物理及脑科学专家，中国科学院院士；其堂孙女唐孝炎，为环境化学专家，中国工程院院士均为新中国的科学事业做出突出贡献。又如王契华（1877—1952），为太仓王锡爵家族后裔，初攻科举，光绪二十九年（1903）在京师大学堂（今北京大学）毕业后，留学日本，入日本帝国大学农学科研读农业经济管理，获农业硕士学位。民国元年（1912）归国后，在太仓家乡创办农事试验场，传播近代农业知识和技术，引进良种推广种植。他也提倡男女平等，兴办女学，先后出任江苏省立第二农业学校校长，太仓县农村师范学校校长，私立娄东中学校长，对农业和教育事业均做出重大贡献。另外，王采蘋、王采蘩、王采藻、王采蓝姐妹，为王锡爵家族后裔，"四王"之一王原祁的六世（有谓是七世）孙女，均擅诗文书画，其中王采蘋还被合肥李鸿章聘为家庭女教师。诸人所作山水画卷既宗奉家法，而又有所变化，显示了"娄东画派"在近代的发展。又如世界知名物理学家，被誉为"东方居里夫人"的吴健雄（1912—1997），就出生于太仓浏河镇的一个书香门第。其父吴仲裔早年就读于上海的南洋公学，曾加入同盟会，投身近代民主革命，并参加反对袁世凯的斗争。吴仲裔思想也开明，提倡男女平等，创办明德女子职业补习学校。吴健雄出生于这样的家庭，从小就受到很好的教育，不仅能与其他兄弟一样读书识字，还可学习近代科学知识，这对她以后的成长和科学成就的取得无疑起了至为重要的作用。正是借助家族文化传统，娄东在近代成功实现了人才培养的转型，这是娄东在面临"三千年未有之变局"时，审时度势所采取的顺应时代潮流之举。

娄东文士有蒿目时艰、以天下为己任的传统，无论是身居高位，抑或是沉抑下僚，均不失家国情怀。娄东自宋元以来文风鼎盛，文士于诗文中，常表现对时世的关切。王世贞作为文坛领袖，提出"复古"的主张，这并非是守旧倒退，而是有感于当时积弊不振的国势，内忧外患的现实，所提出的革新的要求，他实际上正是欲通过文学上之"复古",从而实现政治上之革新。他的笔下,对于当时大明王朝的百姓困苦、国势安危、朝政腐败、军事败衄都有所揭露,体现了他作为一介文士对民事、国事的深切同情和关注。王锡爵执掌中枢,虽以政治知名,但是他的奏疏,剖析事理,直陈时弊,写得铿锵有力,文采斐然。张溥主盟复社,评议时政,他的名文《五人墓碑记》,淋漓尽致地颂扬五位"激于义而死"的普通市民,鲜明地提出"匹夫之有重于社稷"的主题,既见出他对烈士的赞颂,也见出他对蕴藏在民众中间的道义与力量的推重。明清鼎革之后,娄东文士也是念念不忘故国,多于诗文中表达故国之思。吴伟业所创的"梅村体",就是继承了杜甫的"诗史"传统,以七言歌行来记述明清之际的历史事实,表达对大明覆亡的慨叹反思。娄东人喜欢戏剧,娄东文士不仅观看,也搬演、创作戏剧。所作戏剧,也多非孤芳自赏,而是借剧作寄托自身对社会和时世的感慨。《鸣凤记》传奇,不管是王世贞本人,抑或是其门人所作,都是歌颂义士,指斥权奸的时事剧。王衡的《郁轮袍》借用盛唐王维的故事,反映明末的现实,通过骗子王推冒充王维差点成功的行径,形象揭示了作者所处时代的是非颠倒,黑白难分,作者对此虽是满腔愤懑,然也徒唤奈何。瞿式耜(1590—1650),江苏常熟人,崇祯时刚直敢言,被人陷害,明亡后坚持抗清,辗转奔走,备尝苦辛,最终在桂林与张居正曾孙张同敞一起为国尽忠。①王抃的《浩气吟》传奇,即直写邻县瞿式耜的殉国事迹,表现了作者对大明王朝的眷恋,对忠臣义士的尊崇,这在清初的社会环境下,实担着巨大的政治风险。吴梅村不仅以"梅村体"诗记述明亡清兴的史实,他的《通天台》《临春阁》《秣陵春》三部剧作,也是以历史上先后在金陵覆亡的梁、陈和南唐政权为背景,借历史旧事,抒故国之思,感人至深。不管是诗文,还是戏剧,也不管是直抒心志,还是别托襟抱,这些作品都是娄东文士关注现实精神的反映。

娄东人注重实务,不喜空谈,允文允武,多才多艺,这在娄东文士身上亦有鲜明体现。即如北宋郏亶,出身农家,虽以科举入仕,然关心时务,注重实行,跋涉野外,精研水利。神宗熙宁三年(1070)应诏上书,提出系统治理苏州水患的主张,总结自唐末以来治理水患因不切实际而导致的六种失误,指出治水必须"去其六失,行其六得","六得"即为"辨地形高下之殊,求古人蓄泄之迹,治田有无后

① (清)张廷玉等:《明史》卷二八〇《瞿式耜传》,中华书局1974年版,第23册,第7179—7184页。

之宜,兴役顺贫富之便,取浩博之大利,舍姑息之小恩",之后,"亶又上治田利害,大概有七",其中主要为"论古人治低田、高田之法","论后世废低田、高田之法","论自来议者只知决水,不知治田","论今来以治田为先,决水为后"。①郏亶疏上之后,"除司农寺丞,旋出提举两浙水利",不久即因朝廷党争,而遭罢免。回乡之后,他又亲自治水种田以做试验,"治所居之西积水田曰大泗瀼者,如所献之说,为圩岸、沟洫、井舍、场圃,俱用井田之遗制,于是岁入甚厚。即图其状以献,且以明前日之法非苟然者。"②他细致考察太湖地区治水的历史,实地踏勘周围的河流,结合自己治水治田的经验,撰成《吴门水利书》。郏亶子郏侨也善治水,继郏侨续辑《吴门水利书》,并有所发明。此书虽已佚,但是从保存在《吴郡志》中流传至今的郏亶论治理水患六失六得和治田利害七事这两篇珍贵的治水文献,可见他注重实际,实事求是,于水患治理全面、丰富而又辩证的思想。再如明代王世贞家族,虽以艺文传家,然也有武学传统。其祖父王倬即任南京兵部右侍郎,其父王忬也是以文官而任武职,擅长军事,北御蒙古,南平倭寇,皆有奇功,历任大同巡抚、蓟辽总督,于巩固边防,抵御强敌起了无可替代的作用。③王世贞虽是一介文士,但是也曾多次按察地方刑狱,审理积案,洗血冤狱,弹劾不法,晚年乡居再起后,任南京兵部右侍郎、南京刑部尚书,仍是直风亮节,一如既往。④娄东历史上的两位状元,不仅皆学识渊雅,著述弘富,且都携笔从戎,参与军事。毕沅(1730-1797)为乾隆二十五年(1760年)状元,在陕西与湖广主政期间,皆带兵临敌,剿抚有功,后病逝于湖南辰州军营中,可谓是为朝廷鞠躬尽瘁。⑤陆增祥(1816-1882)为道光三十年(1850)状元,在家服丧期间,受咸丰帝谕旨督办团练,从太平军手中收复嘉定,后又出任湖南辰沅永靖道道员,缉捕盗贼,政声卓

---

① (宋)范成大:《吴郡志》卷一九,《丛书集成初编》本,中华书局1985年版,第3149册,第164-166页。

② (宋)龚明之:《中吴纪闻》卷三《郏正夫》,上海古籍出版社2012年版,第43页。

③ (清)张廷玉等:《明史》卷二〇四《王忬传》,中华书局1974年版,第18册,第5396-5399页。

④ (清)张廷玉等:《明史》卷二八七《王世贞传》,中华书局1974年版,第24册,第7379-7381页。

⑤ (近)赵尔巽等:《清史稿》卷三三二《毕沅传》,中华书局1977年版,第36册,第10976-10978页。

著。①从这些文士履历的与众不同之处,正可见娄东人勇于担责,求真务实的精神风范。

历史上,娄东曾长期处在中国与外界交流的前沿,这固然与太仓独特的地理位置、丰饶的物产有关,同时也与太仓本地的人力资源密切相连。元初主持漕粮海运的朱清和张瑄皆非太仓人,但是二人都不约而同地将太仓作为南粮北运的起点。明初郑和七下西洋时,所率的庞大船队也是以太仓为出海港。不管是北上燕蓟还是南下外洋,都不仅需要物资储备,还需要人才储备、技术储备;不仅需要大批优秀的航海人员,还需要有能执行海上作战任务的水军;不仅需要过硬的造船、修船技术,还需要有高超的航海技能。太仓之民自小不畏风涛,蹈海泛江,长期的摸索,世代的传承,使得当地之人富有勇敢、冒险的精神,具备良好的海洋知识和航海技能,也掌握丰富的造船、修船技术,可以满足航海所需要的大批量的人才和技术需求,源源不断地为航海提供船师、水手和水兵等各方面的专业人才。太仓在明代前期既是海防前哨,又是航运中心,就是因它不仅有得天独厚的地理环境的襄助,更有各方面大批量专业人才的支撑。如明代航海家费信(1388一?),即为太仓人,少时家境贫寒,刻苦好学,精通阿拉伯文,曾于永乐七年(1409)、十年(1412)、十三年(1415)、宣德六年(1431 年),随郑和一起四下西洋,任通事(翻译)教谕之职,勤于职守,被郑和倚为膀臂。其于公务之余,将下西洋途中的见闻经历逐一记录,整理成《星槎胜览》一书,成为中国航海史、中外交通上的重要文献。从是书不仅可见海外诸国的山川、气候、风俗、物产,也可见以郑和、费信为代表的中国古代航海人不畏艰险,凿空万里的勇气和毅力。另如郁震,太仓沙溪人,自幼随父学医,尽得家传,精通针砭与艾灸之术,名闻江南,还兼擅武功。后以医名被征召至京师,复以才武三次随军经略西域,出使阿富汗等国,并与郑和所率船队在印度洋海岸会合,声震中外。回国后以功授苏州府医学正科,赐三品服,著有《医学纂要》等著作。郁震以亲身实践沟通并加深了大明王朝与西域诸国的医药和文化交流,在他身上也体现了娄东人躬尝践履、力学笃行的精神。后来,虽因"下西洋"的中止和明清历次"禁海"运动,而使娄东地区的对外交往大受影响,但是娄东民间的航海活动一直未断,娄东人务实进取、敢为天

---

① (近)赵尔巽等:《清史稿》卷四八六《陆增祥传》,中华书局 1977 年版,第 44 册,第 13421 页。

下先的精神也是代代相传。

近代以来，随着民族危机的加深和现代西方自然科学的传入，娄东人又将学习的目光由科举移向科学，由国内移向海外，大批有志有识之士为救亡图存而学习科学、出国留学、兴办实业、发展教育，为国家和民族的前途贡献自己的心力。重视教育，关注时世，求真务实，开拓进取，这些精神质素结合到一起，促成了娄东在人才培养上的转型。现在太仓在各领域都不乏优秀人才，特别是在科学研究上，更是群星璀璨，出现了众多为中国乃至世界的科学发展做出重要贡献的科学家。如闻名全球的女性实验物理学家吴健雄(1912－1997)，不仅用实验证明了"宇称不守衡"定律，帮助同胞杨振宁、李振道获得诺贝尔奖，而且她虽长期身在海外，但一直心系故国，关心国内的发展和建设，自 1973 年起多次回国，1994年又担任中国科学院外籍院士，为中国的科学和教育事业献计建言，逝后归葬故园，反映了其赤子情怀。其叔父吴琢之(1897－1967)，为著名汽车工业专家和汽车运输实业家，早年留学法国学习汽车专业，回国后与人一起创建江南汽车公司，不仅参与管理，还研究设计适合中国道路特点的汽车。由于经营有方，成绩卓著，被委派去欧美九国考察公路运输。抗战中，随公司内迁，并接受政府任命管理道路交通，负责当时大后方的汽车运输和人员训练，有力地支持了抗战。另如核物理学家、中国科学院院士黄胜年(1932－2009)，长期从事中子物理与原子核裂变的实验研究和组织工作，为中国的核科学与国防工业贡献卓著。他还擅长古典诗歌创作，晚年在与病魔搏斗的同时依旧坚持笔耕，撰写并出版了 30 万字的《黄胜年诗文集——一个科学院士的情怀》，成为令人尊敬的"诗人院士"。又如在核物理、核医学和脑科学的研究上均取得重大成就的唐孝威院士(1931－—)，20 世纪 60 年代起，参加中国原子弹、氢弹的研制工作，是确证中子点火技术成功的第一人，同时也是判断并证实中国氢弹原理成功的第一人。在将物理学与生物学、医学、心理学等学科相结合，进行交叉学科研究方面也多有建树，20世纪 90 年代起，在脑功能成像实验和神经信息学研究上获得系列突破。我国大气环境科技领域的开拓者唐孝炎院士(1932－)，1955 年起，参与筹建我国第一个放射化学专业，开展核反应化学研究工作。1972 年又建立我国最早的环境化学专业，在光化学烟雾污染研究、酸雨和酸沉降研究、臭氧层保护研究等方面进行了开创性的工作，为我国的大气环境保护事业做出了突出贡献。像吴健雄、黄胜年、唐孝威、唐孝炎这些具有家国情怀的科学家的出现，正是娄东人的求真务实精神在当代的再现。

广大精微

娄东文化自明代中叶起,即呈全面爆发之势,在文学、书画、戏曲、手工、建筑等各领域均取得重大成就,出现过许多超群出众的行业领军人物,引领风气,影响深远。"致广大而尽精微,极高明而道中庸。"(《礼记·中庸》)娄东各项传统的专业技艺,在娄东人的辛勤努力与苦心钻研下,大都达到了宽广博大的境界,同时又深入到细微之处,并在此基础上不断地精益求精,推陈出新。

娄东地区文学创作兴盛,在诗歌、小说、散文、戏剧等方面都有值得称道的作品出现,其中又以诗歌成就最为突出,出现了自宋至清延续数百年的娄东诗派。宋元以来,太仓诗坛代有闻人,且不乏大家。清初娄东诗人顾陈垿对自元明至清初娄东的诗歌发展历程有精彩的描述:

> 太仓诗人甲吴会。元延祐初,城太仓,为昆山治。于时娄江不加疏浚,自然深广,湖输海受,吐纳潮汐,风气日开。铁崖(杨维桢)、玉山(顾瑛)狎主东南坛坫。娄江之湄,冠盖斯集。诗人若王履、殷奎、袁华、秦约、郭翼、马麐、偶桓、史谨之徒,不下百辈。系昆山者,皆娄产也。逮明天顺间,张泰、陆釴、陆容,称"娄东三凤",诗名最著。弘治初,州始建,双凤徐昌穀祯卿,为"七子"眉目,声价出"何、李"上。嘉靖"七子",则弇州山人实为魁柄。至西铭张氏提挈社局,风雅月旦,必出其门,而明诗以终。吴祭酒梅村,国朝诗人之首也,海内仰宗匠焉。嗣是以还,霞蒸渊映,百年之中,名家辈出,诵诗论世,推厥领袖,皆曰"唐王""唐王"云。①

清乾隆时,汪学金编选太仓地方诗歌总集《娄东诗派》二十八卷,收自宋至清娄东地方诗人477位,诗歌三千余首,为娄东地方诗歌文献之总集,于清嘉庆九年(1804年)刻印成书。后陆煐、王宝仁、徐元润等人又在《娄东诗派》的基础上,续编《娄水琴人集》和《沧江余韵》,分别在道光十一年(1831年)和道光二十一年

---

① (清)顾陈垿:《王冰庵太守传》,黄人、沈粹芬编:《清文汇》甲集卷四二,北京出版社1995年版,中册,第1077页。

(1841)刊刻行世。直至现代,仍有接编《娄水琴人续集》之议。从这些娄东地方诗歌文献的汇编与刊刻,也可见娄东一地诗歌创作风气的兴盛与实绩的巨大。

娄东一地众多诗人中,又以王世贞和吴伟业最为知名,于诗坛有推斡旋转之功,正如清人所言:"吴中诗学,自明迄国朝以来,娄东为盛。凤洲(王世贞)、梅村(吴伟业)两先生开其先。继之者'娄东十子',后则冰庵、白漊诸先生。散华落藻,炳炳麟麟,守三唐之家法,而不稍堕宋人粗率鄙怪之习,彬彬乎风雅之正声也。"①王世贞(1526—1590)为明代文坛领袖,"后七子"代表,"始与李攀龙狎主文盟,攀龙殁,独操柄二十年。才最高,地望最显,声华意气笼盖海内。"②王世贞学识渊博,著述弘富,传世文集《弇州山人四部稿》和《弇州山人续稿》都是两百卷左右的煌煌巨著,历史类著作《弇山堂别集》《弇州史料》皆有百卷,其他数卷、数十卷的著作也所在多有。其文集中,诗歌达七十五卷之多,古今各体、三五七言均有,内容也异常丰富,反映了当时社会的方方面面,风格亦多种多样。王世贞虽主张"文必西汉,诗必盛唐"之说,但持论通达,纵贯古今,奖掖后进也不遗余力,在其影响下,又有"前五子""后五子""广五子""续五子""末五子"出现,前波后浪,声势不减。③吴伟业(1609—1672)也为明清之际诗文大家,其诗歌创作虽不及王世贞之富,然亦卓然自树一帜,四库馆臣称其诗曰:"其少作,大抵才华艳发,吐纳风流,有藻思绮合、清丽芊眠之致。及乎遭逢丧乱,阅历兴亡,激楚苍凉,风骨弥为遒上,暮年萧瑟,论者以庾信方之。其中歌行一体,尤所擅长,格律本乎四杰,而情韵为深;叙述类乎香山,而风华为胜。韵协宫商,感均顽艳,一时尤称绝调。"④吴伟业身经明清鼎革之变,胸多感慨,其于诗坛的最大贡献,就是以长篇七言古诗叙写时事,记录明清之际的史实,哀婉深沉,风行一时,被称为"梅村体",于当时和后世影响皆巨。王世贞和吴伟业这两位娄东诗人代表,于诗歌之道可谓正是"致广大而尽精微"。

除了"娄东诗派",太仓历史上还产生过另一影响巨大的艺术流派"娄东画

① (清)许廷鑅:《敬亭诗草序》,沈起元:《敬亭诗草》卷首,《四库未收书丛刊》第8辑,北京出版社1997年版,第26册,第1页。
② (清)张廷玉等:《明史》卷二八七《王世贞传》,中华书局1974年版,第24册,第7381页。
③ 同上,第7381页。
④ (清)永瑢等:《四库全书总目》卷一七三,清乾隆刊本。

派"。娄东在元朝时，赵孟頫、倪瓒等画坛名家就曾多次来临，推动了当地绘画艺术的发展，娄东当时也出现了像朱叔重、瞿智、熊梦祥这样的太仓本地画家。到了明代，娄东画坛更为兴盛，出现了如王履、周位、夏㫤、仇英、张复、凌必正等画坛名家，其中仇英还与沈周、文徵明、唐寅齐名，被并称为"吴门四家"。而到了明末清初，随着王时敏、王鉴、王翚、王原祁等"四王"先后跻身于画坛，特别是因"四王"中年辈最少的王原祁受到康熙皇帝的推重，更是将"娄东画派"推向全国，影响了有清一代的中国画坛。

"四王"在当时，实都直接或间接地受董其昌的影响。董其昌与王时敏、王鉴的先祖王锡爵和王世贞关系皆密切，他也多次莅临娄东，对王时敏和王鉴的绘画加以指导。董其昌在画史上的著名论断，是提出画分南北之说："禅家有南北二宗，唐时始分。画之南北二宗，亦唐时分也。但其人非南北耳。北宗则李思训父子着色山水，流传而为宋之赵幹、赵伯驹、伯骕，以至马（远）、夏（圭）辈。南宗则王摩诘（维）始用渲淡，一变勾研之法，其传为张璪、荆（浩）、关（仝）、郭忠恕、董（源）、巨（然）、米家父子，以至元之四大家。"①"四王"于绘画上的共同主张，是师承董其昌之说，倡导"尊古""师古"。王时敏就将"南宗"视为文人画的正脉，尊崇黄公望、吴镇、倪瓒、王蒙等"元四家"；王鉴也认为"元四家"才是"正脉相传"；王翚作画强调"学古"、"师古"；王原祁绘画也是从"元四家"之首黄公望入手，推阐发扬"南宗正脉"理论。"四王"继承南宗画法，注重学习前人，临摹古作，在立意布局，用笔设色上都极力追步古人。"四王"的山水画非挥毫泼墨，而是工笔细描，功力深厚，对每一山、每一水、每一树、每一石都不含糊，力求笔笔分明，同时又重视笔墨趣味，于山水烟岚中表现平淡闲逸的文人雅趣。四王画派既是当时艺坛思潮的体现，也是太仓人文化精神的反映。和当时讲究清真雅正的桐城派古文一样，看上去工整娴雅的娄东派绘画，也符合清初统治者对艺术风尚的要求，在受到康熙皇帝欣赏后立即风行全国，引领画坛风气两百多年，直至近代仍光芒不减。

娄东在明清两朝画风鼎盛，娄东画派除了"四王"之外，另有黄鼎、华鲲、方士庶、董邦达、钱维城等重要画家，另除了大量男性画家，娄东还出现了不少女性画家，这些都是当时娄东生活富足、文艺兴盛的表征。娄东画派虽以师古相号召，

---

① （明）董其昌：《画禅室随笔》卷二，十五页，清乾隆三十三年戏鸿堂刊本。

但是也并非盲目拟古,其本意是要通过继承学习古人以求得在创作上推陈出新。就是"四家"之中,不仅每位的前后期作品风格有异,而且相互之间,也各有所侧重,对董其昌的"南北宗"之说,亦多有补偏。王时敏学画,即以黄公望为中心,而又上追董源、巨然。王鉴、王翚皆看到南宗和北宗之长,主张融合二宗。王原祁接受董其昌、王时敏的主张,在推重黄公望的同时,也旁及宋元诸名家。娄东画派的其他画家,也都在师古的基础之上,力求有新的创造。娄东画派声势浩大,影响深远,艺术工细,以古为新,可以说是娄东文化"广大精微"精神的又一典型例证。

娄东地区与戏曲也有不解之缘,作为"百戏之祖"的昆曲,其主要的发源地就是娄东。南宋以来,原产生于浙东永嘉地区的南戏,在流传过程中,逐渐形成海盐腔、余姚腔、弋阳腔、昆山腔四大声腔。而到了明中叶,昆山腔则异军突起,跃居四大声腔之首。元代娄东地区作为漕粮海运的起锚地,商贸兴盛,经济繁荣,民众生活富裕,文化艺术也高涨,延祐元年(1314 年),太仓成为昆山的州治,"盖其时法令稀简,民人宽乐,城南为海漕、市舶之所,帆樯灯火,歌舞之音不绝。"①到了明初,由于郑和下西洋又是从太仓始发,娄东的繁荣程度更甚于元时。生活的富庶,艺术的风行,导致南戏北曲于此汇集,在碰撞交流中结出新果。明嘉靖年间(1522-1566),江西豫章人魏良辅(有谓其本就是娄东人),寓居当时声乐集中的太仓南码头,"缕心南曲,足迹不下楼十年"②,与同道一起,潜心研究揣摩,对原有的昆山腔进行大胆的改造,融合南北曲之长,并吸收其他声腔的特点,另借鉴江南的民歌小调,"自制新声,腔用水磨,拍捱冷板,每度一字,几尽一刻,飞鸟为之徘徊,壮士闻之悲注,雅称当代。"③魏良辅还撰有《曲律》(又名《南词引正》)一书,总结自己对戏曲,特别是对昆山腔的演唱和改良经验,其中就云:"曲有三绝:字清为一绝,腔纯为二绝,板正为三绝。""曲有五不可:不可高;不可低;不可重;不可轻;不可自作主张。""曲有五难:开口难;出字难;过腔难;低难;转收

① (清)吴伟业:《太仓十子诗选序》,(清)吴伟业编:《太仓十子诗选》卷首,清康熙刊本。
② (清)余怀:《寄畅园闻歌记》,(明)魏良辅:《曲律·曲律提要》,《中国古典戏曲论著集成》,中国戏剧出版社 1959 年版,第 5 册,第 3 页。
③ (清)钮格《〈南曲九宫正始〉自序》,吴毓华编:《中国古代戏曲序跋集》,中国戏剧出版社 1990 年版,第 312-313 页。

入鼻音难。"①这是他于戏曲创作的甘苦之言,也是他改革昆曲声腔的努力方向。改革后的昆山腔曲词典雅,唱腔优美,委婉细腻,舒缓悠远,被人形象地称为"水磨腔"。昆山新腔因符合舞台演出的需要,也合于文人士大夫的生活情趣、审美风尚,因而在创制成功后便迅速流传开来,万历末年即流入北京,成为自明代中叶至清代中叶影响最大的声腔剧种。很多地方剧种都是在昆曲的基础上发展起来的,昆曲因此被称为中国的"百戏之祖""百戏之师",魏良辅也被后世尊为"昆曲之祖""曲圣"。魏良辅是让昆山腔脱颖而出,风行全国的功臣,其对昆山腔的改革,正是对昆山腔"致广大而尽精微"的结果。

昆曲的典雅端正,清扬婉丽的特点,也是娄东本地文化特征的反映。昆曲经魏良辅改革后,带有更多文化色彩,愈益受到士庶的喜爱,不仅促进了本身地位的提高,也推动了戏曲艺术的发展。明清时期的梁辰鱼、汤显祖、洪昇、孔尚任都是昆曲名家,他们创作的《浣纱记》《牡丹亭》《长生殿》《桃花扇》也都成了中国戏曲史上的名作。昆曲和娄东地方戏曲发展史上的一个迥异于他处的现象,就是家乐班的出现,其代表即为王锡爵家族。明万历二十二年(1594),内阁首辅王锡爵致仕归隐,不久即于太仓家中组建家乐班,曾上演过汤显祖的新作《还魂记》(《牡丹亭》);王锡爵的孙子王时敏也喜好戏曲,曾延请曲学名师苏昆生在家教授曲律;王时敏子王抃、王抑也都精于剧作,组建家乐班排练演出,"王氏家乐班历经两朝四代,前后活动达八十年之久。"②正是对戏剧艺术的极端挚爱,才让王氏家乐班持续如此之久(之后王氏家乐班的取消,应与清廷限制戏剧演出,禁止大臣观看有关)。"纸上得来终觉浅,绝知此事要躬行"(陆游《冬夜读书示子聿》),王氏家族中人不仅组建家乐班,还亲自加入到戏剧的创作与演出当中来,也是欲通过身体力行达到对此门艺术的精深把握。

娄东的建筑,不管是园林馆亭,还是村镇街桥,都结合地势,巧用水域,匠心独运。"娄东园林甲于东南",娄东园林的代表,就是王世贞的弇山园,号称"东南第一名园"。弇山园为王世贞因父难而退官乡居时所修,系约请当时著名的园林设计大师张南阳设计建造而成。从有幸流传至今的张南阳的设计稿本,可见园中的布局与巧思,王世贞所作的八篇《弇山园记》(《弇州续稿》卷五九)也正与此

---

① (明)魏良辅:《曲律》,《中国古典戏曲论著集成》,中国戏剧出版社1959年版,第5册,第7页。

② 以上均见高琪:《娄东文化读本》,南京大学出版社2013年版,第150页。

相映，如第一篇所云：

> 前横清溪甚狭，而夹岸皆植垂柳，荫枝樛互如一本。溪南张氏腴田数亩，至麦寒禾暖之日，黄云铺野，时时作饼饵香，令人有炊宜城饭想。园之西为宗氏墓，古松柏十余株。其又西则汉寿亭侯庙，碧瓦雕甍，嵯峨云表。此皆辅吾园之胜者也。
>
> 园之中为山者三，为岭者一，为佛阁者二，为楼者五，为堂者三，为书室者四，为轩者一，为亭者十，为修廊者一，为桥之石者二，木者六，为石梁者五，为洞者为滩若濑者各四，为流杯者二。诸岩磴涧壑，不可以指计。竹木卉草，香药之类，不可以勾股计。此吾园之有也。
>
> 园亩七十，而赢土石得十之四，水三之，室庐二之，竹树一之。此吾园之概也。
>
> 宜花，花高下点缀如错绣游者过焉，芬色瓀眼鼻而不忍去。宜月，可泛可陟，月所被，石若益而古，水若益而秀，恍然若憩广寒清虚府。宜雪，登高而望，万垛千甍，与园之峰树，高下凹凸，皆瑶玉，目境为醒。宜雨，濛濛霏霏，浓淡深浅，各极其致，縠波自文，儵鱼飞跃。宜风，碧篁白杨，琮琤成韵，使人忘倦。宜暑，灌木崇轩，不见畏日，轻凉四袭，逗弗肯去。此吾园之胜也。[①]

七十亩之园，设计精巧，一草一木，一桥一石，皆各有意态，而又相互呼应，可谓是将此园的诸景诸物利用到了极致。

历史上，娄东人在书法、音乐、雕刻等领域也都取得了杰出成就。太仓人不仅于绘画上有名望，在书法上也擅长。元代书法大家赵孟頫与娄东人有交往，在娄东留下墨宝碑刻，并带动了娄东书法艺术的发展。娄东在明代出现了夏㫤、周天球、王世贞、王锡爵等书坛名家，清代的王时敏、吴伟业、王原祁等人也长于此道。各人书法风格不同，隶草真篆俱有擅场，既有大气磅礴，也有工整绵丽的作品，在对前人继承学习的同时，也多有开拓和创新。音乐上，明清时娄东的徐上

---

① （明）王世贞：《弇州续稿》卷五九，文渊阁《四库全书》本，上海古籍出版社 1990 年版，第 1282 册，第 767 页。

瀛、王善皆为古琴名家;江南丝竹与昆曲一同发展起来,太仓江南丝竹的演奏特征"小、轻、细、雅"①,与昆曲有相似之处,也反映了娄东人的欣赏习惯与审美趣味。除了"娄东诗派""娄东画派",明末太仓还出现了"娄东印派",出现了像汪关、何通、汪泓等治印名家,影响深远。嘉靖、万历年间,娄东更出现了琢玉大师陆子冈,他经多年潜心精研,所琢玉器造型准确,线条流畅,空灵流动,精巧细密,且擅长以"诗书画印"入玉,提高了琢玉的品位,被后世尊为琢玉业祖师。治印与琢玉,都不仅需要高超的技巧,更需要细致入微的精神。

细致入微并非只是固步自封,只在原先的窠臼里裹足不前,而是力求创新,如"庖丁解牛""大匠运斤",是欲在掌握精熟之后,为接下来的发展寻求新的突破。娄东人于事物"致广大而尽精微",与推陈出新可谓是相辅相成,也与娄东人的开拓精神一脉相承。20世纪初起,因为国势不振,以"四王"为主体的娄东画派也多为人所诟病,集矢之处是认为其过多地摹仿古人,从而限制了人的创造性的发挥。这其实是对"四王"的误解。"四王"究其实质,是与"前后七子"一样,都是有惩于现实艺文的萎靡不振,而欲在继承前人的基础之上另辟新径,复古仅是旗号,创新才是其实质。娄东文化在水网密布的地区孕育、发展起来,既有水的灵动不居的智慧,也有水的日夜不舍的韧性。自古及今,历代娄东人做事都喜欢发挥才智,全身投入,对一些事物精雕细刻,追求极致,这也正是我们现在所称道的"工匠精神"的先驱。现代以来,太仓人在文化、科技、农工商各领域都取得了令人瞩目的成就,有的更是引领风气,走在同行业的前列,可说是娄东文化中"广大精微"精神的体现。

包容开通

娄东人在长期的生产劳作和发展进程中,在与其他文化和人群的交流融合中,逐渐形成了自己包容开通的心态与精神。包容,是谓娄东人胸怀宽广,容纳万物;开通,是谓娄东人不守陈规,豁达大度。二者一体两面,有共同的心理和文化基础。

历史上的吴文化,曾先后吸收、融纳了越文化、闽文化、江淮文化、中原文化等地区文化,甚至于也借鉴了朝鲜文化、日本文化等异域文化。作为吴文化的一

---

① 高琪:《娄东文化读本》,南京大学出版社2013年版,第216页。

支,娄东文化对于其他文化也是敞开胸襟,兼收并蓄。娄东文化的豁达大气,不仅体现在与其他文化的相互融合上,也体现在本文化内部的互相尊重上。娄东人本身以移民为主,土著与移民之间,新、老移民之间,都无门户之见,而能各沿其风,各遵其俗。移民来到娄东,不仅融入了当地的生活环境,而且带来了各地的不同文化,在经过一番碰撞、融合、借鉴、吸收之后,在传承中有创新,在坚守中有突破,从而融汇成了新的娄东文化,也形成了娄东文化包容开通的特质和气度。

娄东地处江边海隅,虽早就有先民在此垦居,历史上作为海滨仓储、沿江重镇也较知名,但是其真正兴起却还是在宋元之际。当时因为泥沙淤塞,影响航运,吴淞江上的贸易渐渐衰落,而娄东却因新娄江的开浚,刘家港水深岸阔,成为通海大港。元初刘家港成为漕粮海运的始发港后,海内外客商云集于此:"粮艘海舶,蛮夷商贾,辐辏而云集,当时谓之六国马(码)头。"①"税家漕户,番商贾胡,云集阓阓。粮艘商舶,高樯大桅,集如林木……四方谓之天下第一码头。"②随着太仓成为"六国码头""天下第一码头",吸引着各地人士络绎而至,娄东也以开放的气度接纳四方来客。太仓由濒海荒落之地聚集成市,在元代一度成为昆山的州治,而且其居民成分也发生了巨大的变代,当时人即谓太仓是"蕃汉闽广,杂处混居,而土著者十无二三,文学之士率自他邦来,今之旧隶儒籍者数不满十人。"③"番汉间处,闽广混居,各循土风,习俗不一。"④原先生活在娄东的土著居民,所占比例不到十分之二三,相反则是外来人口占较大成分,并且是"蕃汉闽广,杂处混居","番汉间处,闽广混居",即不仅有汉族,还有其他少数民族人士在此生活;不仅离太仓较近的,甚至就连较远的福建、广东,也有人来此居住;不仅普通商旅,就连文人学士也慕名而来,人数超过当地的儒生。尤可注意的是,外来人口来此之后,不仅和本地人口不分畛域,"杂处混居",而且可以各自遵循自己的风俗习惯,了不相妨,于此正见娄东人的涵融大度。"海纳百川",娄东因水

---

① (明)桑悦:弘治《太仓州志》卷一《沿革》,《日本藏中国罕见地方志丛刊续编》,北京图书馆出版社 2003 年版,第 3 册,第 12 页。

② (明)陈伸:《太仓事迹序》二,(清)王昶:嘉庆《直隶太仓州志》卷六三《旧序》,清刊本。

③ (元)李祁:《昆山州重修儒学记》,(明)钱谷编《吴都文粹续集》卷五,文渊阁《四库全书》本,上海古籍出版社 1990 年版,第 1385 册,第 129 页。

④ (元)杨譔:《昆山郡志》卷一,《宛委别藏》第 49 册,江苏古籍出版社 1988 年版,第 4—5 页。

而生,因海而强,民众身处江海之交,水陆之冲,也有宽广的胸怀,包容的精神,豁达的眼光,这也是娄东文化的一个典型特征。

娄东的民众,既有本地的土著,更多的则是来自各地的移民。背井离乡、谋生求活的各色民众到达太仓以后,并未受到歧视,娄东以博大的胸怀接待并容纳他们,他们也很快在这片热土上扎下根来,开花散叶,并且为当地的发展做出了贡献。娄东一地,不管是世家大族,还是普通士庶,若追溯其祖先,很多都是来自外地。即如太仓历史上的两大王姓世家,王锡爵家族和王世贞家族,其本身都非娄东土著。王世贞家族属琅琊王氏,其先祖王梦声于元时任昆山州学正,老而不归,定居昆山,明弘治时太仓设州之后,王世贞家族遂著籍太仓。王锡爵家族属太原王氏,其先祖在元末为躲避战乱而到江南,其后代中的一支,也于弘治年间进入太仓,王锡爵的祖父王涌以善于经营起家,成为娄东巨富。两大王姓家族虽皆来自外地,但都在娄东发展壮大,成为名门望族。元代海上漕运的开创者朱清和张瑄也非娄东人,朱清为崇明(今属上海)人,张瑄为嘉定(今属上海)人,但他们都以专业眼光看中了太仓于航运的有利地理位置,移居太仓,并将其作为漕粮海运的始发港。昆曲的改良者魏良辅和张野塘,他们二人一为豫章(今江西南昌)人,一为寿州(今安徽寿县)人,因缘巧合,都寓居太仓南码头,并在此合作完成了对昆曲的改革,使昆曲从此名扬天下。

太仓,不仅仓储世上物资,同时也荟萃天下英才,其独特的地理位置和宽容的文化氛围,吸引着各式人才来到此地,一显身手。太仓虽是以商贸而崛起,但却得到文人画士的青睐,据明弘治年间太仓成州后所修《太仓州志》的《游寓》篇记载:"元季,太仓来游之士,非过化等伦,然皆一时之俊,其风流词翰亦足抬举景物,而尊重一方者也。"同篇还列举了当时来太仓的二十多位文化名人,其中不乏像赵子昂(赵孟頫)、杨廉夫(杨维桢)、倪元镇(倪瓒)这样的大家。[①]从这些"一时之俊"的到来,可见娄东一地在当时对文化人的巨大吸引力。来娄东的文人画士,不管是长期定居,还是短期停留,不管是吟诗作画,还是授学传业,都对本地的文学艺术产生重大影响,其遗风余泽推动着娄东在明清两朝成为东南艺文的重镇。

---

① (明)桑悦:弘治《太仓州志》卷九,《日本藏中国罕见地方志丛刊续编》第3册,北京图书馆出版社2003年版,第232—234页。

明清以降，江南吴地成为中国的经济、文化中心，娄东也是其中的翘楚，在文学、艺术、哲学、史学、科学等方面都成就非凡，出现各行业引领风气的大家，获得各种令人瞩目的成果。即如昆曲的创作与产生，就与娄东开放包容的文化生态有关。太仓在元、明两代，都是重要的对外商贸的港口，经济繁荣，生活富足，艺术市场活跃，南音北曲齐奏。魏良辅能够寓居于此安心研究声腔，正是借助此地丰厚的艺术资源。他和张野塘也恰是发挥各自的擅长，结合南音北曲和其他声腔之长，才使得经他们之手改造的昆山腔婉转动听，由原先的南戏"四大声腔"之一，一跃而为流行天下的剧种。元代赵孟頫、倪瓒的到来，无疑推动了娄东书画艺术的发展，而明清之际以"四王"为代表的娄东画派，以及之后的"小四王""后四王"，更是风行有清一代画坛，直至今天仍价值不减。明末张溥、张采领导的复社，不仅在吴中、娄东一带有很高的声势，而且影响及于全国，二人在士林中也享有厚望。娄东人的诗文创作，更是开通包容。王世贞名属"后七子"前列，引领了明代中后期的文学潮流，执掌文坛近二十年，在其晚年回乡暂居期间，太仓也一度成了当时全国的文学中心。明代"前后七子"于诗文创作固以复古相号召，但王世贞谈诗论文，并不狭隘拘滞。他欣赏唐宋古文，在诗歌上也不废宋诗，还特地编选《宋诗选》以标举宋诗。在行事上王世贞也具大家风范，对于与"前后七子"对立的"唐宋派"大家归有光给予自己的尖刻批评，不仅持宽容态度，坦然面对，而且在归有光逝世后，还专为之作铭哀悼。王世贞不惟是隆庆、万历之际当之无愧的文坛领袖，也是包容大度的娄东文化的典型人物。清初诗坛上还出现了以"太仓十子"为主体的"娄东诗派"，"十子"皆师从吴伟业，而又各具面目。清人程邑《太仓十子诗叙》云："生虽同时，产则异地，聚四方之英隽，成一代之国华，为力甚易。未有生同时，产同地，如'太仓十子'者也……然十子之体格风韵，亦自不同：子俶沈骏，故兴踔而藻清；端士雅懿，故思深而裁密；九日淹茂，故气杰而音翔；庭表雄赡，故志博而味深；异公笃挚，故才果而趣昭；惟夏俶倘，故响矜而采烈；怿民赡逸，故言远而旨微；次谷静迈，故锋发而韵流；伊人淡荡，故情深而调远；虹友颖厚，故骨重而神寒。以十子之性情，持一方之风气，文明以健，表里相符。于以环四始而炳六义，岂出建安、大历、嘉靖辈公之下乎？"[1]"太仓十子"的

---

① （清）程邑：《太仓十子诗叙》，（清）吴伟业编：《太仓十子诗选》卷首，页一——二，清顺治刊本。

诗作风格各不相同,而能"生同时,产同地",汇聚一时,互相欣赏,正可见娄东人的涵融大度,门户之分、畛域之见似与娄东文士无缘。凡此种种,皆是娄东文化"包容开通"精神的体现。

从娄东历史上的宗教发展,也可见此地经久不变的包容开通之风。娄东地区主要有佛教、道教、天主教、基督教和伊斯兰教五大宗教,长期以来,各种宗教均在当地各自发展,和谐共处。

佛教在东汉时进入中国,到汉末三国时就传到娄东。历史上娄东最早的佛寺始建于三国时,为东吴仆射徐真舍宅而建:"陆河(今鹿河)圣像教寺,在陆河市,吴仆射徐真舍宅建。亦因泛海石佛而名。宋嘉祐八年朱肱重建,僧仲殊记。洪武初重修。"[①]自东吴时始建之后,娄东土地上历朝历代新建或重建的佛教僧寺、庵院数不胜数,著名的有双凤寺、崇恩寺、兴福寺、梵钟禅院、海印庵等。佛教作为娄东地方历来所建寺庙最多,影响也最大的宗教,历代高僧大德、男女僧侣潜心修持,与其他宗教及流派平等相待。作为中国的本土宗教,道教在娄东地区的各种宫院庙宇也很多,除了传统的城隍庙、文帝庙、关帝庙、土地庙之外,另像张英济王庙、睢阳庙、忠惠侯庙分别是祭祀唐宋两朝为保护地方,护佑百姓而死的张巡、张理,显出后人对忠臣义士的尊重,另像织女庙、木棉神庙、痘司庙也是娄东当地风土习俗的反映。尤其令人注目的是,原流传于福建沿海一带的妈祖信仰,约在北宋时就随着浏漕港的兴起而传播到了娄东,并且也在此扎下了根。元至元二十九年(1292),娄东浏河建灵慈宫(即天妃宫),天妃娘娘也成了航海人员共同的保护神,就连郑和下西洋前,都要前去虔诚祭拜,刻石立碑,以示尊崇,并祈求护佑。此外如晏公堂、金龙四大王庙、龙王庙,也均与海上航运相关。从道教庙宇的兴建,亦可见娄东与海洋紧密相连的地方特色。

元朝时期,太仓成为漕粮海运和对外贸易的重要港口,被称为"六国码头",来此从事商业贸易的众多海内外客商中,应该不乏信奉伊斯兰教的人士,伊斯兰教也可能即于此时传入娄东。明洪武二十六年(1393)在武陵桥南面的铁锚巷内建礼拜寺,后改名清真寺。崇祯五年(1632)四月督志局所立《清真寺碑》,就记载了此寺的由来及沿革:"礼拜寺在太仓州治□中政坊铺,武陵桥南面铁锚巷内。洪武二十六年(1393),咸阳王□□□□哈智率众人附此□奏准,奉旨安置赛哈智

---

① (明)王鏊:正德《姑苏志》卷三十《寺观》下,四十二页上,明正德刊本。

等,于太仓卫城建寺。"后此寺分别于弘治十年(1497)、万历四十四年(1616)、天启三年(1623)重建重修。据碑文可知,此寺为元代咸阳王赛典赤·瞻思丁后裔赛哈智所建。根据现传于世的资料,郑和为赛典赤六世孙,按辈份赛哈智为郑和族侄,因此民间流传有此寺为郑和家庙的说法,实际上郑和下西洋时,铁锚巷是为航海做物资准备的一个重要工场,"清真寺为郑和下西洋活动遗址"。①历经六百多年的风雨,此寺此碑一直保存至今,见证了娄东伊斯兰教的历史。历史上是娄东地区信仰伊斯兰教的人并不多,伊斯兰教能在此地一直延续下来,堪称奇迹,究其原因,实少不了娄东包容精神的护持。天主教和基督教在太仓的传播是在鸦片战争之后,教会在娄东既建教堂传布福音,也开设医院和育婴堂。中国近代史上其他地方常发生教案,娄东的教会与当地民众倒并未见有何冲突。正因为娄东文化具有包容性,所以吸引着各色人等到这里来,各种宗教也可在此落地生根,和平共存。

娄东人的思想开通,较少受传统观念的束缚,对新生事物持豁达的态度,这从王锡爵家族的历史也可以得到生动的说明。王锡爵家族祖上属太原王氏,后迁居娄东,其祖父为太仓巨富,其父曾中秀才,为监生,后亦弃儒经商。王锡爵(1534-1611)不负父祖之望,由科举起家,直至执掌中枢,"嘉靖四十一年(1562)举会试第一,廷试第二,授编修。"因与张居正政见不合而受屈抑。张居正死后家产被籍没时,王锡爵却又为张居正辩白。万历十二年(1584)冬,王锡爵拜礼部尚书兼文渊阁大学士,"请禁诡谀、抑奔竞、戒虚浮、节侈靡、辟横议、简工作",万历二十一年(1593)为首辅,"请罢江南织造,停江西陶器,减云南贡金,出内帑振河南饥",二十二年(1594)致仕,三十九年(1611)终老于太仓家中,赠太保,谥文肃。②王锡爵一生勤于政务,立朝刚正,持论不阿,敢于言事,也勇于任事,即使辞官致仕后,仍一再被皇帝召问。特别是其当政时,恰逢日本侵略朝鲜,明廷于对日和战一时争论不决,王锡爵看穿了日本的真实目的,坚决主张出兵援朝。在他的运筹之下,明廷顺利出兵并最终取得了对日作战的胜利,朝鲜也得以保存。援朝抗倭之役,被称为"万历三大役"之一,王锡爵于是役功不可没。也是自王锡爵

---

① 以上有关太仓清真寺的材料见陆静波:〈太仓清真寺碑考〉,《苏州杂志》2004 年第 3 期,第 36-39 页。另参见高琪:《娄东文化读本》,南京大学出版社 2013 年版,第 3085 页。

② (清)张廷玉等:《明史》卷二一八《王锡爵传》,中华书局 1974 年版,第 19 册,第 5751 -5174 页。

起,娄东的太原王氏家族正式崛起,并大显于世。戏剧与绘画,虽起源甚早,但在中国历史上很长时间为正统士大夫所轻视,被鄙为不登大雅之堂。王锡爵虽由科举正途进身,但是他及其家族后代对戏剧和绘画的态度,却颇令人寻味。王锡爵晚年归隐娄东不久,即于家中组建家乐班,排演戏剧,不掩其对戏剧的喜爱。王锡爵子王衡也在万历二十九年(1601)"会试第二人,廷试亦第二"①,父子同榜眼,一时传为佳话。王衡虽由科举出身,但是也与其父亲一样喜欢戏剧,曾编撰《郁轮袍》《真傀儡》等杂剧,由家乐班演出,并在父亲生日时以戏剧为其祝寿。王锡爵孙子王时敏以擅画知名,同时也喜好戏曲,并让其子编撰戏剧。王时敏子王抃、王抑也都擅长戏剧,曾作《玉阶怨》《戴花刘》《舜华庄》《筹边楼》《浩气吟》等戏剧,付家乐班排演。王时敏早年由荫入仕,中年归家潜心绘画,直至终老。他与同为"四王"之一的王鉴是好友,共同指导过王翚的绘画。王原祁是王时敏的长孙,王时敏很赏识王原祁的绘画才能,康熙九年(1669)王原祁中进士后,即长期在家中跟随祖父学画,王时敏也对王原祁悉心指导,直至王时敏去世后,王原祁才出仕。②娄东太原王氏家族以举业起家,累世簪缨,人才辈出,历来为世所称。在当时社会的主流意识还是以科举为正途,视戏剧与绘画为小道末技的时候,王锡爵家族中人却对其不存芥蒂,甚至鼓励指导子弟投身其中,特别是王时敏与王原祁,祖孙二人并称,同为"娄东画派"领袖,实为艺史上所罕见。从王锡爵家族的历史和多方面成就,即可见娄东人对艺文的重视,于世事的开通。另外在明清两朝,娄东出现了众多的女性作家与书画家,这实质是上对"女子无才便是德"观念的突破。近现代以来吴健雄、唐孝炎等太仓籍女科学家的出现,也得益于她们自小所接受的良好的家庭教育。娄东的家庭中较少中国传统家庭所常有的重男轻女的习俗,反而是比较开通,对男女往往一视同仁,这确为家族成员的成长提供了有利的环境。推而广之,这种包容开通之风也实有益于人才的培养与社会的发展。

以上对娄东的历史发展做了回顾,对娄东人的文化精神,从"崇正创新""重教务实""广大精微""包容开通"四方面做了概括,不揣浅陋,以此作为本书的序

---

① (清)张廷玉等:《明史》卷二一八《王衡传》,中华书局 1974 年版,第 19 册,第 5775 页。
② 以上材料参见高琪:《娄东文化读本》,南京大学出版社 2013 年版,第 150、175—183 页。

言,正确与否,敬祈方家批评指正!娄东在历史上创造了灿烂的文化,取得了杰出的成就,这是前人留给我们的丰厚遗产,值得好好保存珍惜,研究发扬。江海交汇,古今合一,我们坚信太仓会在现在和将来取得无愧于前贤往哲的佳绩,娄东文化会焕发出新的光彩,我们也衷心期待对于娄东历史和文化的研究能不断开拓,持续深入,以新的成果贡献于学林,服务于社会。

王世贞与《金瓶梅》的著作权

许建平

摘　要:探索作者不必求新,《金瓶梅》作者的答案就在明人笔记中。《金瓶梅》十二种手抄本源于王世贞家;被陆炳"诬奏"、"籍其家"、"沉冤","托之《金瓶梅》"且最早拥有《金瓶梅》手抄全本的"王大司寇凤洲先生"只能是王世贞;《玉娇李》与《金瓶梅》同出一人之手,《玉》作者是王世贞,《金》作者也应是王世贞。《金瓶梅》"指斥"的"时事"与王世贞家世相关,所写明代官吏多为王世贞的熟人;《金瓶梅》大量借用他书素材正是王世贞提倡模拟方法在小说创作中的实践。大哭李瓶儿与善写丧葬场面体现了王世贞的家庭遭际、嗜癖个性与心理特点。吴晗文章及"非王"说未能剥夺王世贞的《金瓶梅》著作权。

关键词:金瓶梅　作者　王世贞　吴晗

对《金瓶梅》作者的探讨已沉寂一段时间了,这种沉寂还会继续下去,这是因为,探索者大多有求新厌旧的心理,像寻找新大陆一样,总想给世人一个惊喜,仿佛唯如此方有价值。况且明清流传了四百年的旧说已被吴晗等权威否掉了,不值得再去费心思"翻案",即使翻过案来也不过还是四百年前的旧说,算不上创新。然而《金瓶梅》的作者只有一个(我是主张个人创作说的),考证《金瓶梅》的作者,就像寻找遗失的孩子,不在求新,因为求出的"新"愈多,离事实愈远。况且,在那样一个普遍渺视小说,畏"淫书"如虎的时代,不但作者不肯承认自己写《金瓶梅》,知情者也不肯出卖朋友,说某某人写了此淫书。既然当事人不肯说明,就不可能找到,如果仍以求新厌旧的心理抱着找铁证的愿望寻下去,恐怕终无结果,无结果,必然还要沉寂下去,沉寂多长时间,真难说。

那么《金瓶梅》的作者是谁,是否已是一个永无答案的死结? 我以为《金瓶梅》作者的答案就在明人的旧说中。《金瓶梅》产生时代的明人笔记并非全是揣测之词,事实上已有知情者委婉地指出这部奇书的作者;吴晗等人的文章未能剥夺王世贞的著作权;新时期所寻找到的作者人选,无一能取代王世贞的地位;我们对这位大家的研究还很不够,二十一世纪《金瓶梅》研究应从王世贞研究作为新的突破口和起点。

一

愚以为《金瓶梅》的作者是王世贞,至少可以说到目前为止所寻找出来的三十多位《金瓶梅》作者候选人中,王世贞的可能性最大。

所以说王世贞的可能性最大,首先是目前所知的明人手抄本源于王世贞家,而其他《金瓶梅》作者的候选人不具备这一条件。见于明人笔记所载的《金瓶梅》手抄本有十二种,它们之间的关系已有多人论及过,限于篇幅,这里仅就拥有手抄全本者的传抄关系做一分析,便知其源流之脉。沈德符在《万历野获编》中清楚地记录了《金瓶梅》由手抄本到刻本的过程:"又三年,小修上公车,已携有其书,因与借抄挈归。吴友冯犹龙见之惊喜,怂恿书坊以重价购刻。马仲良时榷吴关,亦劝予应梓人之求,可以疗饥。予曰:'此种书必遂有人版行,但一刻则家传户到,坏人心术,他日阎罗究诘始祸,何辞置对? 吾岂以刀锥博泥犁哉? 仲良大以为然,遂固箧之。未几时,而吴中悬之国门矣!"冯犹龙目睹了《金瓶梅》的手抄全本,并怂恿书坊以重价购刻,沈德符拒绝了,但没多久,刻本已在吴中流行。从沈德符的这段叙述中,好似这最早见到的吴中刻本不是以他手中的抄本为底本,而是依据的另一抄本。事实上那是沈德符为自己也为他人开脱"罪责"而有意向读者施放的烟幕。设想,如果他不同意,冯犹龙何必再去"怂恿书坊以重价购刻"呢? 必是冯犹龙见之惊喜,先怂恿他,他同意后,才去作书坊的工作。故而我怀疑,不久悬之吴门的那部《金瓶梅》刻本,很可能就是依据沈德符手中的那个抄本翻刻的。沈德符的全本从哪里来得呢? 从上文可知他借抄于袁中郎。那么袁中郎又是从哪抄来的?

沈德符又说:"袁中郎《觞政》以《金瓶梅》配《水浒传》为外典,予恨未得见。丙午,遇中郎京邸,问曾有全帙否? 曰:'第读数卷,甚奇快。今惟麻城刘涎白承禧家有全本,盖从其妻家徐文贞录得者。'"袁中郎对刘承禧家有全本的情况知之甚详,他极有可能是从刘承禧那里抄来的,不过这个假设必须有个前提条件,即袁中郎与刘承禧的关系熟悉到刘肯拿出让袁过目并乐意让他抄写的地步。那么袁、刘二人是否有这样的关系呢？袁小修在《游居柿录》卷之三第61条中记载了这样一件事："偶于李酉卿舟中晤刘涎白，出周昉《杨妃出浴图》，妃起立，披薄縠，如微雪罩肤，甚销人魂，独足稍大，不知缚足已始于汉宫矣，《杂事秘辛》可考。又有《浴鹌鹑》一小图，黄荃笔。"刘涎白在舟中肯拿出秘藏的珍品让袁饱观，足见二人关系亲近。《杨妃出浴图》可令观看，《金瓶梅》自当可令观览。由此可知，袁中郎（袁氏三兄如同一人，由小修与刘延白的关系可知中郎与刘之关系）的全本极可能抄自刘延白。刘延白家的全本则是"从其妻家徐文祯录得者。"徐文贞（徐阶）的本子抄自何人？沈德符没有说，但明代有两人直言王世贞家有全本《金瓶梅》，这两人一是屠本畯，一是谢肇淛。屠本畯在《山林经济籍》中说："王大司寇凤洲先生家藏全书，今已失散。"谢肇淛于《金瓶梅跋》中却说："此书向无镂版，钞写流传，参差散失。唯弇州家藏者最为完好。"别人家的不全或"参差散失"，王世贞家的最为完好，其间隐藏着他人抄本来自王世贞之意。那么徐阶的本子从何而来，也极有可能来于王世贞。这也要看徐、王两家关系如何？对此朱星先生曾做过考证，他说："徐文贞就是嘉靖时宰相徐阶，是江苏松江人，与王世贞同乡，也是反严嵩的。严嵩失败后，他出力给王忬平反。王世贞上书徐阶，请求援助。为亲昭雪的信，还保存在王世贞《四部稿》中。因此再追问徐阶家的一部全稿又从何处抄来就不言而喻了。"[①]由此，我们得知《金瓶梅》手抄全本源于王世贞抄本。其传递过程是：吴中刻本——冯犹龙——沈德符——袁中郎——刘承禧——徐阶——王世贞。其他的二十多位候选人是不具备这个资格的。

其次，《金瓶梅》产生与流传之初的记载文字表明，当时人关于《金瓶梅》的作者是谁，或贸然猜测，或知情而不便明言，婉转指出作者是王世贞，直到清初宋起凤方擢破这层窗户纸，指出《金瓶梅》为王世贞作。

所谓贸然猜测者就是不知作者底细，由作品推测作者的类型范围，较早的是袁中郎。他在《游居柿录》中说："旧时京师有一西门千户，延绍兴老儒于家。老儒无事，逐日记其家淫荡风月之事，以西门庆影其主人，以余影其诸姬，琐碎中有无限烟波，亦非慧人不能。"这段话颇具诱惑力，可令读过此书之人产生共鸣。其所言至少在以下几个方面与《金瓶梅》文本的描写是契合的。一是书中看不到作

---

① 《金瓶梅考证》，百花文艺出版社1980年版，第38页。

者的影子,人物虽多,却没有杜少卿、贾宝玉那样的人物,倒像是一位旁观者的自述,且小说情节写得那样逼真,非亲身经历过者,绝写不出。二是文中描写俗曲、俗语随手拈来,又对宋、明两朝历史颇为精通,对两朝政事烂熟,能如此上下兼通者,也应是博学之秀才,是能道出"无限烟波"的"慧人",一位蒲松龄式的人物。三是"西门千户"与"西门"庆姓氏、官职相埒,况且西门庆因不识字,不能书写,而不止一次请秀才帮忙。四是"逐日记其家淫荡风月"与该书起居注式的记事方法也完全一致。更何况今日学界对《金瓶梅》作者的研究有集体与个人创作两种说法之争呢?"绍兴老儒说"岂不可令两说主张者均爱接受乎?然而此说之伪,十分显见,细心揣摩,不攻而自破。其破绽有二:一是说老儒眼中只有"淫荡风月",一部近八十万言巨著,仅"记其家淫荡风月"与《金瓶梅》全书内容不符。其二《金瓶梅》是一部"指斥时事"之书,一部寄意于"时俗"之书,若作者只为影射家主人和他的姬妾,岂能有那许多对朝政的激愤之词?对人情世故入骨三分的深切描划?这与全书深广的思想内涵也大相径庭。此后持此类似说法者还有谢肇淛,他在《金瓶梅跋》中说:"相传永陵中有金吾戚里,凭怙奢汰,淫纵无度,而其门客病之,采摅日逐行事,汇以成编,而托之西门庆也。"①此段文字因比上引袁中郎的那段话晚几年,再从"相传"二字推之,很可能来自袁中郎的那段话(袁中郎的话没有"相传"二字)。此段话与上引袁氏的话内容大体相同,只不过由"绍兴老儒"变为"门客","门客"非"老儒"乎。其不可信程度也与上文无异,思维的路数相同,都由作品故事推测作者应是什么样人。

心中知底,婉转指出《金瓶梅》作者是谁的记载,最早见于屠本畯的《山林经济籍》,此书中有一段按语:

> 按:《金瓶梅》流传海内甚少,书帙与《水浒传》相埒。相传嘉靖时,有人为陆都督炳诬奏,朝廷籍其家,其人沉冤,托之《金瓶梅》。王大司寇凤洲先生家藏全书,今已失散。②

请注意,这段话已向人们暗示出《金瓶梅》的作者就是王大司寇(王世贞)。

---

① 《小草窗文集》卷二十四。又见马泰来:〈谢肇淛的《金瓶梅跋》〉,《中华文史论丛》1980年第4辑。

② 《小说杂谈》中的〈金瓶梅杂话〉,古典文学出版社1958年版。

何以见得？为陆炳诬奏而沉冤的"其人"是谁呢？了解这一段历史的人谁都晓得那正是王忬与其子王世贞，《明史·王世贞传》记载了王世贞得罪于陆炳与严嵩，后来他的父亲被诬诣下狱，他与弟弟世懋"涕泣求贷"，父最终"竟死西市"，兄弟"哀号欲绝"之事。

> 奸人阎姓者犯法，匿锦衣都督陆炳家。世贞搜得之，炳介严嵩以请，(世贞)不许。杨继盛下吏时，(代)进汤药；其妻讼夫冤，(世贞)为代草，既死，复棺殓之。嵩大恨。吏总两拟提学，(严嵩)皆不用。用为青州兵备副使。父予以栾河失事，嵩构之，论死，系狱。世贞解官奔赴，与弟世懋日蒲伏嵩门，涕泣求贷。嵩阴持予狱，而时为慢语以宽之。两人又日囚服踉道旁，遮诸贵人舆，搏颡乞救。诸贵人畏嵩，不敢言。予竟死西市。兄弟哀号欲绝，持丧归，蔬食三年，不入内寝。①

此事在嘉靖后期广为流传，世人皆知。然而为陆炳诬奏，又被朝廷抄家，且能写《金瓶梅》这样大部头小说的人，除王世贞之外，还可以另有他人。所以屠本畯生怕读者不明此隐意，随即加补一句："王大司寇凤洲先生家藏有全书"。此乃点睛之笔，将两句联起来解，恰是王世贞写了《金瓶梅》，故他家藏有全书，即他家蒙受奇冤与他家藏有全书两件事有直接联系。也许有人会说，前后两句也可以是没有联系。理解这两句话有没有联系的关键要看藏有《金瓶梅》这部抒发"沉冤"的书的人是不是前一句所写其人与其家蒙受"其冤"的人，即藏书者与蒙冤者有无关系。若二者毫无关系，可视为没有联系；若有联系，且正是一家之事，若再说没联系，就不能成立了。而藏《金瓶梅》全书的"王大司寇"家，正是"嘉靖时"，"为陆都督炳诬奏，朝廷籍其家"的王大司寇家。所以，只能有一个解释：王大司寇家蒙冤，写了《金瓶梅》，他家藏有全书。即，藏有全书的人，就是被"籍家"蒙冤的人，就是作者，就是王世贞(不可能是已死的王忬)。这种关系，四百年后的人可以推证出来，而在当时的人，一读心里就明白。因为当时三种条件(为陆都炳诬奏，朝廷籍其家，其人沉冤；写《金瓶梅》；最早藏有全书)皆具备的"大名士""钜公"，唯有王世贞。而称"王大司冠凤洲先生"者，也只有王世贞。故而《金瓶梅》

---

① 《明史》卷二百八十七《王世贞传》。

的作者为王世贞,并非空穴来风,而是在当时就有知情者,就已间接(现在人可理解为间接,而当世人可理解为意义上的直接)地指出来了。那么屠本畯是知情者吗? 回答:是。屠本畯("大司马大山之子")生于嘉靖二十年,虽小王世贞十几岁,然生平喜读书,善交游,与王世贞相从甚密,故而对王世贞事也知之甚详。然而一来小说不登大雅,二来《金瓶梅》有"诲淫"之污名,此二者与王世贞的身份、名望皆不相衬。作为王世贞好友,自当为朋友保密,岂可泄露? 故而只能用此侧笔委婉达之。

屠本畯之后不久,又有一人将《金瓶梅》与王世贞的关系从两个方面加以推进,从而使得作者问题更趋明朗化。此人便是拥有《金瓶梅》手抄全本的沈德符。他在《万历野获编》卷二十五[词曲]"金瓶梅"条中提出了两个重要的证据,一是:"指斥时事,如蔡京父子则指分宜,林灵素则指陶仲文,朱勔则指陆炳,其他各有所属云。"①这一段话无论是沈德符本人读后的感受,还是他听来的在他之前的《金瓶梅》成书时代他人的读后感受,都是对屠本畯"其人沉冤,托之于《金瓶梅》"的话进一步的印证。《金瓶梅》一书叙事有一独特的手法:假宋写明。就像《红楼梦》叙事的独特手法是将"真事隐去,假语村言"一样。这一手法突出表现于混用宋、明两代的官轶名(介绍宋代官员的职衔却常出现明代的官衔)。② 细加考察,方知作者故意用明代某人官衔而暗那个明代官吏。顺此思路考察,便会发现沈德符这几句话,句句可以坐实,无一虚言。一位叫姜亳的学者,在他的那篇《〈金瓶梅〉指斥的明代时人时事》一文中,以宋明两代史书与《金瓶梅》一一对检,其得出的最后结论竟是"我们循着官职的'混乱'与官职的'差异'这条线索,找出的作者所暗指的人物,均与我们前引沈德符文中所记相符。因此,沈德符所记之'传闻'定有所据。"③二是沈德符亲眼目睹了《玉娇李》一书,该书的作者与《金瓶梅》的作者是同一人,内容也是"指斥时事",并从《玉娇李》一书令人"尤可骇怪"的特点,进一步透露了作者的身份。沈德符云:

---

① 沈德符:《万历野获编》卷二十五"金瓶梅"条,中华书局1959年版,第652页。
② 对此,有人竟说作者是位不懂明代和宋代历史的陋儒。而事实上却并非如此,而是作者将宋、明两代的官秩熟悉到能运用自如有目的地来表达自己的思想情感却分毫不差的地步,这恰说明作者是位精通两朝史实的史学家。
③ 姜亳:《〈金瓶梅〉指斥的明代时人时事》,《史学集刊》,1991年第3期,第73—78页。

中郎又云,尚有名《玉娇李》者,亦出此名士手。……中郎亦耳剽,未之见也。去年抵辇下,从丘工部六区(志充)得寓目焉。仅卷首耳,……而贵溪、分宜相构亦暗寓焉。至嘉靖辛丑庶常诸公,则直书姓名,尤可骇怪,因弃置不复再展。然笔锋恣横酣畅,似尤胜《金瓶梅》。

"贵溪、分宜相构,亦暗寓焉"证明与"指斥时事"的《金瓶梅》内容相似,同出于一人之手。而"至嘉靖辛丑庶常诸公,则直书姓名,"则说明这位名士的身份非同一般,地位、名望必在"庶常诸公"之上。这位敢直书文士姓名的名士究竟是谁呢?《明史·王世贞传》载:"世贞始与李攀龙狎主文盟。攀龙殁,独操柄二十年。其所始与游者,大抵见其集中,各有标目"。那些"前五子"、"后五子"、"广五子"、"续五子"、"末五子"皆见于其笔下,"其所去取,颇以好恶为高下"。正是这种主盟文坛的地位,和"以好恶为高下"的性情,方使得他后来写《玉娇李》时,对当时诸公敢直呼姓名。如是《金瓶梅》与王世贞的关系又进了一步明朗化了。

如果说,屠本畯、沈德符尚未直言王世贞就是《金瓶梅》作者的话。那么到了清初,宋起凤率先戳破了这层窗户纸,他在〈王弇洲著作〉一文中,对屠本畯的话,作了明澈的注脚,直言不讳地指出,《金瓶梅》的作者就是王世贞:

世知《四部稿》为弇洲先生平生著作,而不知《金瓶梅》一书亦先生中年笔也。即有知之又惑于传闻,谓其门客所为书。门客讵能才力若是耶?弇洲痛父为严相嵩父子所排陷,中间锦衣卫陆炳阴谋孽之,置于法。弇洲愤懑怼废,乃成此书。陆居云间郡之西门,所谓西门庆者,指陆也。以蔡京父子比相嵩父子,诸狎昵比相嵩党羽翼。陆当日蓄群妾,多不检,故书中借诸妇一一刺之。所事与人皆托山左,其声容举止,饮食服用,以至杂俳戏喋之细,无一非京师人语。书虽极意通俗,而其才开合排荡,变化神奇,于平常日用,机巧百出,晚代第一种文字也。按弇洲《四部稿》有三变……是一手犹有初中晚之殊,中多倩笔,斯诚门客所为也。若夫《金瓶梅》全出一手,始终无懈气浪笔与牵强补凑之迹,行所当行,止所当止,奇巧幻变,嫮妍、善恶、邪正、炎凉情态,至矣!尽矣!殆《四部书稿》中最化最神文字,前乎此与后乎此谁耶?谓之一代才子,洵然!世但目为秽书,岂秽书比乎?亦楚《梼杌》类欤!闻弇洲尚有《玉娇丽》一书,与《金瓶梅》埒,系抄本,书之多寡亦同。王氏后人鬻于松江某氏,今某氏家存其半不全。友人为余道其一二,大略与《金瓶梅》相颉顽(颃),惜无厚力致以公世,然亦乌知后日之不传哉!①

此段文字从六个方面指实王世贞是《金瓶梅》的作者。一、直言《金瓶梅》是王世贞中年作品,而非门人所作(此点与书中所写明代官吏多为嘉靖朝进士相埒)。二、《金瓶梅》是王世贞父亲被害后的指斥时事的发愤之作(此与书中对朝政和女人依势的描写以及王世贞创作《鸣凤记》的动机相一致)。三、具体分析了如何"寄意于时俗"、"指斥时事"、"皆托山左"的内容,给人颇多启迪。四、以王世贞《四部稿》的笔力气韵、风格变迁为据,说明《金瓶梅》正是王世贞之笔。五、一再申明,《金瓶梅》非秽书,而是楚《梼杌》一类的史书。六、宋起凤从友人松江某氏那里得知他手中的那半部《玉娇丽》是王世贞的后人卖给他的,从而证明与《金瓶梅》同一作者的《玉娇丽》作者就是王世贞,即进而证实《金瓶梅》作者是王世贞。这六点论证是全面而有力的,从而使王世贞创作《金瓶梅》成为不可动摇之论。对说明《金瓶梅》作者为谁的问题,这些证据已足够了,还需什么证据?难道让王世贞自己说那部"诲淫"的"小说"是"我弇洲亲笔"吗?我们应体谅作者"不著作者名代"的苦衷。更不应在这方面着意苛求,无作者亲自承认,便不给其著作权。宋起凤的《稗说》自署康熙十二年(1673)癸丑,即至晚在康熙十二年,王世贞的《金瓶梅》著作权已被恢复。

二

明人笔记指出《金瓶梅》是一部"指斥时事""寄意于时俗"的书,那么我们能否从小说文本中找到与这两点相关的内证,从而进一步说明《金瓶梅》与王世贞的关系呢?不但可以,且这方面可做的工作很多,能进一步证明《金瓶梅》与王世贞关系的证据也很多。

首先《金瓶梅》所写的明代官吏多是王世贞的同乡同年或熟知的朋友,如狄斯彬、韩邦奇、凌云翼、王烨、曹禾等。以上五人,有三个共同特点,一、都是活动于嘉靖二十六年左右的政界人物;二、他们或者在山东任过职,或者是弹劾严嵩

---

① 宋起凤:〈王弇洲著作〉,《明史资料丛刊》第二辑《稗说》卷三,江苏人民出版社 1982 年版。

的正直官史;三、这些人物与王世贞有着这样那样的密切关系。如凌云翼,两人同乡同里,都是太仓州人,都是嘉靖二十六年进士,又都相继任郧阳巡抚,两人又一同在南京做官,一个做尚书,一个为应天府尹,两人关系想必是密切的。更有趣的是,狄斯彬与曹禾也都是嘉靖二十六年进士,都与王世贞为同年。就是那位王烨也与王世贞同里。看来王世贞与他们都非常熟悉,所以才不自觉地将自己熟悉的人物写进书中。这种现象是文学作品特别是叙事文学作品中常有的事(如《儒林外史》、《红楼梦》、《包法利夫人》、《简爱》中所写的不少人物都是作者所熟悉的人物)。由此我们不得不思考一个问题,为什么这些写入《金瓶梅》中的明代人物都与王世贞有这样那样的密切关系呢?而且这种关系不是一般的熟悉(只是认识,或只是同僚,或只是同年),若是跟王世贞是一般的熟悉,也可以跟王世贞外的其他人是一般的熟悉,即作者也可以是王世贞外的其他人。这种关系竟是同乡,同年,同僚,同观点(反严嵩),有的甚至是几种关系集于一身,而其他人就难以具备这一关系,即作者是王世贞之外的他人的可能性极小。根据创作的一般规律,我们不得不把注意力集中到作者是王世贞这个敏感的问题上来。它应该成为王世贞创作《金瓶梅》的一条有力内证。

其次,《金瓶梅》所"指斥时事"与指斥的人物与明人笔记所记内容吻合,皆与王世贞家事相关。《金瓶梅》"指斥时事"大体包括两个层次。一是官场层次,直斥嘉靖朝权奸、暴露他们祸国殃民的罪孽。又包括两个方面:其一书中所写的宋代四大奸臣高、杨、童、蔡就是明代"圣时四凶"中的严嵩、郭勋、张瓒以及另一权奸陆炳,这四人恰恰是王世贞的仇敌。作者对他们的愤激之情在书中随处可见,如小说第 30 回,在西门庆送蔡京寿礼而得官后的一段议论:"那时徽宗,天下失政,奸臣当道,谗佞盈朝。高、杨、童、蔡四个奸党,在朝中卖官鬻狱,贿赂公行,悬秤升官,指方补价。夤缘钻刺者,骤升美任,贤能廉直者,经岁不除。以致风俗颓败,赃官污吏,遍满天下。役烦赋重,民穷盗起,天下骚然。不因奸佞居台辅,合是中原血染人!"言词之切,情怨之恨,几无以复加。这种指责在一部小说中几见(开头、中间、结尾),屡致意焉,犹如一部书的主旋律。其二、害死王世贞父亲的直接祸手是严嵩的干儿子鄢懋卿,书中对"拜父认子"深恶痛绝,用意讥讽。《金瓶梅》对蔡京喜收干儿义子描写甚多。拜蔡京为义父者有:东平府府尹陈文昭(第 10 回)、东京开封府府尹杨时(第 14 回)、状元郎蔡蕴(第 36 回)、新任山东巡按御史宋乔年(第 49 回)、杨州苗员外(第 55 回),而犹以第 55 回"西门庆东京庆寿旦",写西门庆进京拜认蔡京为义父最为详细。然而通晓宋史的人都知道,蔡京虽说是个结党营私的专家,用力排除异己,可史书上并未记载他广纳干儿义子之类的事。那么小说的作者(尽管第55回的执笔者非原作者,但写蔡京广纳干子则与五回外的其他章回同)赋予蔡京如此"才能",则当别有用意。原来这一"才能"恰为明代奸相严嵩所长。田艺衡《留青日札》云:

> 严嵩,……诈伪百端,贪酷万状,结交内侍,杀戮大臣,干儿门生,布满天下,妖人术士,引入禁中,三十年来流毒华夷,盖古今元恶巨奸罕与俦匹者也。

凡认其为义子者,地位权势便另一番气象,往往肆无忌惮,横行一方。《明史纪事本末·严嵩用事》载:

> 初,文华为主事,有贪名,出为州判,以赂嵩,得复入为郎。未几,改通政,与嵩子世番比周,嵩目为义子。不二年擢工部侍郎。

明清时有一种传说,王世贞父亲王忬从某种意义上说正是死于严嵩干生子鄢懋卿之手,或者准确地说死于严嵩父子(包括义子)之手。顾公燮《销夏闲记》载:"会俺答入寇大同,予方总督蓟辽,鄢懋卿嗾御史方辂劾予御边无术,遂见杀。"鄢懋卿倚势害人的劣行,明清两代文士几乎无人不知,《明史·奸臣传》载其事云:"至是懋卿尽握天下利柄,倚严氏父子,所至市权纳贿,监司郡邑吏膝行蒲伏。"足见其气势之狂嚣,故而,《金瓶梅》作者用力揭刺蔡京的这一罪行是冲着严嵩来的,是针对性极强的有感而发、情不由己的"发愤之作"。更令人不解的是,书中所写西门庆送于蔡京的礼物,竟与抄严嵩家时所获得的财物诸多一致。《天水冰山录》专记严嵩家被抄时的财宝,中有"水晶嵌宝厢银美人一座,重二百五十六两","金福字壶一把","玉桃杯七个","狮子阔白玉带一条","镀金厢檀香带三条","镀金厢速香带五条"等。[①] 小说第27回西门庆送于蔡京的寿礼中就有"四阳捧寿的金银人,每一座高尺有余,两把金寿字壶,两副玉桃杯";第55回拜蔡京

---

① 以上见陈诏:〈金瓶梅小考〉,《复旦学报》编辑部编《金瓶梅研究》第276页。

为义子时所送寿礼又有"狮蛮玉带一围,金香奇南香带一围,玉杯犀杯各十对,赤金攒花爵杯八支";那日下午,在那为西门庆预备的专宴上,"西门庆教书童取过一只黄金桃杯",斟满酒,跪奉于蔡京。这些描写难道仅仅是巧合?还是深知内情的作者有意为之?至少可以说明作者对严嵩其人及其严家的内情知之不少,这样的作者在那时能有多少?

《金瓶梅》指斥时事的第二个层次是家庭市俗层次,明写男女情场悲欢,实则指斥人性之丑恶,再现权奸"贪婪索取、强横欺凌、巧计诓骗、忿怒行凶,作乐无休、讹赖诬害、挑唆离间"①的丑恶灵魂。王世贞父亲被害之事在《金瓶梅》中也以假借形式得以婉转表现。作者所假借的事一是曾孝序蒙冤,一是来旺受陷害。山东巡按曾孝序"极是个清廉正气的官","包公"式人物,然而他却万万没料到,一个贪赃枉法的小小西门庆他竟参他不倒。更没料到自己会被蔡京的两个干儿子所害。书中写道:蔡京以"大肆猖言,阻挠国事"为由,将曾公"黜为陕西庆州知州"。而陕西巡按御史宋圣龙,是蔡京儿子蔡攸的内兄哥。"太师阴令圣宠劾其私事,逮其家人,煅炼成狱,将孝序除名,窜于岭表,以报其仇"。曾孝序是因弹劾蔡京私人西门庆再加上与蔡京政见不和而被蔡氏父子设计陷害的。王世贞父子也因与严嵩政见不和,义助杨继盛而得罪严嵩父子,被严嵩的干子鄢懋卿所陷害。显然这并非纯是巧合,而是在曾孝序的悲剧中隐含着王忬的冤情。如果曾孝序的蒙冤讲得不够细致的话,那么来旺蒙冤的情节或许给人更多的启示,只是此情节采用了更含蓄的方式。来旺是西门庆手下最得力的管家,家中大事都派他去办理,且无不顺利。如为武松案走蔡京门路,到苏杭为蔡京采办生辰担,下次到东京为蔡京送寿礼自然还让他去。西门庆为了长久霸占他的妻子,竟栽赃诬陷,平白无故地将他打入死牢。宋蕙莲为丈夫向他求情,西门庆一面用好言哄劝她,一面又送银两与夏提刑,欲治其于死地。直到来旺被发配徐州,宋蕙莲方如梦方醒,知自己受了骗。这个故事中西门庆阳奉阴违的做法与严嵩陷害王忬时所用伎俩如出一辙。王世贞求情于严嵩,严嵩阳以好言劝慰,阴斩王忬于西市。这种描写或许是作者有意的,或许是自然而然流露的,无论哪一种都是真实的。

---

① 康熙四十七年(1708)满文本《金瓶梅》卷首,佚名译,黄润华、王小虹校订并标点,《文献》第16辑,1983年6月版。

这指斥时事的两个层次前者以严嵩为中心,后者以西门庆为核心,朝廷、家庭交相映现,联系历史记载和王世贞家事对观,作者几呼之欲出矣!

再其次,《金瓶梅》所"指斥时事"与王世贞所作《袁江流钤山冈当庐江小妇行》的长篇叙事诗与《鸣凤记》剧内容旨趣相同。《鸣凤记》大家都很熟悉,无须绕舌。《袁江流钤山冈当庐江小妇行》诗主要是讥讽严嵩广收干儿义子,贿赂公行,榨取民脂民膏的罪行。诗中有:"凡我民膏脂,无非相公有,义儿数百人,监司迫卿寺……老者相公儿,少者司空子。"这与《金瓶梅》中写蔡京(小说中的蔡京暗指严嵩)庆寿、西门庆索取苗青赃银一千两以及妓女李桂姐、吴银儿认吴月娘为干娘,王三官拜西门庆为义父,西门庆拜蔡京为干生子儿,如出一辙。《金瓶梅》所写"指斥时事"的内容与《袁江流钤山冈当庐小妇行》相同,旨趣相同,两书当为同一作者(内容相同不一定是同一作者,内容旨趣都同则为同一作者的可能性更大)《袁江流钤山冈当庐小妇行》的作者是王世贞,《金瓶梅》的作者也极有可能为王世贞。

第四,《金瓶梅》大量借用、镶嵌他书素材与王世贞倡模拟的创作方法有关,是他将写诗的模拟方法首次运用到小说创作中来的结果。大家晓得,在前后七子统治文坛时期,模拟古人诗文非但不为耻,反而是当时的时尚。而倡导这一时尚的最为得力者——后七子领袖王世贞不但在理论上重举复古大旗,而且在诗歌创作实践用力之勤也超出其同仁。《四部稿》中不少诗都是以"拟"字开头的。《四库全书总目》云:(王世贞)"为时耆宿,其声价遂出攀龙上,而模拟剽袭,流弊万端,其受攻击亦甚于攀龙。"可以说为文剽袭,王世贞为一时之最。故而《金瓶梅》中出现的大量剽袭现象,很可能是王世贞作的一个最有力的内证。

第五、《金瓶梅》饱含深情地写西门庆大哭李瓶儿与善写丧葬悲伤场面体现了王世贞后半生的经历、心理与性情特点。《金瓶梅》写得最感人的是西门庆大哭李瓶儿。瓶儿的温顺、善良,西门庆的真情,被写得情浓意真,动人肺腑,放在世界一流小说中,绝无愧色。然而令人感到奇怪的是,为什么把一个本来非正面的人物,写得那么好,这不是显然违背了作者创作的初衷吗? 这种现象无疑是由于理智与感情的不平衡而形成的。即支配作者创作的是感情而非理智。必是过来人,经过亲人丧葬伤透心的人方能每遇此种场面,情不自禁,注入笔端,挥洒出一篇千古哀文。王世贞就是这样一位人,一位感情丰富,却屡遭亲人不幸重击的人。他在不太长的时间内,连丧三子一女。特别是父丧、母丧、与弟弟之死,将他的精神彻底摧垮了。他在《与元驭阁老》的书信中,痛苦地写下了这样的话:"自念平生奉先君子讳,奔太夫人丧,併此(弟亡)为三。虽号癖小减,却有一种单焭衰飒之气。总之生趣尽矣。"①王世贞自言有"号癖",当不会假,其父下狱,他与弟苦求显贵,何时不哭。兄弟俩都是死于眼病。他叙述其弟临死前的情景:"老泪渍目疤烂睛,昏过。午辄,茫茫疢只月,遍两手股。"(同上)王世贞临死的前一年右眼瞎,左目也看不清东西。这些都是"号癖"的佐证。瓶儿死后,写西门庆哭瓶儿,在哭字上作文章,形式之多样,感情之富于变化,且能深深打动人,称得上哭丧之绝唱。这期间或许有王世贞的影子。

三

否定《金瓶梅》为王世贞作的观点主要来自三个方面,要证实《金瓶梅》为王世贞作,不能不对这三种否定意见加以分析、澄清。否定意见最具影响力的是吴晗先生的〈《金瓶梅》的著作时代及其社会背景〉一文。吴晗先生〈《金瓶梅》的著作时代及其社会背景〉一文并没能否定王世贞的著作权。他本来想论证"《金瓶梅》非王世贞作",但是他并未将此作为论证的中心,而是将王世贞创作《金瓶梅》的目的不是为报父仇作为立论的根基,将"《金瓶梅》为王世贞写"这一信息基础上衍生出来的大量传闻——"伪画致祸说"、"孝子复仇说"——作为批驳的对象,尽管这些批驳是很有力的,澄清了与此相关的一切事实。然而孰不知王世贞写《金瓶梅》的目的是否为报父仇,与王世贞是否写《金瓶梅》并非一回事,就好像说王世贞家被祸的原因不是由于伪造的清明上河图,并不等于说王世贞家没有被祸(还可以有其他原因被祸)一样,二者间没有必然的逻辑关系。即王世贞写《金瓶梅》的目的除了可能为报父仇之外,还可以有很多别的目的,如"其人蒙冤,托之于《金瓶梅》"以求抒愤、发池的目的等。尽管吴晗先生在文中第三章也提及"《金瓶梅》非王世贞作"的问题,一来讲得肤浅草率,二来所言各点无一能站住脚。

讲得肤浅草率者如他说沈德符《万历野获编》中那句"闻此为嘉靖间大名士手笔"的话"是一句空洞的话"。"假使可以把它牵就为王世贞,那么,又为什么不能把它归到曾著有杂剧四种的天都外臣汪道昆? 为什么不是以明杂剧和文采著

---

① 王世贞:《弇州续稿》卷一百七十八《与元驭阁老》。

名的屠赤水、王百谷或张凤翼？那时的名士很多，又为什么不是所谓的前七子、广五子、后五子、续五子以及其他的山人墨客？我们有什么反证说他们不是嘉靖间的大名士"？看来吴晗先生是很善于联想思维的，然而他对于与自己相反的观点竟不作一点统一考查，只抓住一句"嘉靖中大名士"空发议论。明末人对"嘉靖中大名士"有种种界定，廿公明言是一"钜公"，年高位重。屠本畯联系作者身世家世，讲得更具体："有人为陆都督炳诬奏，朝廷籍其家，其人沉冤，托之于《金瓶梅》，司寇凤洲先生家藏全书"。就是沈德符那段话既说"嘉靖辛丑庶常诸公，则直书姓名，尤可骇怪"，又说小说"指斥时事"影射了严嵩、陆炳、陶仲文，且句句可在小说中坐实。怎说是一句空洞的话呢？吴晗先生自己承认王世贞父亲被祸是严氏父子所害，为何在此处竟忘得干干净净？怎么竟会说出"平常无故的人要指斥时事干什么呢"这样的风凉话？难道山人墨客也可称为"钜公"？难道一大堆"五子"的父亲也都死于严氏父子之手吗？难道那些名士家中也都藏有全本的《金瓶梅》的手抄本吗？……显然，吴晗先生在发这一段议论时，充满了强烈的主观感情色彩，故而他的论证不着边际，更不能说明问题。

接下来的另两个观点无一能立住脚，只能说明他并未认真反复研究文本。

一条是王世贞根本不可能说出山东话来，他是江苏太仓人，会不自觉地在小说中流露出"吴语"。而《金瓶梅》用的是山东方言，所以王世贞不可能是《金瓶梅》的作者。这一条理由同样是不能成立的。说它不能成立是基于两个事实。一是文本的事实；《金瓶梅》一书的语言相当复杂，大体上以山东与河北清河一带的北方方言为主，然也"时作吴语"，南北话兼杂，并非一色山东话。二是王世贞的生平经历事实。他是江苏太仓人，但自嘉靖二十一年至二十五年来往于太仓与京师间，二十五年秋至三十五年十月的十年间大部分时间在京做官。此后做官的地点为京城与山东。大半生生活在北方，不可能不会说北方话、官话（官话即京话，是典型的北方话，会说京话而后学说河北、山东话很容易）。况且王世贞在北京期间所交往的最好朋友李攀龙、李先芳都是山东人，特别他与李攀龙的友谊是终生的。李攀龙辞职还乡后，恰好王世贞出任山东，他们来往甚密。这对他熟练地掌握山东话必是极有利的事。总之王世贞很可能是一位南北话皆通的人。故而才会使一部《金瓶梅》南北话间有，这不反过来证明这部讲山东话又"时作吴语"的小说的作者更可能是王世贞吗？

另一条是借用清人昭梿的话，从《金瓶梅》"以宋明二代官名羼杂其间，最属可笑"而推断有史识史才的王世贞,绝不会写出"谫陋若是"的《金瓶梅》来。这对于吴晗先生来说不足为奇,因为根本不承认"指斥时事"的吴晗先生,怎会去研究造成"二代官名羼杂"的原因呢,怎会晓得作者故意这么做,更说明他对宋明两代的历史人物、典章制度已精熟到了如意调换官秩、随意影射却分毫不差的地步?关于这一点已有人撰文作了详细的考察,发现作者对引入作品中的约一百三十多位宋明两代人了如指掌。不通宋、明史事者岂能写出? 这反过来不是进一步证明《金瓶梅》的作者是位有史识史才的大名士吗? 正因如此,所以吴晗的"《金瓶梅》非王世贞作"的观点是难以成立的。而数十年来,人们正是顺应了吴晗先生的观点,才把王世贞排斥在《金瓶梅》的作者之外的。

第二种否定性意见认为王世贞一代大文豪,岂能写出那么俗的《金瓶梅》,岂能有那么多的错讹处。持此论者没有注意到那个时代文坛的风气恰恰是厌雅倡俗,以真俗为美趣。嘉靖中叶以后的名士(如李梦阳、唐寅、吴中四杰、李开先、李贽、汤显祖、三袁、冯梦龙、屠隆等),几无不染指于小说、戏曲、民歌的创作或评点。王世贞写《鸣凤记》,考证民间彦语、习俗①,还写了大量歌颂男女真情的情歌,其大胆的程度不在《金瓶梅》下。② 而《金瓶梅》洋洋数十万言,其表达方式正是"寄意于时俗",以市井生活中真俗为美。"此一传者,唱市井之常谈,闺房之琐语,使三尺童子闻之,如饮天浆而拔鲸牙,洞洞然易晓。"③王世贞能写出如此俗趣,正合那个时代的审美时尚,也正见出其高雅所在。且不可以当今的喜雅厌俗而说三道四。④ 同时,否定者也没有注意到《金瓶梅》"记忆与整合"、"口述与笔录"的独特撰写方法。即《金瓶梅》大量引用他人著作中的素材,如小曲、小说故事、戏曲等,主要靠平时的记忆,靠市井中演唱的曲词,而不是照抄某一书,故而所用素材与刊刻的书里的文字往往有不少出入。再者王世贞因有"哭癖",晚年

---

① 王世贞《四部稿》中"四部"之一便为"说部"。而"说部"有些是记录、考证民间的习惯、风俗、节气、谚语等小说中常用的素材。

② 王世贞《弇州山人四部稿》卷七拟古乐府一百八十五首,多为民间情歌,如《地驱乐歌》三首:"头上倭髻,珍珠累垂。要郎解髻,妾自解衣。(其三)愿为郎席,不愿为被。得郎在身,胜郎下睡。(其四)郎骑白马,妾坐车。偷眼少年,郎不如。(其五)"明万历间刊本之影印本。

③ 欣欣子:〈金瓶梅词话序〉,见《金瓶梅词话》卷首。

④ 许建平:《金学考论》第六章〈模拟风气与撰写方法考察〉中"厌雅倡俗的审美观"节,河北教育出版社,1999年版。

患眼疾,常常令身边的人为他念书,或自己说,令身边的人代他写,以此养目。这种自己口述令他人笔录的撰写方法,造成由于音同字不同而生成的字词的错讹,而绝非王世贞本人写错字。所以,以有许多错讹字和与刻本中字词有出入来否定作者为王世贞,显然是不了解《金瓶梅》这一独特撰写方法的缘故。①

三是,有的学者以为王世贞为嘉靖间大名士,联系明人笔记,《金瓶梅》应成书于嘉靖年间,况且书中所写人物多是嘉靖间人物,所以若认为《金瓶梅》成书于万历年间,那么作者就不应是王世贞,因为王世贞于万历十八年去世。这里有两个问题,须分别加以说辩。一是书中所写人物虽多是嘉靖间人物,但不等于成书时间一定为嘉靖年间。因为,嘉靖中期考取的进士,大多在万历年间还活着,而生活在万历前期的名士,又大多是嘉靖年间的进士,王世贞就是典型的例子。他于万历年间写出《金瓶梅》,但他在嘉靖间名气大,同样可以称之为"嘉靖间大名士",这与成书于万历年间并不矛盾。二是王世贞何时有闲暇与情趣写《金瓶梅》一书。我联系朝廷的政治形势与王世贞的生平与著述,特别他的思想(与和尚道士谈禅论道,注重民间俗趣真情等)详加考证,结论是王世贞写《金瓶梅》一书,在万历十年左右,成书的时间稍晚些,当在万历十一年至十七年间。②

我对王世贞写《金瓶梅》深信不疑,且相信随着对王世贞研究的深入(目前对王世贞研究得还不够),这个古老的没有任何新奇的实实在在的结论会得到更充分的证实。

---

① 许建平:《金学考论》第六章〈模拟风气与撰写法考察〉中"记忆与整合""口述与笔录"两节,河北教育出版社 1999 年版。

② 许建平:〈金瓶梅成书新证〉,《河北师大学报》2002 年第 2 期。

王世贞的考据学与明末清初的求实学风

牛晓岑

摘 要 王世贞是明代较早从事考据研究的学者之一,他以"博证精核"的学术精神,力救明代中后期"空疏浮泛"的学风,为学术向考据征实的方向发展贡献了力量。他以考据作为自身史学研究的主要方法,多元获取资料,严格考求史实,留下了丰富成果,取得了极高的史学成就,此举引领学界潮流,使考史著书之风流行开来,明末史学趋向严谨,最终形成了"博雅""征实"的精神;王世贞史学考据精神影响到其他学术领域,加之他本人在经学、小学、文艺和博物学方面的着力探索,这些领域的学风也明显转向"征实";他又努力纠偏正误,带动了学界的考据批判潮流,进一步深化了求实学风。王世贞的努力使考据作为一种方法论逐渐地系统化,考据学渐趋为一门独立学问,考实精神更逐渐昂扬,成为学术风气的主流,这对明清易代后考据学成为显学意义重大。王世贞的学术诚为明末清初学风转变的关键环节之一。

关键词:王世贞 考据学 学风 求实

王世贞作为嘉隆万时期一代文坛盟主和杰出的学者对文坛和学界都有着重要影响。王世贞不仅积极从事考据学研究,促使其走向成熟并逐渐定型为一种固定学术研究门类,而且还致力于对前代考据进行反思与再研究,这对于在明末学风的转变的作用不可小觑。明末清初的考据学者如焦竑、方以智、钱谦益和顾炎武等也都一定程度接受王世贞的考据学主张,使其间接参与了清学考据的开创。在明末全方位的思想文化转变中,一代文人领袖王世贞的意义值得进一步挖掘。

一、学术转型中的大文人王世贞：力敌空疏浮泛，大倡博学实证

王世贞的学术以考据为底色，以博学为生长点，这一定程度影响了明末的学风，促成了明末考据学的崛起，同时也为考据学在易代之际的转变埋下了伏笔。从学术研究的演变和学风的变化的内在逻辑和实际情况来看，王世贞"博学实证相结合"的学术追求和相关实践的确在明末学术史演进过程中起到了关键作用。王世贞本人的学术取向虽然不能等同于时代学术发展大势，却与学术演变的因果关系巨大。

一方面，王世贞的选择受时代学术发展的空间影响，他顺应大趋势而影响学风转变。《明史·儒林传》有言："有明诸儒，衍伊、雒之绪言，探性命之奥旨，锱铢或爽，遂启岐趋，袭谬承讹，指归弥远。至专门经训授受源流，则二百七十余年间，未闻以此名家者。经学非汉、唐之精专，性理袭宋、元之糟粕，论者谓科举盛而儒术微，殆其然乎。"①概括了明代学风空疏的特点和原因。明初科甲新开，选才考察经义之学，然而在形式上八股文格式的定型一定程度上引起了学术僵化和疏漏：经义阐释逐渐被限制在朱子学说之内，对儒家经书的创新性学习受到限制，经典大义本身也被忽视；为科考而专事八股，注重标准答案，利用形式取巧自圆其说，破坏经义阐释严谨性的倾向出现。以致文人为科举而不读书，专看四书五经的经义大全，乃有后人"八股盛而六经微""今之经义策论，其名虽正，而最便于空疏不学之人"的感叹。②受此影响，不实学风渐起。宋元理学性命之学大盛的同时无根之论和无用空谈渐增；到明中叶，陈献章、湛若水和王阳明等人倡导心学，心学中人"诸公今日之学，不在世界一切上，不在书册道理上，不在言语思量上"等类似的观点常被曲解误读为学问不在于读书；理学心学双方就"性理"和"心性"展开论争，为争胜而以己意解经的做法日盛，不仅脱离经典原意，而且错漏丛生。如阎若璩所言："前明三百年文章学问，不能远追汉唐及宋元者，其故盖有三焉：一坏于洪武十七年甲子定制，以八股时文取士，其失也陋；再坏于李梦阳倡复古学，而不原本六艺，其失也俗；三坏于王守仁讲致良知之学，而至以读书为

---

① （清）张廷玉等：《明史》，北京：中华书局1974年版，第7222页。
② （明）顾炎武：《日知录》，上海：上海古籍出版社2006年版，第91页。

禁,其失也虚。"①八股之弊使读书人有了不读书而取巧之路,而对阳明学的曲解则为不读书提供了理论上的借口。受此影响,明中期以后,学界各领域弥漫着空疏浮泛之风。尤其是史学,官方史料讹误严重,以致于被王世贞视为历朝之最。面对日炽的空疏学风,成化、弘治以来就有不少学者表示过忧虑并着手改变。理学内部吴与弼、黄佐等人发扬朱子儒学的考实精神,罗钦顺、王廷相等人反思理学,主张"实学经世"②;心学中陈献章和王阳明等代表人物就有考实类著述,黄绾则批判心学空谈;祝允明、郎瑛、杨慎和梅鷟等学者则开考据之端;崔铣、陈建、张居正等则在严谨史学研究方面颇有收获,提高国史和方志的质量。求实考据的学术已然萌芽。空疏浮泛的氛围里,皓首穷经的沉潜精神和广博的学识难能可贵,具备这些品质才能驾驭海量知识和文献。到了王世贞所生活的嘉隆万时期,学者们对空疏学风的反感日益强烈,博学和求实的理念为众多学者所喜。生长于娄东的王氏一门秉承着"守正""博洽"的风气,以求实守护雅正,以博学促进创新,这正与学风的转变相合。此时,王门一代大文人王世贞就在这个大的环境里从事学术研究,因而探索了博学著书与考据学术的空间、路径和方法。

另一方面,王世贞以自身的成就和影响力影响了一个时代的学者,取得了改变时代学风的效果。王世贞本人继李攀龙后主盟文坛"独操柄二十年"③,相结社的便有"前后五子""续五子""广五子""末五子""四十子"等大批文人④,其中不乏汪道昆、胡应麟、邹迪光、李先芳等学者;因王世贞"地望之高""天下咸望走其门",他身边也聚集了一批学术拥趸、后学如董复表等,一时间文人"若玉帛职贡之会,莫敢后至",王世贞"登坛设埠,近古未有",足见其领袖效应之影响力。⑤文坛盟友、门人不仅与王世贞诗文酬唱,还进行学术交流,一定程度接受其学术,客观上实现了王世贞学术的第一层次的输出。另有与王世贞友善的学者如陈耀文、臧懋循,与王世贞进行学术和文艺争锋的学者如归有光、李贽等对其学术也是看重的,这促成了王世贞学术的第二层次输出。而王世贞作为领袖,对于广大

---

① (清)阎若璩:《潜邱札记》卷一,文渊阁《四库全书》本。

② (明)王廷相:《王氏家藏集》卷四十一,明嘉靖刻本。

③ (清)张廷玉等:《明史》,北京:中华书局1974年版,第7381页。

④ (明)王世贞:《弇州山人续稿》,明万历刻本。

⑤ (清)钱谦益:《列朝诗集小传》,上海:古典文学出版社1957年版,第436页。

学者文人的影响极为可观,其学术"衣被天下"①,引来了许多学者的学习,这是其学术的第三次,也是影响最广,足以直接拉动时代学术风气变化的一次输出。以上是横向的影响。王世贞之后,焦竑、周婴、张溥、陆世仪、朱明镐、方以智、钱谦益和顾炎武等学者在不同时期分别对其成果进行了称引和驳正,这就促成了王世贞学术的纵向影响,效果深远。故而从学术发展脉络来看,王世贞顺应了学术发展的大趋势,推动考据学发展,让学术向求实的方向上又迈进了一步。

二、王世贞"博学考据"影响下的明末清初学术转型

作为学者的王世贞在明代有着重要位置,而博学与考据则是他在众多领域的学术上两项最为鲜明的特征和旨趣。这两种旨趣促使王世贞学术在广度和深度上均达到了较高的水平,他所从事的各领域学术均以"博证精核"为底色,但又各具独特性,充分诠释了他的学术精神。

(一)王世贞的考据史学与明末清初史学"博证""考实"风气的形成与演变

王世贞的学术以史学成就最高,这离不开他在考据学方面的着力,也得益于其博学才识。《弇山堂别集》《弇州史料》《觚不觚录》《嘉靖以来内阁首辅传》,《弇州山人四部稿》和《弇州山人续稿》中的史传类文章以及对《皇明肃皇外史》的评点等是王世贞史学的主要成果,其核心特点便是考实准确且丰富厚重。具体来说便是指其史料丰富而精核,来源广泛而多元,记载覆盖面广,记述深入且精细,考辨精密,务求信息真实有效。顾诚先生便称赞王世贞具有"史贵直笔"的精神,他说王世贞"在大量搜集史料的同时进行了严肃的鉴别","通过他的劳动,整理和考核了大量史料,使我们比较容易接近历史真相",这是对王世贞史学真实严谨的肯定。② 而切进历史真相的方法就是史料考辨,如《剑桥中国明代史》便称"王世贞是16世纪的杰出学者和批评的历史著作这个新趋势的富于创造力的代表",所谓"批评的历史著作"就包含对已有史料的审视和考实,王世贞在史料考

---

① (明)徐枋:《读史杂抄序》,《居易堂集》卷五,清康熙刻本。
② 顾诚:〈王世贞的史学〉,《明史研究论丛》,南京:江苏人民出版社1983年版,第340—341页。

辨方面的成就为其史学增添了无限光彩。①《弇山堂别集》中的《史乘考误》和《公孤表》《卿二表》等"诸表"《谥法考》《亲征考》等"诸考"是王世贞史料考辨的结晶,其作为史学考据的杰出成果也奠定了王世贞明朝史学大家的地位。王世贞作为"考据史学"的代表,他以考据研究带动自身史学取得成就,具体有以下几点表现。

其一,严格的史料考据意识保证了王世贞史学研究成果的高度严谨性和信息有效性。王世贞直言明代国史之陋:国史之失职,未有甚于我朝者也。②因此"史失求诸野",他主张挖掘各类可见史料来对国史进行补正,此等见识在一代学人里是极为杰出的,这意味着他能直接抓住史学的问题,发现研究空间。③之后王世贞便广泛搜集和考辨各类材料,提取有效信息来补正国史等典籍的阙误,如其所言"有所见,不敢不书,以俟博洽者考焉"。④对于挖掘来的史料王世贞也进行严格的审视和筛查,确保信息全面而有效。如他在《史乘考误》开篇言道:"夫家乘是而疑誉者,吾弗敢擿也;野史非而疑毁者,吾弗敢救也。其龃龉而两有证者,吾两存之;其拂而覼者,吾始从阳秋焉。"⑤他能详细考察野史、家乘信息的可信性,发现其中值得商榷之处,并谨慎处理,不妄作增删和改动,留下信息充分的多方史料,以揭示其中历史信息。具体的实践中,王世贞也的确能保证精细审核,严格考证。如《史乘考误》卷一考辨《近峰闻略》引文潭王身世与自焚原因一条,以众多国史资料反证了私史之误,此处国史技术简略,私史的信息详尽反而容易大行其道,王世贞便以考实的研究将其驳倒,以免这种伪误信息造成更大的影响。⑥再如卷四考辨刘观父子论罪情况,以杨士奇《三朝圣谕录》补充国史信息,指出《宪章录》信息有问题。⑦此例中,王世贞对史料可信度严格审视,择优采信,据此而推知史书略写的信息,富有说服力。王世贞对待史学时刻怀有考据

① [美]牟复礼(Frederick W. Mote),[英]崔瑞德(Denis Twitchett)编,张书生等译:《剑桥中国明代史》,北京:中国社会科学出版社,1992年版,第811页。
② (明)王世贞:《王世贞全集·弇山堂别集》,上海:上海古籍出版社2017年版,第472页。
③ 同上,第472页。
④ 同上,第473页。
⑤ 同上,第473页。
⑥ 同上,第478页。
⑦ 同上,第536页。

意识和严谨态度,故而其史学富有求实精神,造就了许多优秀成果。

其二,开拓广泛的史料来源,促成其修史的严密精细。王世贞在《史乘考误》序言便开宗明义,直言自己的史学重视拓展史料来源。王世贞提到了《双溪杂记》《琐缀录》《枝山野记》《剪胜野闻》《客座新闻》《庚巳编》六部书,它们属于野史和私修史书性质的史料笔记。他认为从这些书中可以提取许多历史信息,但也如实指出它们具有"挟郄而多诬""轻听而多舛""好怪而多诞"等多种问题。① 因而他开篇定调后便将这些各具优缺点的史料参考互证,并与国史、家乘以及档案性质的史料相结合进行考察。他还联系实际进行有效推理,获得了详细充分且严谨可信的史料。具体来看有三个层次的工作:第一,王世贞明确指出野史和家史可以在考证过后作为重要的史料与国史互补,并进行详细整理。第二,王世贞将私修史书、文人笔记以及掌故书等作为史料进行考证和增订,并在考据过程中辨别民间传说、稗官小说甚至市井常识等信息的可靠性,提取有价值的部分佐证历史。第三,王世贞将史部以外文献、金石文献以及方志文献也都纳入研究视域,为考据提供更为丰富的旁证。基于这三个层次的史料拓展,他不仅完成了《史乘考误》和"诸表""诸考""三述",还在此基础上修国史,以致清代官修《明史》在相关内容上经对此直接照搬,甚至顾诚先生认为《明史》在相关内容上进行的修订反而伤害了其价值,水平竟不如王世贞,这足以彰显王世贞史学超乎寻常的功力和成就。② 在具体的研究过程中,王世贞能够综合考察各类史料,确保证据多元、立体而且全面。例如,仅第一卷里,王世贞便从明朝各时期实录和《乙丑进士登科录》《功臣录》等官方史料,《鸿猷录》《资治通记》《谭纂》《皇明纪略》《草木子余录》《近峰闻略》《三朝野史》《群居解颐》《吾学编》《徵吾录》《国初事迹》《损斋备忘录》等私修史书、野史类笔记,以及各家小传、行状,还有《高庙御制文集》等集部文献等等多种门类的史料中搜集了大量历史信息。③ 多方取材,综合考察,多角度审视历史事件,推理论证其真实情况,审视史料的可信度。纵观全书,王世贞的视域可谓穷尽经史子集四部文献,并且突破了书本限制。除卷一涉及的

---

① 同上,第472—473页。

② 顾诚:〈王世贞的史学〉,《明史研究论丛》,南京:江苏人民出版社,1983年版,第340页。

③ (明)王世贞:《王世贞全集·弇山堂别集》,上海:上海古籍出版社2017年版,第472—490页。

几种文献外,他参考的文献还有史学著述如史考《封爵考》、学术笔记《丹铅》诸录、年谱《王文成公年谱》等,文人劄记、掌故书如《宪章录》《水东日记》《玉堂漫笔》等,文人别集如《犁眉公集》《王文成公文集》等,各类文章如《谥愍王册文》《祭宝纛文》《祭海岳祝文》《进明伦大典表》等,人物传记如《谷府左长史刘璟传》《定襄伯郭登传》等,碑铭类文献如《御制神道碑》《愍王碑》《王海日公华墓志铭》《盛荣简端明墓表》等,稗官小说如《今献汇言》《中山狼传》等,谱牒家乘如《丰学士熙家传》等,方志如《一统志》《陕西通志》《永新县志》等,小学著作如《玉篇》《广韵》《洪武正韵》等,甚至还包括《中山狼杂剧》等剧本以及市井戏曲、说唱文学①,不仅囊括四部,还兼顾雅俗,而且将纸质、口传以及金石文献均囊括在内,证据全面程度足可与现代学术媲美。王世贞这种拓展史学视野和史料来源的尝试使其获得了丰富的历史信息,后来他进一步整合修撰,形成了翔实的史料典籍。

其三,王世贞能高效发现问题,谨慎地解决问题,并留下深远的考据研究空间。首先,王世贞捕捉问题能力超群。王世贞基于自身博学和考据意识,能够敏锐地捕捉到可以考据挖掘的历史问题,故而其考据史学成果众多。如《史乘考误》卷一"《双溪杂记》言:宋景濂,洪武二年除学士,十年致仕,五品终身。是时官制,学士承旨正三品,学士从三品,侍讲读学士正四品。景濂为承旨,致仕衔称嘉议大夫,卒后官制方改。此言谬也。"②可见王世贞熟知明朝官制的演变,而且时刻在读史料时捕捉其中与已知史实抵牾之处,故而有了这个小成果。再如《史乘考误》卷三"《一统志》载:陈德文,始兴人,洪武中以北平按察使使西域,至撒马儿罕。按,前使撒马儿罕者,给事中郭骥传有陈诚者,以吏部员外郎使西域,载其风土甚详。十二年又称永乐,古麻剌国王哇来顿本亲率其臣来朝,至福州卒,谥曰康靖,敕葬闽县,有司岁时致祭。考之史,乃其国曰古麻剌朗,王曰干剌义亦敦奔,来朝,赐赉甚厚,还至福州始卒,敕葬闽县。《一统志》修自内阁诸公,而与史抵牾者,当时只遣人于各省采事实,而不知考国史也。"③王世贞把国史烂熟于胸,故而极细微之处也能被其发现,他能敏锐地察觉两个不同名字的官员似有关联,也能快速发现史料中极为隐蔽的译名漏洞,这些补救工作立即提升了存世史料信息的精确度。其次,王世贞解决问题高效严谨。因为坚持严谨态度,以求实

---

① 同上,第620、681页。

② 同上,第482页。

③ 同上,第517—518页。

的精神对待考据问题,故而其具体的考据成果学术价值均不可小觑。如其于《史乘考误》卷二对田汝成记录的霭翠、宋钦及奢香夫人事迹的考据。王世贞发现田汝成的记载细节丰富且极富传奇色彩,但也存在许多缺乏旁证的信息,故而起疑,参阅国史和《一统志》等史料,将其中细节错误纠正,并依据典章制度等对其中不经之处进行指摘。① 如此一来,既以私修史料补充了贵州少数民族史的有限记录,又避免了信息误差,留下了细节丰富且信息准确的史料。再如《史乘考误》卷四中,王世贞对《枝山野记》记录的刘定之父亲娶妾一事进行辨析,同时考辨《永新县志》的不同记录。对于史料互文性特征这个概念,王世贞肯定不会知道,但其研究已经有了互文理论分析的意味了。他对照两种史料,并结合世上流传的信息、人物传记和制度、风俗等进行推理,发现了各类材料中美饰、避讳和讹传等众多信息不实之处,最终采纳了《永新县志》的说法,但以其他的史料补充县志中的细节错误,明确了刘定之母亲刘氏夫人的事迹。② 深入挖掘,多方取证,高效推理出史料信息差异背后的现实原因,从而校正史籍,成果的精确度极高。

最后,王世贞的严谨意识与开拓精神能相得益彰。这一点集中体现在王世贞对待证据不足问题的态度上:王世贞不会轻易下结论,证据若有缺陷,他既明确指出此问题无法得到定论,又能指出其可疑待考之处,有的还给出了初步的思路和研究方向。不作无根之论,但又大胆质疑,既保证了史料的准确性,又能不被史料束缚。例如,《史乘考误》卷六王世贞在对尚书项忠弹劾汪直相关诸事的考据中质疑《实录》的细节,认为其所载尹旻告密、王越称赞汪直一事有问题。按记载,尹旻将项忠弹劾一事秘密报告给了汪直亲信韦英;对于王越的诏媚,刘珝默然,刘吉则驳斥了他,故而刘吉与王越关系紧张。王世贞则依据其他史料,发现尹旻品行不应如此低劣,刘珝则一直积极弹劾汪直,不应如此沉默,但没有史料可考,故而王世贞明言自己的怀疑:"盖《实录》为刘文穆所修,故引以归己,而恭简、文和又素与文穆不睦,似不无饰笔"。③ 没有证据,不下结论,但又以怀疑的语气,推测了史料可能出现的不实情况,为考据出历史的真实做了最大努力。这样的问题王世贞还能做出一定的推测,有些则无从推论,王世贞也能明言自己解决不了它们,将其留存待考。例如《史乘考误》卷六考"林睿饿死满剌加"一事,

---

① 同上,第 505—506 页。
② 同上,第 535—536 页。
③ 同上,第 583 页。文和即刘珝,文穆即刘吉,恭简即尹旻。

王世贞明言:"第林睿死节事,史既讳而不书,而碑志之类又阙,因记于此以俟考"。① 以考据精神对待国史,能发现其中许多信息的遗失,王世贞积极记录,便留下了进一步考据的空间。从这个角度看,王世贞探索的考据问题空间要大于他实际解决问题的数量范围,在考据史学方面形成了广阔全面的视野和精密深入的探索,不仅留下了一个详实的史料库,还提供了一个广远的问题库,体现了一个史学大家应有的眼光和素质,彰显其成就。

与此相关,值得注意的是王世贞是明代"掌故之学"史学化的代表人物,促进了野史笔记的史料价值提升。内藤湖南曾言"掌故之学在明中叶以后发生了很大变化。这是宋以后的一大历史变化时期,此一变化倾向一直延续到了清朝,所以说嘉靖至万历之间是史学史上的重要时期。此间的代表人物有王世贞、焦竑等,他们都是促使掌故之学发生变化的人物。他们将以往风闻本位的记述一变为力求依据正确史料编纂掌故书籍的做法。"②王世贞等人将记录野史、掌故和博物知识的文人笔记的学理化进行了大幅提升,使其成为了证据信实,史料价值极高的历史文献和学术札记,这也体现着王世贞的博学和考据求实精神,具体有以下两方面。一方面,王世贞促使掌故类笔记成为相对可靠的史料。先后被收入《四部稿》《弇山堂别集》和《弇州史料》中的《燕语》和"三述"(即《皇明盛事述》《皇明异典述》《皇明奇事述》)等可以算是这类笔记的代表。王世贞一改此类笔记"街谈巷议"的特征,使之成为记录信实历史的"历史掌故汇编"。如其《皇明盛事述》卷一"二子即天位"条:"宣宗章皇帝二子:长为英宗睿皇帝,次为恭仁康定景皇帝。"③再正东宫条:"宪宗以正统十四年为皇太子,以景泰三年封沂王,以天顺元年更御名,复为皇太子,凡两赦。"④每一则均为对史实的记述,而非街谈巷议的无法进入正史的"轶事"。《世说新语》《语林》《小说》《本事诗》等书延续下来的取材模式被打破,王世贞的"掌故书"成为信实严谨的史料,它们是以《实录》等一手史料为基础,以世传其他史料为辅助,并加入考据和辨析后编纂成书的。这

---

① 同上,第589页。
② [日]内藤湖南著,马彪译:《中国史学史》,上海:上海古籍出版社2017年版,第213—214页。
③ (明)王世贞:《王世贞全集·弇山堂别集》,上海:上海古籍出版社2017年版,第4页。
④ 同上,第5页。

些书虽然形式上还是笔记体,但内容已接近信史。王氏这种做法放弃了对稗官野史趣味性、故事性和文学叙事价值的追求,转而追求历史掌故的真实性、学理性和史料价值,从而促使这些笔记转化成了言必有据,考证精密的二手史料。这种转变是与王世贞本人撰写史传行为相互配合的,他积极进行史学研究,留下了成熟的史传成果,而以笔记的形式对这些难以在史传中充分展现的掌故细节信息进行记录和保存,因此他的这一系列笔记都成为了后世可用的丰富"史料"。《史乘考误》《觚不觚录》《读书后》等一系列考据类著述也都随着这些掌故书一起刊印,这些笔记俨然成了学术著作的集合。另一方面,王世贞使得记录掌故的笔记成为了考据史料库和问题库,供后人考据求实。王世贞以笔记记录掌故,他不似以往的笔记对风闻"照单全收",而是以考据为标准去伪存真,对于所谓"无稽之谈"他或直接抛弃,或者留下考据批判的文字,说明伪误。如《史乘考误》指出的国史中值得怀疑之处,"三述"一概不收。再如《皇明异典述》卷四"四品以下官得谥"条:"杨豫孙所著《谥纂》,有日南知州何忠谥忠节,上蔡知县霍恩谥愍节,当是祠额,非谥也。又有太医院使袁宏谥襄敏,考正史,有祭葬而无谥。"①虽无考据过程,但指出错漏,以确保信息无误。他也会遇到一些难以考求来源真伪的信息,或者难以推知详情的信息,对此他不会轻信采纳或妄加推断,但也不会忽视其历史意义而武断地将之抛弃,而是记录并说明这些信息尚待进一步考证。如《皇明异典述》卷一"公世子"条:"又高帝御撰《中山王神道碑》曰'世子辉祖袭',想国初之制如此,但不知品秩何如。"②卷九"赐免死诏"条:"据小说云,蹇、夏、二杨皆有赐,不可考矣。"③《皇明奇事述》卷一"大臣姓名同"条:"万历十一年中,御史有两李植封,事传远近,不能辨。"④无法确认的信息均一一指出,留待后世考证。这种做法体现着他对求实严谨的重视,也为后世学术的深入发展和求实学风的进一步深化留下了空间。

王世贞史学考据"博证精核"促成了自身巨大的史学研究成就,而这种特征在其身后影响也极为深远。明末史学考据便沿着"博"与"精"的路径发展下去,形成了"博雅"的史学特色。史学研究中,考据成为了一个主要的研究方法,考据

---

① 同上,第218页。
② 同上,第145页。
③ 同上,第322页。
④ 同上,第381页。

史学占据了史学研究的重要地位，"考史著书"成为史学家们重要的使命之一。

一方面，博证精核最令人瞩目的特征是博证。王世贞继承并进一步发展了杨慎考史地著述中的博学精神，以博学提挈实证，并进行了自身的独特探索，得到了后来者的学习。

其一，考史著书之风流行开来。在明代史学领域，王世贞《史乘考误》和《亲征考》等考据成果之系统性、独立性和规模是空前的，此前杨慎等人考史成果未独立成书，形式松散驳杂，而专门的史学著述中考据内容较少，此后，以博学审视史料，以实证补正史籍，进而考据史料而形成著述的风气扩展开来。如胡应麟、焦竑便受启发，基于学识进一步审视和指正史料不足，形成了相关考订和补正国史的著述。胡应麟有《少室山房笔丛》两集四十八卷，其中收录《史书占毕》《三坟补逸》二书是独立的史学考据著作，体量不如《史乘考误》，但其视野广阔，是成熟的系统性史学考据著述。焦竑则在《国史经籍志》以及《国朝献徵录》的编纂过程中加入考据，颇有收获。明末易代前后朱明镐、潘柽章、方以智、钱谦益和顾炎武则均有考据史学著述。同为太仓人的朱明镐有《史纠》《史略》等著述十三种，专考正史阙误之处，将王世贞《史乘考误》的研究模式推广到明朝之外的史书考据中，补正了大量史料；潘柽章有《国史考异》三十卷，存六卷，专考订国史帝纪，取证多元，是系统详细的考据著述；钱谦益专考明史，成果为《太祖实录辨证》三卷和《国初群雄事略》十五卷，前者主要考证国史阙误，后者则在记录史实过程中考证相关争议；方以智集明人考据之大成，史学专书有《青原志略》，《通雅》则为考据学著述，其中史学考据内容占重要比例且系统详尽，代表明代史学考据最高成就；顾炎武有《肇域志》《天下郡国利病书》《圣安记事》《明季实录》《历代帝王宅京记》《营平二州史事》《金石文字记》《左传杜解补正》《二十一史年表》等丰富的史学著作，考据内容突出，而《日知录》中也有大量史学考据内容，按考史领域分卷编排，规模体系均超过明人。以王世贞为分水岭，大规模史学考据陆续出现，这些人的著述又大量称引王世贞成果，客观上将王世贞考据史学推广发扬开来。如焦竑《国朝献徵录》中，王世贞《弇山堂别集》里的史料占据了重要篇幅，《史乘考误》《艺苑卮言》《宛委余编》等则是《笔乘》主要援引的对象之一。方以智《通雅》五十二卷中有三十六卷中均直接引用王世贞成果，总数多达80余处，间接引用则不胜枚举。王世贞考史研究在晚明的影响力实在不可小觑。以个人才学补正浩如烟海的史料，王世贞有此胆识，后来的学者争相学习，明末史风为之一变。

其二,基于渊博学识考辨析多元史料,以此考实史学,这成了此后学者们的一种共识。王世贞将野史、家史、笔记及相关文艺作品作为相关材料以补正国史,并仔细分析审查,获取有效信息的做法很体现见识,迅速为学界认可并推广。胡应麟深受王世贞影响,重视稗官野史,将其与纪传、训谟、经传、诗书等一起纳入自家研究范围,进而"涉其波流,咀其隽永"。① 其考据同样关注野史和笔记,并进行专门著述,考订杂史小说和民间文学,提取历史信息,《三坟补逸》以《穆天子传》等补充上古史料,《二酉缀遗》考订小说,《庄岳委谈》考辨戏曲文学,相关考订工作均能为其经史之研究提供新信息。焦竑《国朝献徵录》搜集文献之广,可谓"累朝训录,方国纪志与家乘野史,门分类别,采而缉之,自禁中之副,名山之藏,通都大邑之传,毕登于简,一代史材犁然大备"。② 《焦氏笔乘》不仅考订野史和家史,还考订金石、文艺作品和方志,从中挖掘信息以补充国史未载的信息。故而有明一代,焦竑是以材料之完备冠绝一时的学者之一。到明末钱谦益、方以智更加频繁且系统地挖掘文艺作品、笔记、金石的材料中的历史信息。钱谦益《国初群雄事略》官方史料外,考订引用祝允明《枝山野记》、杨慎《滇载记》、陆深《平胡录》、王世贞《史乘考误》等私修史书二十余种,黄佐《何真传》、王世贞《刘基传》等明人传记数十种,还从刘基《天妃庙碑》、宋濂《惠州何氏先祠碑》等碑志,《八闽通志》《嘉定县志》等方志,陶宗仪《南村辍耕录》、瞿佑《归田诗话》等文人笔记,归有光编《三吴水利录》以及大量文人别集中搜罗采集史料。方以智对于国史、野史之论述与王世贞类似,认为它们各具优势和问题,需要相互补正,并进一步挖掘其他史料。所以方以智《通雅》中考据"旁采诸家之辩难,则上自金石、钟鼎、石经、碑帖,以至印章款识",史料多元性已是明代最盛。③ 故而清学开辟之时,广泛掌握各类典籍的博学精神已成为学者们一种必备素质。顾炎武、黄宗羲等从事史学考据时,纸本文献、金石文献和民间小说等均得到重视,全面掌握并仔细分析经史子集、雅俗文献,去伪存真,为他们提供了大量有价值的史料信息。顾炎武、吴炎、潘柽章为了修撰明史广泛搜罗各类材料,顾炎武为此四处调查走访:"周游天下,所至名山、巨镇、祠庙、伽蓝之迹,无不寻求"④。顾炎武《明儒学

---

① (明)胡应麟:《二酉山房记》,《少室山房集》卷九十,文渊阁《四库全书》本。

② (明)顾起元:《国朝献徵录序》,(明)黄宗羲编:《明文海》卷四八二,清涵芬楼抄本。

③ (明)方以智:《通雅》卷首,清光绪十一年刻本。

④ (明)顾炎武:《金石文字序》,《顾亭林诗文集》,北京:中华书局1982年版,第28页。

案》编撰更是将各家学者周边的文献囊括无遗。此时学者获取信息之多元广博程度已是空前,故而能开辟一代考据信实之学问。明中后期考订国史的研究和自成一家的专门史书如此渐趋兴盛,不断促成史学转变,这一定程度上要归功于王世贞的探索。

另一方面,博证精核的史学考据还必须注重史料的精密考核。王世贞广泛取证,但能仔细审查,严格筛选史料的做法也引领了明末史学考据的进步。

其一,严格审核和改正史书阙误成了明末史学和考据学的主要话题之一。这一话题包含的范围要大于考史著书,是对已有史料的全方位勘误与订正。王世贞提出明朝史学问题最多,并大规模订正后,学者们便争相投入其中,其"无所考而不得书"成了一种共识。① 王世贞周边陈耀文、胡应麟等人在各人的笔记中进行了初步探索。陈耀文《正杨》便将杨慎史料的缺失进行了详细考订,对其引用史料进行筛选,删去伪误,补充缺失,胡应麟《丹铅新录》也是如此,工作更为详尽和严谨。之后焦竑不仅接受王世贞观点,还将其深化,有心"补史传之阙","网罗时事",促成了史料审核工作的系统性提升②。其《国朝献徵录》纠谬正史,《玉堂丛语》则保留并订正大量笔记,《焦氏笔乘》则在就史料的具体问题考据时严考史料正误,对于史料的态度达到"义例精而权量审,闻见博而取舍严"的程度。③明末钱谦益、方以智的筛查史料,订正史藉的工作更加成规模,严谨性和精确度也得到了提高。因为易代之故,在《太祖实录辨证》《国初群雄事略》中,钱谦益已经可以明言国史因政治原因而导致阙误的弊端,对各类史料持怀疑态度,故而能发现多处需要考辨的细节,形成这两大补充正史的著作,方以智《通雅》中论史部分亦是如此。顾炎武开山清学时,考据史料成为基本功夫,逐渐内化成为学者们的一种能力和意识。

其二,对考史时搜集的多元史料进行精密推敲也成了明末史学的一个传统。王世贞以野史和家史等补正国史,底气就是考据功夫。其所谓"吾于三者,豹管耳",意在审视史料,去伪存真,留下充分且可靠的历史信息。④ 而他明言自己考订三史,以俟后考,有意提倡后人从多元史料中充分提取有效精确的信息,达到"博

① (明)王世贞:《王世贞全集·弇山堂别集》,上海:上海古籍出版社2017年版,第472页。
② (明)焦竑:《焦氏笔乘》,北京:中华书局2008年版,第1页。
③ (明)顾起元:《玉堂丛语序》,(明)焦竑:《玉堂丛语》,北京:中华书局1981年版,第1页。
④ (明)王世贞:《王世贞全集·弇山堂别集》,上海:上海古籍出版社2017年版,第473页。

洽"的境界。他对掌故书"史料化"的改造也对学风严谨求实的变化意义很大,以街谈巷议为主的"小道"被转换为学术笔记,具备了高度的求实精神和严谨性。加之王世贞本人的学术笔记被各路文人学者争相阅读,以致有言"饱看娄子江涛色,多读王家说部书",这对学风的求实化意义重大①。王世贞以上尝试及其所留待考问题都成了后世学者进一步审视、反思和考据的对象,吸引了大批学者沿着他求实之路一路推进下去,学风自然良性发展。王世贞之后,将其待考的问题进行落实的焦竑对史料的考据更加严密,对王世贞学问的肯定之处也成了焦竑的优势:相较王世贞,焦竑材料来源更多,他掌握了全新史料,并运用多领域之研究法考核史料信息的可信度,可谓筛选精严。例如,在《国朝献徵录》里,焦竑全面掌握国史、家史和金石材料后,指明家史"名实相违""是非多缪"的特征,通过私史、方志等材料证明其中可疑之处,对此等一手史料的问题进行了弥补。② 他明言国史"然或屈而阿世,与贪而曲笔,虚美隐恶,失其常守者有之",私史、杂史则"体制不醇"、"根据疏浅"、"甚有收摭鄙细而通于小说者",对于这些材料要"善择之"。③ 足见他善于选择的能力是以严密的史料考据为基础的。明末周婴也服膺王世贞对多种史料的审视才能,故而在面对各类史料时他也能潜心考证,其《卮林》能对各类史料中的可疑之处进行辨析纠谬,不仅包括正史、笔记和私史,甚至还有诗文、问对、章表、诗词文话、学术著作等材料,确保传世著作在历史信息和学术信息上不出问题,这种做法既深化了王世贞史料考据的"博"与"精",又进一步拓展了其应用空间。之后钱谦益、潘柽章等私修明史时,材料更丰富,审查更严格,是对求实的进一步深化。钱谦益仔细区别国史、私史、方志、碑志传记、家史、笔记、野史等各类史书的编纂立场、写作视野和编写模式,形成了完备系统的论述,因而他能高效且详细地发现史料漏洞,补充考订。这一个大趋势与顾炎武开创清代考据学是一脉相承的,正是王世贞这一系列学者对求实的强调,才让考据在空疏氛围内形成传统,从而消弭浮泛之风。清代考据学虽然与明代特征迥异,但转变已经在明中后期悄然酝酿,其巨大成就也离不开王世贞等学者的探索之功。

　　从博证和精核两个方面看,王世贞《史乘考误》等著作均具备典范作用,引领

---

① (明)刘诚:《李善承罢太仓司训归里》,《峄桐诗集》卷九,清光绪十九年养云山庄刻本。
② (明)焦竑:《修史条陈四事议》,《澹园集》卷五,北京:中华书局1999年版,第29、30页。
③ (明)焦竑:《国史经籍志》卷三,明徐象橒刻本。

明末学风趋向严谨求实。

（二）史学考据"博证"精神对其他领域的影响与明末清初"征实"学风的昂扬

王世贞在其他领域的学术也以博学考据为本色，以广博学识和求实精神为最主要的特征。

首先，王世贞文学艺术研究虽为理论探索，但也做到了言出则有据，支持理论的资料广泛丰富，体现出求实精神和广博的学问储备。《艺苑卮言》《艺苑卮言附录》《宛委余编》《古今法书苑》《王氏书苑》《王氏画苑》等著作是王世贞文学理论、艺术理论以及文学艺术评点、文学艺术资料汇编等学术研究工作的成果结晶，其一大特点就是对古今的文学艺术理论材料实现了充分的占有。如《艺苑卮言》卷一总论诗文，王世贞便汇集了孔子、司马相如、扬雄、曹丕、张华、陆机、挚虞、范晔、钟嵘、刘勰、江淹、沈约、王僧虔、庾信、颜之推、殷璠、韩愈、独孤及、刘禹锡、柳宗元、柳冕、释皎然、皮日休、梅尧臣、李仲蒙、苏轼、陈师道、唐庚、李涂、叶梦得、姜夔、严羽、陈绎曾、李东阳、李梦阳、何景明、徐祯卿、皇甫汸、黄省曾、王维桢、何良俊、谢榛、李攀龙等四十余家文论。[①] 以前人材料为基础阐释自己的文论主张，理论依据的充分能确保其理论的有效性和穿透力，这种与文学及其理论发展一脉相承的主张才能有效指导文学创作。而且王世贞具有极强的甄选能力，能精准地从相关作品、著作中提取有效信息。如他摘取上述四十余家文论，均能恰到好处地选取其中最精湛的语句，大部分可以算作诸家文论之核心论点。再如卷二选摘古诗，诸句均支持卷一其所论述的六义理论。[②] 摘引的文论成果和作品共同揭示王世贞的理论主张，此举做到了依托前人成果立言，又让前人成果为自己张本，成果的理论和实证相得益彰，体现了王世贞严谨求实的学术底色。

其次，《宛委余编》中的博物学笔记体现出王世贞炫耀才学的倾向，但也注重实证。王世贞对博物、典故等进行研究是由于自身知识博洽，对于各类知识具有探源的兴趣。这是卖弄才学的学问，实际价值有限，但这种学问在当时很流行，王世贞正是在这十九卷成果里留下了不少考据成果。此书序言便言明："第猎取

---

① （明）王世贞：《艺苑卮言》卷一，《弇州山人四部稿》卷一四四，世经堂万历五年刻本。
② （明）王世贞：《艺苑卮言》卷二，《弇州山人四部稿》卷一四五，世经堂万历五年刻本。

书史中浮语稍足考证,甚或杂而亡裨于文字者,念弃之,为其敞帚不忍……"①王世贞留下这一大批笔记的原因就在于其中有足以考证的"书史"知识,相关内容是要弥补"书史"中的"浮""杂"等问题的,考据意识很明显。《宛委余编》的内容的确如此,其中博物知识的论述不仅追求广博,还要精选证据,考辨来源。如卷一中记述人物同名的知识,涉及伯劳、飞燕、王母、彭越、越王、仲由等,明确这些知识的来源,指明于乐府、谣谚和《续博物志》等文献中可考。② 又如卷八中王世贞考证"方城"一条,引用盛弘之《荆州记》,参考司马彪《郡国志》、郭仲产《襄阳记》等对杨慎和陈耀文的说法进行评判,明确方城的详细信息,纠正后人的讹误,并且指出陈耀文的引证不够明晰,进一步精研证据。③ 可见,在炫博之时王世贞仍对具体问题做出了求实考据的研究,重视博物知识的真实有效性,这对此类学问的负面效应形成了有效削弱。

复次,王世贞进行了初步的小学研究,实证精神是其底色。王世贞的小学研究相对初步,集中在《宛委余编》和一些资料汇编类、评点类著作中,尚未达到系统小学研究的规模。这些小学研究与"掌故之学"类似,是王世贞用以体现自身博学的文字,但可喜的是王世贞能够靠实证说话,对具体问题的研究虽浅,但方向把握精准。如《宛委余编》卷十三、十四中,王世贞广泛查阅了《说文》《玉篇》《广韵》《干禄字书》等小学典籍,将偏旁音义、字形相犯、字形奇异、同音字、异读问题、古今音变、汉字形变、异俗字、石鼓文疑难字、古书中生僻字词、方言、四声八病等一系列问题进行了初步总结,其间王世贞还参考了《晋书》等正史、《战国策》等史书以及《水东日记》《丹铅新录》等笔记,初步考据了疑难问题。④ 这样的成果尚属浮光掠影,尚缺乏深度,但言出有据,对字词音义的解析没有根本方向上的错误,给学界留下了考据空间。如《宛委余编》卷十四开篇所言:"儒者读《左》《史》"两汉"《文选》《庄》《列》诸书往往涉猎不究训故,以故有日用而不知,亦有臆记而误用者,聊为摘其一二,笔之以俟续考。"⑤王世贞"训故"(即训诂)研究

---

① (明)王世贞:《宛委余编》卷一,《弇州山人四部稿》卷一五六,世经堂万历五年刻本。

② 同上。

③ (明)王世贞:《宛委余编》卷八,《弇州山人四部稿》卷一六三,世经堂万历五年刻本。

④ (明)王世贞:《宛委余编》卷十三、十四,《弇州山人四部稿》卷一六八、一六九,世经堂万历五年刻本。

⑤ (明)王世贞:《宛委余编》卷十四,《弇州山人四部稿》卷一六九,世经堂万历五年刻本。

虽简略,但纠正学者误区,引导后人考证的做法已对其求实考据精神有了淋漓尽致的体现。

最后,王世贞也有初步的伪书考据研究成果,体现了他深厚文献功底,彰显其考据求实精神。《读书后》以及《四部稿》《续稿》"文部"中的"读"等主要为王世贞读书思考成果的集合,其中具备文献真伪考的内容,《宛委余编》中也有相关考辨。这些文献考辨相对初步,体系性不强,但已经体现出了基于文本细读,以内容考辨来判断文献年代的研究模式。如《宛委余编》卷十三中,王世贞判断《元命包》的年代和作者,以用字的古奥程度和内涵深浅判断其并非唐朝以及以前著作,又发现全书写作习惯统一,内容连贯通畅,并非辑录,而是一人写成,故而判断其为宋人托名伪作,并以相同的理论判断了"三坟"、《乾坤鉴度》《汲冢周书》《穆天子传》《竹书纪年》的年代。① 他基于对各时期真伪文献的细读,掌握了各年代伪书文字、语句、内涵和写作习惯,故而能对文献真伪和年代有着明确判断,如"凡唐以前伪书,其理驳而时有精旨,其文杂而古,其字奇而有不可识者,今皆反之。"② 故而考辨伪书时将其中字词语句和立意等归纳分析便能发现问题。再如王世贞对《关尹子》《鹖子》《亢仓子》《子华子》《鹖冠子》为伪书,《列子》部分为伪书的判断,将它们内容攀附其他经典,编写水平粗陋,逻辑混乱,内容荒谬,乖违史实之处归纳而出,作为证据很为精准,其结论也与目前学界的共识相同。③基于细读,形成理论范式,以此观照文献典籍,很容易发现问题,具体的研究结论也有说服力,可成一家之言,谬误不多,经得起时间考验,均为合格的文献真伪考成果,足见其高超的文献驾驭能力。

文艺、文献、掌故和小学研究作为王世贞学术的组成部分均体现出了考据求实的特征,彰显了他学术的实证精神特质。这对于明末考据学史学以外的领域,也润物细无声地产生了影响。

首先,王世贞的成果实事求是,使后世学者从中获得了经学、小学和伪书考据的空间和方法。这些领域虽非王世贞所长,成果散见于笔记中,体系性和深入程度受到了极大限制,但他坦陈自身学术之薄弱,留下的待考问题却引导了后世学者。王世贞史学考据的许多思路、方法也被后人借鉴到这些领域之中。王世

---

① (明)王世贞:《宛委余编》卷十三,《弇州山人四部稿》卷一六八,世经堂万历五年刻本。
② 同上。
③ (明)王世贞:《弇州山人四部稿》卷一一二,世经堂万历五年刻本。

贞在《劄记内编》《宛委余编》讨论了经学、小学可考之处,评价了梅鹭和杨慎的一些存疑之处。后来的周婴、方以智对这些文字进行了称引,将待考落实为已考。如上文《宛委余编》考"方城"一条,周婴将其引入《卮林》中,对其进一步考释,增加了更为可靠的文献支持,并弥补了王世贞因为考证过于简略而留下的漏洞。① 在《卮林·注王》中这样的例子还有不少,而周婴往往引用王世贞这些不算成熟的成果来补正杨慎、胡应麟等人的漏洞,也可见周婴对王世贞学术的肯定。② 方以智《通雅》几乎每卷皆引王世贞,多驳正《宛委余编》中缺乏详细考证之处,虽为批驳却恰恰将王世贞没能落实的考据问题充分解决了。王世贞《读书后》指出许多古籍的真伪疑点,初步指明了原因,胡应麟、焦竑则进一步对这些问题展开论述,形成了系统的成果。如前文引王世贞关于唐前后伪书的讨论,胡应麟在《四部正讹》中对其进行引用,并从义理、文辞、用字、文法等诸多层面进行了详细归纳;对《元命包》等伪书的成书年代和价值等,胡应麟也在王世贞成果基础上做出了更详尽的研究。③ 焦竑虽然系统的伪书考据成果不多,但却在其《笔乘》的博物考据中,对许多典籍文献、金石材料以及文学作品的真伪有所考据,对王世贞的成果有所引用,更继承了王世贞文本细读,从内容细节里寻找证据的方法模式。王世贞善于发现问题,又在史学考据的实践中总结了重要经验,推广了有效的考据方法,后人综合学习,王世贞留下的这个问题宝库便开始催化考据成果的产出,对这一系列领域的考据研究起到了推动作用。

其次,王世贞的《宛委余编》启发了明末的民间文学、曲艺、小说以及博物学考证。民间文学、戏曲、小说一直为传统文化中的"小道",这些作品不登大雅之堂。直到明代,类似的看法仍然盛行。明初李昌祺便因《剪灯余话》流行于世,造成巨大影响而被族人拒绝死后进入宗祠。故而相关作品流行于民间,文人则以之为读书之余的小玩意。然而文人非常清楚这些材料"虽小道亦有可观焉",故而注意搜集保存相关信息,对各类文人笔记中加以记录并进行初步研究。但囿于成见,较少对此进行考据的,故而信息驳杂,流弊明显。文人笔记中,另一大类为博物学知识,这在中国已传承多年,从魏晋时期张华、葛洪等人的笔记起,上千年作品层出不穷,但博物学有一个特点是注重各类知识的搜集汇编,务求诸事

---

① （明）周婴:《卮林》卷五,文渊阁《四库全书》本。
② （明）周婴:《卮林》卷五、卷八、卷九,文渊阁《四库全书》本。
③ （明）胡应麟:《四部正讹》卷下,《少室山房笔丛》,丁部,明万历刻本。

皆知,但知其然即可,不追求深入研究探索,难知其所以然,故而相关的考据实属罕见。以上几个领域的考据正是尚待开发之地,到了明朝出现了转变,杨慎的《丹铅》诸录已略有涉及,到王世贞时则更具深入性。《宛委余编》中,王世贞对文艺、常识、博物等方面的知识进行的正本清源工作具备初步的考据特征,许多学者受到启发进一步探索,便出现了全面考据。相关学者关注文艺作品故事原型、常识的来源以及各类博物的详细信息,考据工作就在这些方面详细开展了起来。例如胡应麟、焦竑、来斯行和周婴,这些人成规模的著述如百科全书一样,将民间文学、博物典故和文学作品中许多知识的来龙去脉揭示清楚。周婴"注王"所进一步研究的王世贞考据成果便集中于此,胡应麟的《少室山房笔丛》则有专门的戏曲考据内容,多有王世贞探索未竟的问题。今人林庆彰先生便对这样的尝试给予了肯定,尤其是胡应麟的成果:"至于戏曲一事,则胡应麟特为措意,或考角色、或考本事,实有启导后人研究之功也。"①在这样的工作虽然还没有到真正意义上的民间文学、小说戏曲以及博物学研究层次,尚未真正发现其中的学术价值,但却完成了基础的信息搜集工作,成了后世学术研究的原始资料积累,有先驱之功。正是这些探索,让学界在之后的相关学术讨论也多了实证支持,更加严谨。

再次,王世贞批评杨慎考据学的工作开启了明末的考据学反思传统,对已有学术成果的再研究成为明末学术风尚。王世贞在考据学研究过程中称引并驳正杨慎,并在《艺苑卮言》《艺苑卮言附录》等著作中系统总结杨慎的成果,并给予总体评价。此举一出,杨慎考据学成果经典化进程大大加快,对杨慎成果的反思批判也蔚然成风,竟成了"明代考据家之一大要事"。② 学界不仅更加认同杨慎的学术地位,而且更喜以之为标靶,树立自己的考据学地位。最早,陈耀文便著《正杨》一书,专门纠正考据杨慎失误之处,杨慎考据批判因为专书的出现而趋于系统;胡应麟则著《丹铅新录》,以弥补杨慎《丹铅》诸录的缺憾,使杨慎考据批判更具问题意识;焦竑则在自己的各类考据著述中引用和驳正杨慎,以杨慎的论断作为锤炼自身考据成果的试金石。嘉隆万时期,杨慎考据学批判成了考据学研究的重要工作,这样虽然有小题大做之嫌,却促使考据学成果不断地修正更新,深

---

① 林庆彰:《明代考据学研究》,台北:台湾学生书局 1983 年版,第 32 页。
② 同上,第 32 页。

化了考据严谨求实的精神。万历朝之后,直到明末,这一风潮转变为全面的学术反思,不再拘泥于杨慎一人,甚至也超越了考据本身。周婴《卮林》一书以历代学者为目录,对每个学者进行不同卷帙的批判性研究,如"明杨"一卷考订杨慎学术,"注王"一部考证王世贞成果,"诋胡"诸卷驳正胡应麟研究等,该著作形成了全面系统的考据学反思批判研究;钱谦益考订史学也对王世贞等学者的成果进行批判;方以智更是集大成地驳正杨慎、王世贞和周婴等人的考据失误。明代后期就形成了这样的学术反思传统,促使学术成果不断被审视和纠正,求实学风为之一振,严谨性有了显著提升。正如 方以智所言:"澹园有功于新都,而晦伯、元美、元瑞驳之不遗余力,以今论之,当驳者多不能驳,驳又不尽当。然因前人备列以贻后人,因以起疑,因以旁征,其功岂可没哉? 今日之合而辨正也,固诸公之所望也。"①虽然诸人的考据学批判均不完美,但引起后学的怀疑精神,促成学术的进一步发展,他们功莫大焉,而明末清初考据研究最终崛起,正是王世贞们所翘首企盼的。这代表了明末学者对王世贞为考据学成果批判反思所做出努力的最大肯定。

以史学为主,其余领域为辅,王世贞以考据求实精神全面地提挈自身学术,形成博证精核的研究特色,卓有成效地促进了明末学风由"空疏浮泛"向"博洽征实"的转变。

三、余论与结语

需要正视的是,王世贞考据学遗留的问题也很严重,这对明末学风也存在一定的不良影响。王世贞并未摆脱明代学者普遍存在的"好奇炫博"趣味,这对明代考据学的作用是消极的。杨慎可为明代第一个杰出的考据学家,然而其考据学最大的问题就是好奇炫博,其"炫技"的意识明显,这妨害学术研究的严肃性,失之轻佻,阻碍了其严谨性的锤炼。杨慎考据的错误便有一大部分是因此犯下的。对此,王世贞及以后的学者有意改变,不仅指正错误,还能总结教训,避免轻佻,力求严谨。然而,"好奇炫博"好似魔咒般困扰着明代学者,杨慎的"炫技"引来学者们的"斗技",众人的学术成果总是带有意气之争和求奇不实之处。王世

---

① (明)方以智:《通雅又序》,《浮山集文集前编》卷五,清康熙此藏轩刻本。按:澹园即焦竑,新都即杨慎,晦伯即陈耀文,元美即王世贞,元瑞即胡应麟。

贞没能免俗,甚至较早地开始与前人争锋。虽然他反思"好奇"和"炫耀",但也没能战胜"意气",时常有讽刺前代学者的话语,这一般出现在他对成果最自满之处,往往也是错误最集中之处。他驳正杨慎成果,其目的仍有"斗技"的成分,相关文字时有轻浮的一面。林庆彰先生评价这种"好奇炫博""杂博不能构成系统学术,固无大碍。由杂博进而炫奇,则为明代考据家之一大病矣。"①明代考据学因之难成气候,这尚且不是最致命的,而因之导致的学术漏洞和学术无价值才最具杀伤力。与王世贞就考据交流很多的陈耀文,还有深受王世贞影响的胡应麟、焦竑都或多或少因为"炫博"留下了失误,尤其是陈耀文,驳正杨慎时陷入意气之争,反而造成不少失误,甚至将原本正确的成果误改。这种斗技最终至于尴尬境地,"后人沿波而起,必欲胜之而后快,则愈陷愈深,愈不知所终矣",极大损害学术价值。② 明末易代之际,此风仍未消退,甚至到了"几如抄书竞赛"般的境地。③周婴、钱谦益乃至集大成者方以智均有"炫博"的失误,尤其是积极进行学术批判的周婴,时常有为了批判而批判,把正确观点"纠正"成错误的情况。方以智欲占有全面的材料,在学术上超越前人,则多有误信伪书的漏洞。可以说终其有明一代,"好奇炫博"造就的失误都伴随着考据学者。而具体的论述失误尚且可以纠正,而花大精力从事没有价值的研究,使学术失去意义,这样的损失则极难挽救。"考据家因好奇炫博,必汲汲于蒐寻奇事僻典,考经考史等事,已无暇兼顾。视此种考据为畸形发展亦不为过也。"④明代考据学没能如清学般辉煌,与此关系巨大。虽然从杨慎时"好奇炫博"之风便已肇始,但王世贞对此反思不彻底,且又不慎引发新的"斗技"行为,所以对于这种不良风气的流行,他也难辞其咎。瑕不掩瑜,但肯定其成就的同时,这样的问题也仍需重视,可为教训。

综上所述,王世贞作为一代文人领袖,在明末学术界产生了重要影响。王世贞顺应时代需要,为时代学术乃至文化转型贡献了自己的力量。他的考史研究为其奠定了明代史学第一大家的地位,以点带面,在一个领域内推进考据方法论的系统化与规模化发展,带动了整个学界风气向考据求实方向迈进。这一过程中,他使考据学成为史学研究最重要的方法之一,形成了高体量、成体系的成果,

① 林庆彰:《明代考据学研究》,台北:台湾学生书局 1983 年版,第 32 页。
② 同上,第 33 页。
③ 同上,第 33 页。
④ 同上,第 33 页。

将"博证精核"的学术旨趣深深地融入一代学人的心中,在史学剧变的转捩点上起到了至关重要的作用;他以考据思路初步探索了经学小学、文学艺术和博物掌故等其他领域的研究空间,促成相关领域的学者对其史学考据进行借鉴,使其也转变进入博证精核的考据状态,带动了整个学术界风气趋向求实;他对已有考据研究成果进行审视,纠偏正误,带动起了学界的考据反思研究潮流,促进考据求实学风不断深化。王世贞的努力,使得明中叶兴起的考据学由琐碎状态向前迈了一大步,不仅成为史学的重要研究方法和门类,还产生了发展成为一门方法论本位学科的趋势。王世贞的探索引领着明末学风不断趋向考实,也对明清易代考据学崛起为显学意义重大。可以说,王世贞是明末学风求实化转变的引领者之一。考实学术的建设上,王世贞是不可或缺的关键一环,他顺应了明清之际学术和文化转型的大趋势,并积极投身其中,引导其良性发展,促进了学风向实证主导的彻底的转向。以博证精核的考据引领严谨求实的学风建设,在明末清初文化转型的过程中,王世贞充分发挥了自己的领袖作用,他诚为一代文化和学术巨匠。

王世贞与"后七子""五子"集团

张建国

摘　要: 以王世贞、李攀龙为代表的"后七子"继"前七子",再次掀起明代文学的复古思潮,王世贞通过与"后七子"、"五子"集团的结盟,不断扩大复古运动的影响,其理论著作《艺苑卮言》成为复古运动的理论代表,王世贞的诗歌理念和创作实绩对明末清初的复社、几社、云间派、娄东诗派均产生了重要的影响。

关键词: 王世贞　后七子　五子　文学复古　艺苑卮言

一、复古盟主、文坛领袖王世贞

王世贞,字元美,号凤洲,又号弇州山人,嘉靖五年(1526 年)生于南直隶苏州府太仓州(今江苏省太仓市),嘉靖二十六年(1547 年)进士,官至南京刑部尚书,卒于万历十八年(1590 年),赠太子少保,是明代著名的文学家、史学家。

弘治到隆庆年间,李梦阳、何景明、康海、王九思、边贡、王廷相、徐祯卿等七人掀起明代文学复古运动的第一次高潮,"倡言文必秦汉,诗必盛唐",欲通过复古的形式表达了当时文人摆脱理学束缚、追求主体自由、抒写真情、表达性灵的要求,但是前七子除了这一主张外,并无具体的理论著作,在创作上亦未取得可观的成就,反落下模拟剽窃的话柄,因此第一次文学复古运动的影响较为微弱。

嘉靖中期的王世贞与李攀龙、徐中行、梁有誉、宗臣、谢榛、吴国伦合称"后七子",主张"文必秦汉,诗必盛唐,大历以后书勿读",掀起第二次文学复古思潮,尊汉魏、黜宋元。《艺苑卮言》是王世贞诗文理论的重要著作,也是这一流派重要的理论依托。为了扩大复古运动的影响,王世贞在创作《五子篇》后又陆续创作了《后五子篇》、《广五子篇》、《续五子篇》,由此组成了一个层级分明的文学复古集团。

王世贞在万历四年（1576 年）刊刻《弇州山人四部稿》,其中的《五子篇》所提"五子"将谢榛剔除,纳吴国伦入内,分别为:李攀龙、徐中行、梁有誉、吴国伦、宗臣。而与之对应的"后五子"分别为余曰德、魏裳、汪道昆、张佳胤、张九一;"广五子"分别为俞允文、卢柟、李先芳、吴维岳、欧大任;"续五子"分别为王道行、石星、黎民表、朱多煃、赵用贤。"加上王世贞这个二十一人的名单（包括王世贞自己）,基本上涵括了嘉靖后期除谢榛外的主要复古派作家,在笔者看来,王世贞的这次文学排名行为,体现出颇为复杂、多元的集群策略和批评倾向。较之李攀龙的锱铢必较,纠结于某一位置的高低取舍,王世贞的做法无疑更有远见,蕴含了对复古派作家网络的系统思考。"①

然而在前后七子以及五子集团中,王世贞的才气最高,成就最大,四库馆臣在《弇州山人四部稿一百七十四卷续稿二百七卷》的记述中对王世贞有较为公允的评价:

"考自古文集之富,未有过于世贞者。其摹秦仿汉与七子门径相同,而博综典籍谙习掌故,则后七子不及,前七子亦不及,无论广续诸子也。唯其早年,自命太高,求名太急,虚骄恃气,持论遂至一偏。又负其渊博,或不暇检点,贻议者口实,故其盛也,推尊之者遍天下;及其衰也,攻击之者,亦遍天下。平心而论自李梦阳之说出,而学者剽窃班马李杜;自世贞之集出,学者遂剽窃世贞。故艾南英《天傭子集》有曰:'后生小子不必读书,不必作文,但架上有前后四部稿,每遇应酬,顷刻裁割,便可成篇。骤读之,无不浓丽鲜华,绚烂夺目;细案之,一腐套耳云云'其指陈流弊,可谓切矣! 然世贞才学富瞻,规模终大,譬诸五都,列肆百货,具陈真伪,骈罗良楛,淆杂而名材璠宝,亦未尝不错出其中。知末流之失可矣,以末流之失而尽废世贞之集,则非通论也"②

王世贞著述丰富,著有《弇州山人四部稿》、《弇州山人四部续稿》、《弇山堂别集》、《嘉靖以来首辅传》、《艺苑卮言》、《觚不觚录》等,"考自古文集之富,未有过于世贞者"充分说明了王世贞的著述之丰,前无古人。"摹秦仿汉与七子门径相同,而博综典籍谙习掌故,则后七子不及,前七子亦不及,无论广续诸子也"这一句话充分说明了王世贞复古路径与前七子一致,皆为"摹秦仿汉",但是世贞"博

① 叶晔:〈"五子"诗人群列与王世贞的文学排名观〉,《文学遗产》,2016 年第 6 期。
② 纪昀等编:《四库全书总目》卷 172,《弇州山人四部稿一百七十四卷续稿二百七卷提要》,清乾隆武英殿刻本。

综典籍、谙习掌故",其渊博的学识、超拔的才情,让他成为复古运动中的领袖,前后七子、五子集团皆不及世贞。"自李梦阳之说出,而学者剽窃班马李杜;自世贞之集出,学者遂剽窃世贞"则说明了李梦阳提出复古的主张,为复古指明了方向,因此当时的复古运动中很多人未能"复"而"化"之,复古变成了"剽窃班马李杜",而"自世贞之集出,学者遂剽窃世贞"则从侧面说明了王世贞在复古运动中所取得的实绩,其创作具有了复古运动的"典范"意义,因此复古末学剽窃王世贞,劣质的复古作品让复古运动黯然失色,加之王世贞年轻时"自命太高,求名太急,虚骄恃气,持论遂至一偏。又负其渊博,或不暇检点,贻议者口实",最终王世贞乃至其引领的复古运动成为众矢之的,"然世贞才学富瞻,规模终大,譬诸五都,列肆百货,具陈真伪,骈罗良楛,淆杂而名材璟宝,亦未尝不错出其中",四库馆臣的评价非常客观。

对王世贞诗文的评价在晚明和清代的文集中较多,如胡应麟在其《少室山房集》中对王世贞的评价为:"弇州王先生巍然崛起东海之上,以一人奄古今制作而有之。先生灵异凤根,神颖天发,环质绝抱,八斗五车,眇不足言。弱冠登朝,横行坫坛,首建旗鼓,华夏耳目固已一新。"①清代诗词大家朱彝尊在《静志居诗话》评:"嘉靖七子中,元美才气,十倍于鳞。惟病在爱博,笔削千兔,诗裁两牛,自以为靡所不有,方成大家。一时诗流,皆望其品题,推崇过实,谀言日至,箴规不闻。究其千篇一律,安在其靡所不有也。乐府变,奇奇正正,易陈为新,远非于鳞生吞活剥者比。七律高华,七绝典丽,亦未遽出攀龙下也。当日名虽七子,实则一雄。"②

由以上论述可知王世贞为明代文学复古运动中执牛耳者,也是嘉靖时期当之无愧的文坛领袖,《明史·王世贞传》中有言:"世贞始与李攀龙狎主文盟,攀龙殁,独操柄二十年。才最高,地望最显,声华意气笼盖海内。一时士大夫及山人、词客、衲子、羽流,莫不奔走门下。片言褒赏,声价骤起。其持论,文必西汉,诗必盛唐,大历以后书勿读,而藻饰太甚。晚年,攻者渐起,世贞顾渐造平淡。病亟时,刘凤往视,见其手苏子瞻集,讽玩不置也。③"

---

① 胡应麟:《少室山房集》,上海:上海古籍出版社1993年版,第580页。
② 朱彝尊:《静志居诗话》,北京:人民文学出版社1990年版,第382页。
③ 张廷玉等撰:《明史》卷二八七《王世贞传》,清乾隆武英殿刻本。

二、王世贞与"后七子"、"五子"集团的结盟

"后七子"得名是因后人比附明弘治、正德年间以李梦阳、何景明为代表的"前七子"而来,但是后七子的具体成员因为七子间关系的近疏或人员的去世不断发生变化。

梁有贞为撰写的《梁比部行状》中提到"辛亥,梁有誉授刑部山西司主事,徐子与中行亦为同舍郎。于时山东李于鳞攀龙、吴郡王元美世贞、广陵宗子相臣、武昌吴明卿国伦、山人谢茂秦榛一时同社,意气文章,声走海宇,称为中原七子云。"这里的辛亥年是嘉靖三十年,也就是说这时候的七子是李攀龙、王世贞、宗臣、吴国伦、谢榛、徐中行、梁有誉。钱大昕认为"当明卿入社之始,茂秦犹未绝交,当时因有七子之目"。"但实际上这里将李、王、徐、谢、宗、吴、梁等人归为'七子',仅仅是一种概略笼统的提法,因为七子成员的组合中间有过若干的变动,各人加盟的时间也有先后,并不在同时"①。

陈继儒在《陈眉公杂著见闻录》卷五中对王世贞有评价:"但知公气笼百代,意若无可一世,而不知公之奖护后进,衣食寒士,惓惓如若己出","奖护后进"既是王世贞的品质,也是为了推动复古运动持续发展的策略之举。王世贞在《弇州四部稿·卷十四五子篇》中列出的五子分别是:"济南李攀龙"、"吴兴徐中行"、"南海梁有誉"、"广陵宗臣"、"武昌吴国伦"在《后五子篇》中列出的"后五子"分别是:"南昌余曰德"、"蒲坼魏裳"、"歙郡汪道昆"、"蜀郡张佳胤"、"新蔡张九一";在《广五子篇》中列出的广五子分别是:"昆山俞允文"、"魏郡卢柟"、"濮阳李先芳"、"孝丰吴维岳"、"南海欧大任";在《续五子篇》中列出的续五子分别是:"阳曲王道行"、"魏郡石星"、"岭南黎民表"、"豫章朱多煃"、"虞邑赵用贤"。由此组成了一个层级分明的文学复古集团。由于前七子为复古运动的主力,影响较大,"五子集团"则为余波,声势较小,因此本文将重点放在前七子结盟的论述上。

复古诸子结社发生的最初土壤和生成空间则是京师刑部白云楼。李攀龙于嘉靖二十三年(1544年)中进士,在吏部观政,第二年因疾归乡,嘉靖二十五年回到京师,担任顺天乡试同考官,嘉靖二十六年正式授刑部主事。嘉靖二十六年王

---

① 郑利华:〈后七子文学阵营的形成、变迁及其活动特征〉,《中国文学研究》第三辑,2001,第233-265页。

世贞 22 岁,进士及第,"隶事大理寺,结识同年李先芳,与之倡扬文事",因王世贞遵循父亲教导"府君贻书谆谆,谓:'士重始进,即名位当自致,毋濡迹权路'"①,因此未参加当年翰林院庶吉士的考选,观政大理寺,结识同年李先芳。"先芳鄙弃时俗,专工古诗,诗出襄阳、嘉州间,其名已著。世贞与之善,持论颇相上下,又得其指点、提携、帮扶,甚有力"②。

王世贞因与李先芳同观大理寺,往来十分频繁,世贞此时已有志于复古,李先芳很欣赏王世贞的见解和才气,因此介绍他与其同乡李攀龙认识。不久李先芳因授新喻知县,离开京师去外地任职了。嘉靖二十七年,王世贞授刑部主事,因此世贞与吴维岳、王宗沐、李攀龙同在刑部,因吴维岳、王宗沐、袁福征、李攀龙等人在王世贞入职刑部前就早有结社,因此将王世贞纳入刑部的诗社之中,而这就是"后七子"的前身。"嘉靖二十七年是'后七子'结社活动中具有标志性意义的年份,这一年,后来成为社中关键人物的李攀龙和王世贞在都下相识结交,一同倡兴古文辞,发起复古活动。"③

不久吴维岳、王宗沐离京赴外地任职,嘉靖二十八年京中只剩李攀龙和王世贞,李攀龙与谢榛早已相识,因此在李攀龙的介绍下,王世贞与谢榛相识,因此谢榛加入刑部的诗社,至此,七子派的中具有影响力的李、王、谢已结盟。嘉靖二十九年,徐中行、梁有誉、宗臣、吴国伦、余曰德、张佳胤等人都中了进士,徐中行、梁有誉、宗臣、余曰德授刑部主事,吴国论授中书舍人,徐中行和梁有誉先后加入诗社,宗臣后调吏部主事,亦经常来会。嘉靖三十一年前后,由徐中行介绍,吴国伦也加入了诗社,李攀龙、王世贞、谢榛、徐中行、梁有誉、宗臣、吴国伦的七子派复古派阵营成立。

刑部宽松的文化氛围,吏事稀疏则为复古运动提供了生长、发育、扩张的土壤。"相对来说,明朝中央各部中,只有刑部官员比较空闲。同时,在各衙门中,刑部的气氛相对也自由轻松一些。吏部掌管人事大权,凡入吏部任职者,互相之间很少交往,与别的部门的官员也少通闻问,这几乎是一个不成文的规定。兵部事关机密,科道要避结党之嫌,情况也差不多。唯刑部官员断案需要相互商讨,

---

① 周颖:《王世贞年谱长编》,上海三联书店 2016 年版,第 83 页。
② 同上,第 85 页。
③ 郑利华:〈"后七子"文学阵营的形成、变迁及其活动特征〉,《中国文学研究》第三辑,2001 年第 2 期,第 233—265 页.

同僚可以不拘形迹自由交往。于是刑部大院中的白云楼,成了刑部官员经常来会酬唱的地方。另外,户、兵、工等部的官员,接触的都是些枯燥的钱粮甲仗工料数目,久而久之,文思自然荒落,文笔自然生疏。刑部官员则不然,谳牍(即审讯记录判决书)必须自己动手,不能请吏役代笔。当时还有比较看谁的谳牍写得既简练准确又生动活泼的风尚。从一些文言或白话小说中,我们还可以读到这样的篇章。久而久之,刑部官员的写作能力就得到了锻炼和提高。"①正是在这样宽松的办公环境下,王世贞等人才有足够的时间徜徉艺苑,砥砺文章,才有第二次复古运动的产生。

三、复古运动的理论代表——王世贞《艺苑卮言》

后七子为何再次掀起复古运动,主张"文必秦汉,诗必盛唐"? 这里不得不交代后七子复古运动发生的时代背景和理论主张。明代文学复古运动的第一次高潮是在弘治、正德年间,以李梦阳、何景明为代表的"前七子"用复古的主张来反对歌功颂德、粉饰太平而无真情实感的台阁体文学,"一时学士大夫翕然趋焉"(朱曰藩《袁永之集序》),但随着李、何等人的相继去世以及复古末流的抄袭剽窃,这股复古思潮渐成末势,以唐顺之、王慎中为代表的唐宋派在文坛上占据主导地位。

唐宋派和前后七子派在本质上都是主张诗文要反映真情,抒写性灵,但是他们的取法路径却不同,复古派的学习路径是文直接取法先秦两汉,诗取法盛唐,甚至认为"大历以下诗勿读"、"宋无文",但是唐宋派认为秦汉文章虽好,但唐宋间名文未尝不佳,他们批评复古派虽名曰复古,却一味泥古、过度修饰、雕词酌句,文章佶屈聱牙,因此未能达到抒写真情的目的,甚至因生吞活剥、抄袭模拟而步入歧途,因此他们反对以文采取代"道统",主张"文道合一"的传统,只要把握住"道",不雕琢文字,信手写来也能成为宇宙间绝好文字,通过直写胸臆,展现自己的本色面目。如王慎中认为文章要能"道其中之所欲言"(《曾南丰文粹序》),主张抒发作者内心的思想感情。唐顺之认为"文字工拙在心源","即使未尝操纸笔呻吟学为文章,但直抒胸臆,信手写来,如写家书,虽或疏卤,然绝无烟火酸馅习气,便是宇宙一样绝好文字",否则,"文虽工而不免为下格"(《答茅鹿门知县书二》)。

---

① 廖可斌:《明代文学复古运动研究》,上海古籍出版社1994年版,第205页。

唐宋派的主张在当时取得了很大的影响，士人们纷纷改弦更张，文坛流向发生根本转变，钱谦益在其《列朝诗集小传中》记载了唐宋派风靡一时的状况，"王道思、唐应德倡论，尽洗一时剿拟之习。伯华（李开先）与罗达夫（洪先）、赵景仁时春）诸人左提右率，李（梦阳）何（景明）文集，几子遏而不行。"①甚至王世贞本人更有过"一时驰好若晋江王慎中、毗陵唐顺之二三君子"的经历。②但他对唐宋派感兴趣的时间并不长，王世贞在认识李攀龙之前，就曾在给友人陆浚明的信中表示"某所知者，海内王参政、唐太史二君子，号称巨擘，觉挥霍有余，裁割不足。"③加上与李攀龙的结识，相近的文学趣味使二人开展合作，共推复古事业。李攀龙在《送王元美序》中对二人的相识、共推复古有较为明晰的记载：

> 以余观于文章，国朝作者，无虑十数家称于世。即北地李献吉辈，其人也，视古修辞，宁失诸理。今之文章，如晋江、毗陵二三君子，岂不亦家传户诵而持论太过，动伤气格，惮于修辞，理胜相掩，彼岂以左丘明所载皆侏离之语，而司马迁叙事不近人情乎？故同一意一事而结撰迥殊者，才有所至不至也。后生学士，乃唯众耳是寄，至不能自发一识，浮沉艺苑，真为相含，遂令古之作者谓千载无知己……先是璞阳李先芳亚为元美道余，及元美见余时，则稠人广坐之中而已，心知其为余。稍益近之，即曰"文章经国大业，不朽盛事"。今之作者，论不与李献吉辈者，知其无能为已。且余结发而属辞比事，今得一当生。仆愿居前先揭旗鼓，必得所欲，与左氏、司马千载而比肩，生岂有意哉？④

李攀龙认为李梦阳的文章特点为"视古修辞，宁失诸理"，而唐宋派则"惮于修辞，理胜相掩"，即疏于修辞，认为唐宋派宗经明道，文章理学气重，这是李攀

---

① 钱谦益：《列朝诗集小传》，上海古籍出版社1983年版，第377页。
② 王世贞：《弇州山人续稿》卷一八八《寄敬美弟》，文渊阁《四库全书》本，上海古籍出版社1987年版，第1284册，第687页。
③ 王世贞：《弇州山人四部稿》卷一二五《与陆浚明先生书》，文渊阁《四库全书》本，上海古籍出版社1987年版，第1281册，第105页。
④ 李攀龙：《沧溟集卷》卷十六《送河南按察副使王公元美之任浙江左参政序》，文渊阁《四库全书》本，上海古籍出版社1987年版，第1278册，第369页.

龙所不满的,李攀龙认为后生学士因为学力不济,"众耳是寄,至不能自发一识",他们不追随李梦阳辈是因为他们能力不够,即"其无能为已"。李攀龙性格耿介,并不汲汲于政治,而王世贞亦遵循父亲教诲,不"濡迹权路",因此文章则自然成为他们追求不朽的一种方法,立功立德立言中,文章不啻是实现不朽的一种方式,正如李攀龙在信中引曹丕的"文章经国大业,不朽盛事"以此劝说王世贞共推复古大业,"与左氏、司马千载而比肩"成为二人富有激情的愿景。因此李王二人有意与志同道合之人结社,扩大影响力。

后七子复古理论的代表作为王世贞的《艺苑卮言》,该书"凡论诗者十之七,文十之三",是结社以来诸子古文运动的理论总结,当然《艺苑卮言》并非是完全意义上的诗话类著作,"其实,《艺苑卮言》的内容并不只有诗文理论的,而是还涉及历史、书法、绘画、名物的考证等方面的内容。"①。王世贞充分批判继承了严羽、高棅、杨慎、徐祯卿等人的诗学思想,在《艺苑卮言》中对明代作家作品、唐代作家作品进行品评,并对"格调说"继承发展,其中提出了一些诗歌创作的理念和方法。

王世贞在《艺苑卮言》卷一中提出"才、思、格、调"的诗歌思想,并以这个思想为标准,讨论文学创作中的各个方面。王世贞在《艺苑卮言·卷一》中说:"才生思,思生调,调生格,思即才之用,调即思之境,格即调之界","这一命题中'才'包含狭义的才华、广义的才能二义。'思'从一个角度看包含情思、思力二义,从另一角度看包含自然思致和苦思二义。'调'包含声调、情调二义。'格'从学习古人作品角度看是规范之意,从生成意义上看是特点之意。由于这四个范铸的复杂性,这一命题有多种可能的解释。这一命题是王世贞对文学(文章)创作的认识,反映了王世贞的一些基本的文学观念。"②

具体创作上,王世贞对诗的写作非常强调"法","法"则为写作的方法、准则,大到篇章要有篇法,小到字句要有句法字法,"首尾开阖,繁简奇正,各极其度,篇法也抑扬顿挫,长短节奏,各极其致,句法也点缀关键,金石绮彩,各极其造,字法也",王世贞认为这些"法"同样适用于文,"文之与诗,固异象同则"(《艺苑卮言卷一》),王世贞又对"法"进行了阐释,"法有极婉曲者、清畅者、峻洁

---

① 李燕青:《艺苑卮言研究》,上海大学博士论文,2010年,第56页。

② 孙学堂:〈王世贞才思格调说辨析〉,《聊城师范学院学报(哲学社会科学版)》,2000年第1期,第97—103页。

者、奇诡者、玄妙者"(《艺苑卮言卷一》),创作要有法可依,但应该力求如严羽所谓的"羚羊挂角,无迹可求",即王世贞所谓的"法极无迹","篇法之妙,有不见句法;句法之妙,有不见字法"(《艺苑卮言卷一》)。

如何涵养文采,王世贞又为学习者指出了门径,那就是注重对于先秦两汉历代典籍的阅读与借鉴:"自今而后,拟以纯灰三斛,细涤其肠,日取《六经》、《周礼》、《孟子》、《老》、《庄》、《列》、《荀》、《国语》、《左传》、《战国策》、《韩非子》、《离骚》、《吕氏春秋》、《淮南子》、《史记》、班氏、《汉书》,西京以还至六朝及韩柳,便须铨择佳者,熟读涵泳之,令其渐渍汪洋。"(《艺苑卮言卷一》),在此基础上,就能够做到"遇有操觚,一师心匠,气从意畅,神与境合,分途策驭,默受指挥,台阁山林,绝迹大漠"了。(同上),王世贞的《艺苑卮言》是其对前一阶段古文辞创作的理性思索和系统总结,对后人的诗歌创作也具有重要的指导作用,王世懋、胡应麟、许学夷等人的诗文理论和诗歌创作均受到影响。

四、复古运动的影响

由李梦阳、何景明为代表的第一次复古运动,以李攀龙、王世贞为代表的第二次复古运动,对后来的复社、几社以及明末清初的诗派(云间派、娄东诗派)都产生了直接的影响。

随着李攀龙、王世贞等人的相继谢世,复古运动的影响也逐渐式微,以公安三袁为代表的公安派,以钟惺、谭元春为代表的竟陵派较复古派影响更大,崇尚理性化的诗风文风也颇有规模,以王世贞为代表的前后七子复古派成为众相诽谤的对象。随着明代社会危机的加剧,内忧外患的明王朝危在旦夕,明代文坛又掀起了第三次复古高潮,其中以张溥为代表的复社、以陈子龙为代表的几社成为第三次复古运动的中坚力量,前后七子提倡的诗歌理论对以吴伟业为代表的娄东诗派、以陈子龙为代表的云间派产生了直接影响。

晚明内忧外患,这样的时代背景使得当时很多士人走上了以复兴古学以复兴古道的道路,为实现人生理想,科举及第成为大多数士人的选择,而明代以八股文取士,士人揣摩文章、互相交流以求取功名,因此结社成风。天启宦官魏忠贤擅权,权臣依附阉党把持朝政。张溥等人痛感"世教衰,士子不通经术,但剽耳绘目,几幸弋获于有司,登明堂不能致君,长郡邑不知泽民",所以联络四方人士,主张"兴复古学,将使异日者务为有用",因名曰"复社"。

　　复社成员在文学方面受前后七子复古主义影响颇深,"志于尊经复古",祖述"六经",在创作中主张情与理的统一,重视诗歌的文采和真情实感的统一,推崇雅正,诗歌内容大多反映社会生活。"复古运动第三次高潮的作家力图矫正的乃是浪漫文学思潮以情反理的倾向,所以他们把重雅正,即强调以理制情、发乎情止乎礼义,倡导温柔敦厚的诗教,放在自己文学理论的突出位置上。"①

　　从复社领袖张溥的文学思想可以管窥复社的文学主张,以此观照复社与复古运动的关联。张溥非常推崇两汉文章的雅正,"令修笃行,酷类若翁,其文风格在东西京间。"(《近集·古照堂序》),但是并非完全拘泥于"文必秦汉",对唐文、宋文均有批判性的评价以及继承。其评价古文的主要标准也是"雅",认为"文章忌俗"(《合集·词韵答陈昌基》)。"从基本倾向来说,张溥推崇汉魏六朝之文,持一种价值递降的文学史观,并认为这种递降是时代不同所造成的。《近集·古文五删序》云'推而上之,先汉,次魏,再次则晋,又次则六朝,即言六朝,陈隋逊梁,梁逊齐,齐逊宋,风气使然,其权岂在文人哉。是故以元望汉,相去远矣'"②

　　张溥在诗歌观念上亦受复古派影响,特别重视诗歌中"性情"的本体意义,但是又主张对情加以节制,达到雅正感人的效果。"张溥在诗歌上推重后七子的王、李,但并不人云亦云,而是注重长期的体验与感悟。《近集·刘中斋先生诗集序》云'近代论诗者,前称李何,后称王李,宗风相仍,人无异议。三四年来,诗学小变,断断反唇,于王李尤不少恕。比复推奉,二家更尊,诗文一道,言之似易,行之实难,后生妄排前人,亦眯仗气空谈,未审下笔。濡首日久,冷暖渐知。子长少臆中之说,子云无世俗之论,涉历千载,方绝谤讥,人但患诗文不真,无苦目前不识也'。王弇州,吾娄宗工,与李沧溟异地唱答,鸟鸣求友,诗情最深。张溥从王世贞与李攀龙的唱答诗中感受到浓厚的诗情"。③

　　除了复社受到前后七子影响,几社也受到前后七子的影响。杜春登在《社事始末》、《社事本末》中记载了几社成立的情况,几社由实际上的"几社七子"创立,即杜麟征、夏允彝、周立勋、徐孚远、彭宾、陈子龙、李雯,但是李雯后来仕清,杜登春将他的名字抹掉变成了"几社六子"。几社七子倡导"绝学有再兴之几,而得知几神之义",因此社名叫"几社"。他们站在现实政治的基础上复兴古学,文学主

---

① 廖可斌:《明代文学复古运动研究》,上海古籍出版社1994年版,第382页。
② 陆岩军:《张溥研究》,上海三联书店2016年版,第198页。
③ 同上,第207版。

张受前后七子的影响,几社中陈子龙为领袖,其文学成就最高,朱东润和施蛰存等人认为他的诗歌代表了明代诗歌的最高成就,"陈子龙等人则对前后七子深表仰慕,明确以他们的继承者自期。崇祯元年和四年,张溥等人两次在北京举行燕台之会,'以继七子之绩'。陈子龙为张溥《七录斋集》作序,倡议重振复古主义,推张溥为领袖;'国家景命累叶,文且三盛。敬皇帝时,李献吉起北地为盛肃皇帝时,王元美起吴又盛;今五六十年矣,有能继大雅、修微言绍明古绪,意在斯乎。天如勉乎哉!"①。陈子龙等人编《皇明诗选》,选录复古派作家诗歌最多,唐宋派、公安派、竟陵派等流派的诗歌选择较少,而台阁体诗歌几乎未选,由此即可窥见几社受复古派之影响。

云间派就是以几社为基础的文学社团,因结社人员大多为松江人,而松江古称"云间",故称为云间派,云间派的代表人物是陈子龙和夏完淳,他们的诗歌创作追求诗歌的古典主义,走的都是复古主义的路子,拒斥宋诗,在战火纷飞的晚明,将复古和抒写性灵很好地结合起来了,诗风悲怆崇高,情感热烈,在诗歌创作上取得了极高的成就。"云间派作为复古流派,与前后七子相比,有前进的地方,象现实主义精神与古典诗学的结合;有倒退的地方,陈子龙等人峻拒宋诗,则是理论上的盲点。这一点他不如前辈王世贞,王世贞晚年好宋诗,对宋诗有了新的认识。诗学见解的褊隘,从某种意义上看,也是一种倒退"②。

以吴伟业为代表的娄东诗派更是直接受到了复古派的影响,该派诗人大都为娄东(今江苏太仓县)人,因此娄东诗派又称太仓诗派,因吴伟业成就最高,所以又称梅村诗派。娄东诗派继承同乡王世贞的诗歌理念,宗法前后七子,主张复古,且与云间派相近。吴伟业模仿白居易,善写七言歌行,被称为"梅村体",太仓十子争相效法,"《四库全书总目提要》曾对《太仓十子诗选》一书作过这样的评论'风格如同一手,不免域于流派,是亦宗一先生之故耳'。确实'太仓十子'等人的诗风与他们共同尊奉的老师吴伟业是非常相似的。"③

而吴伟业心折复古,他对钱谦益在《列朝诗集》对前后七子的诋毁之言非常不满,吴伟业在《龚芝麓诗序》认为钱谦益的评价"其推扬幽隐为太过,而矫时救俗排诋三四巨公",吴伟业对李攀龙、王世贞等人给予了很高的肯定。吴伟业诗

---

① 廖可斌:《明代文学复古运动研究》,上海古籍出版社 1994 年版,第 379 页。
② 刘勇刚:《云间派研究》,南京师范大学博士论文,2002 年,第 5 页。
③ 高琪:《吴伟业与娄东诗派初探》,苏州大学硕士论文,2004 年,第 44 页。

歌宗法唐人,以史实入诗,赵翼评吴伟业诗:"以唐人格调,写目前近事,宗派既正,词藻又丰,不得不为近代中之大家"(《瓯北诗话》卷九)。对史的重视可以说是历朝历代饱学之士共有的情结,王世贞早年的诗多以史入诗,富有现实主义关怀,其诗歌也成为后七子共同反对严嵩集团的文学阵地,王世贞认为"六经皆史",认为古代的经典本质上就是史,王世贞本人也非常重视史,其《内阁首辅传》《弇州史料》《弇山堂别集》都是非常优秀的历史著作。

王世贞对诗与史的重视,并将二者融汇在创作中,对复社、几社、吴伟业等人均产生了很大的影响。"王世贞是明代中后期'后七子'的领袖,曾执文坛牛耳数十年。方其盛时,奔走其门者络绎不绝,太仓也一度成为全国文坛的中心。但王世贞晚年及殁后,攻者渐起,影响稍衰,因此,太仓的许多后辈文人有的就是王氏家族的后裔希望继弇州而再起,重振太仓的文学事业。吴伟业《太仓十子诗选序》称'昔我有先正,其言明且清。士君子居其地,读其书,未有不原本前贤,以为损益者也。明白地指出了吴伟业、'娄东十子'等太仓诗人的文学事业正是对王世贞文学成就的继承和发展。从吴伟业和其他娄东诗人的师法宗尚来看,娄东诗人大多师法唐人,其体大率以三唐为宗,而旁及于国朝高启、杨基、何景明、李梦阳诸作,这与王世贞的推崇唐诗的主张是一脉相承的。"①

综上可知,前后七子主张的文学复古在明代文学思潮中具有重要的地位,前后七子复古成就最高者当为王世贞,前后七子的复古主张对明末清初的复社、几社、云间派、娄东诗派均产生了重要的影响。

---

① 高琪:《吴伟业与娄东诗派初探》,苏州大学硕士论文,2004年,第42页。

文本建构与历史重塑:王世贞传文体互渗论义

魏宏远　徐佳慧

摘　要:传记呈现出的往往是传主的生命史,承载着书写者对传主的理解、情感和记忆。传记作为一种文类,同一传主的不同传记文体之间不断转化,构成了复杂的互渗关系。传记文体的选择与书写者的身份、地位、个人偏好、特长、生活需求等关系密切。目前搜集到王世贞传60余篇,其中家传、史传与诗传、戏剧传、像传等不同传记文体之间存在着互渗交融的关系。传记书写是书写者从个人视角理解重塑传主历史的过程,书写者对传主的个性化理解、传记文体的不同叙事方式参与了历史重塑,塑造出传主的不同样貌。传记文体的使用主要取决于书写者对传主的理解及对传记文体的擅长程度,不同立场下的不同传记文本传递出的信息具有差异性,将同一传主多个传记文本进行对读,可以更为全面理解传主及传记文体间的复杂关系。

关键词:王世贞传　文体互渗　文本建构　历史重塑

传记承载着传主的生命历程。如果将传记理解为一种文类,那么,同一传主的传记文本众多,文体类型复杂。王世贞作为一代文宗,"声华意气笼盖海内"[①],随着其传记的不断书写,传记文体孽乳浸多,多个传记文本之间相互渗透、交融,形成了复杂的互涉关系,明代传记学与文体学的碰撞、交融使王世贞

---

① 本文所言"文体互渗"主要指不同体裁文本内容间的互涉交融。郭英德《中国古代文体学论稿》(北京大学出版社 2005:1－2)提出:"本书所说的'文体',指文学体裁或文学类型","如果以'文体'一词指称文本的话语系统和结构体式的话,那么,文体的基本结构应由体制、语体、体式、体性四个层次构成。"张廷玉《明史》卷二八七《王世贞传》,中华书局1974年版,第7381页。

传的研究呈现出崭新的样貌。这些学术成果,有的关注王世贞为他人作传,有的探讨他人为王世贞作传,也有的是对王世贞不同传记文本关系的辨析。①目前我们搜集到王世贞传共计60余篇②,家传、史传与诗传、戏剧传、像传等不同传记文体从多个方位记载了传主的生平事迹。这些不同传记文体承载着书写者对传主的不同理解,从碑传仪式化职用到史传注重实录功能,不同传记文体塑造出传主的不同样貌。那么,书写者对传记文体的选择主要受什么因素影响?传记后文本与前文本之间有什么内在联系或差异?传记不同文体之间的转化机制是什么?哪些因素会影响传记文体间的演变?本文拟以王世贞传为例,探究书写者选择传记文体的依据,考察王世贞在不同传记叙事文本中的形象差异,从文体互渗层面探讨王世贞不同传记文体间的复杂关系。

一、传记的文体功能与文体选择

古人传记的书写通常会以前代传记为"母体",在前文本基础上衍生出多个传记文本。王世贞辞世后,其长子王士骐撰《少保先府君凤洲王公行状》,为王锡爵《王公世贞神道碑》、屠隆《大司寇王公传》、陈继儒《王元美先生墓志铭》等传记书写提供了一手材料,这些碑传又成为后人书写王世贞传的蓝本。同一传主不同传记文本之间内容互渗,功能也不尽相同。那么,不同类型的传记文体功能有何差异?书写者选择文体时会受哪些因素影响?现将部分王世贞传及撰写者信息列表如下:

---

① 相关研究请参考叶晔〈别体同传:论王世贞的互见叙事〉(《斯文》2017年第2期)、魏宏远〈虚构与非虚构:王世贞《嘉靖以来首辅传》论演〉(《社会科学》2017年第2期)《明史》人物传记书写过程浅探——以王世贞《王守仁传》为例〉(《现代传记研究》2013年第1期)〈事实、理解与还原:传记的文本间性——以王世贞传为例〉(《兰州大学学报(社会科学版)》2015年第2期)。

② 王世贞的60篇传记依据文体类型可分为家传、史传、诗传、戏剧传、像传,其中王世贞诗传,如屠隆《栖真馆集》卷三《寄大司寇弇州先生歌》,胡应麟《少室山房集》卷四八《挽王元美先生二百四十韵有序》,吴国伦《甔甀洞稿》续稿诗部卷十二《东行哭王元美二十首》;王世贞戏剧传,如《复庄今乐府选》一七一册《后七子》;王世贞像传如:王世懋《王奉常集》卷二二《元美长兄像赞》。

作品	文体	字数	撰者	撰者身份	撰者官职	撰者与传主的关系
少保先府君凤洲王公行状	行状	12345	王士骐	进士	兵部主事	父子
王公世贞神道碑	神道碑	2798	王锡爵	进士（榜眼）	太子太保	友人，同乡
大司寇王公传	传记	4864	屠隆	进士	礼部主事	友人
王元美先生墓志铭	墓志铭	3757	陈继儒	诸生	/	友人
祭王元美先生文	祭文	426	赵用贤	进士	礼部右侍郎兼翰林院侍读学士	友人，同乡
《列朝诗集》王尚书世贞	人物传	743	钱谦益	进士	礼部侍郎	晚辈，同乡
《明史》王世贞	史传	964	张廷玉	进士	首席军机大臣	/

　　不同类型传记的书写载体及文体功能不同，叙事技法也各有差异。行状载体为纸张，撰述传主个人生平事迹，"子孙自述其先世德善，以求志铭者"①，并以此作为后世撰写墓志、史传的依据，"盖具死者世系、名字、爵里、行治、寿年之详，或牒考功太常使议谥，或牒史馆请编录，或上作者乞墓志碑表之类，皆用之。"②行状是传主个人生平的实录，文本篇幅较长，而墓志铭、神道碑往往掇其要以表其墓，"其叙事也该而要，其缀采也雅而泽"③。金石尺幅决定了墓志铭、神道碑具有篇幅短小的特质。祭文体式灵活，多表达书写者悼惜之情，无需记录传主生平全貌。史传多为实录，常事不书，寥寥数语，展现出传主的政治建树、道德品质、仕履处事等。从上表可以看出，传记实际应用会制约传记文体及语言，会影响文本篇幅长短。传记文体的选择与书写者身份、地位有着密切关系。

　　传记文体用途与书写者对传记文体的选择关系密切。汪琬《与人论墓志铭篆书》云："古人之有行状，非特备志铭之采择而已。将上诸太史与太常者也。上诸史官，所以请立传也。上诸太常，所以请立谥也。"④行状不仅仅是为了"志铭之采"，还主要为了"立传""立谥"之用，说明行状与墓志铭、史传等不同文体彼此间相互转化成了一种常态。陈继儒《王元美先生墓志铭》写王世贞青州缉盗、大

　　① 陆耀：《与钱巽斋论行述书》，贺长龄《皇朝经世文编》卷六三，清刻本。
　　② 徐师曾：《文体明辨序说》，人民文学出版社1962年版，第148页。
　　③ 王运熙、周锋：《文心雕龙译注》，上海古籍出版社1998年版，第96页。
　　④ 汪琬：《与人论墓志铭篆书》，贺长龄《皇朝经世文编》卷六三，清刻本。

名改俗、浙江捐俸等事件，几乎完全过录王士骐《少保先府君凤洲王公行状》。有关行状的书写情况，《文体明辨序》记载："其文（行状）多出于门生故吏亲旧之手，以谓非此辈不能知也。"①写行状者要熟知传主履历行迹，以便行状为其他传记文体提供"底稿"。王世贞行状出自其长子王士骐之手，详细记录了传主的生平事迹、家族世系、品德善行等。就王士骐身份地位而言，其"举乡试第一，登万历十七年进士，终吏部员外郎，亦能文。"②王士骐的官职、才学具备为其父撰写行状资格，那么，王世贞墓志铭为何会出自山人陈继儒之手？不同传记文体往往会对书写者的身份有潜在要求。就墓志铭来说，"志者，记也；铭者，名也。"③古人以碑志记录德行功业，刻于金石，以期不朽。"身后佳文，贵于得实"④。碑志文记人叙事需真实可信，在"父为子隐，子为父隐"的宗法体制下，为至亲撰写墓志，难免会有谀墓之嫌，故多请托他人撰写，以征信于后世。行状、墓志铭、神道碑等虽名目不一，却都有记载传主生平事迹、传名后世、寄托哀思的功能。传主亲友、同僚、门人较熟悉传主仕履行迹，所写传记内容饱满而详赡，寄寓情感真挚。王世贞为一代文宗，友人多文采非凡，故其友人为其碑志书写的主体。

　　不同传记文体的选择还要考量书写者的社会地位，同时，墓志铭、神道碑要刻于石上，传于后世。据《金石要例》所载："今制：三品以上神道碑，四品以下墓表铭，藏于幽室，人不可见。"⑤若按明制，立神道碑者身份特殊，书写者地位也要与传主相当，需请托身居高职、硕学鸿儒来执笔。王锡爵榜眼及第，官居太子太保，在政治、文化领域有很大影响，且王锡爵与王世贞又同为太仓人，二人关系亲密，"兄弟不若也"⑥。平日二人多有书文往来，并一同拜入昙阳子门下，情谊匪浅。"今世人皆知公之诗若文，而其平生行谊非予莫知其深，惟是盖棺且久，而丽牲之石虚而待

---

①　吴讷、徐师曾：《文章辨体序说·文体明辨序说》，人民文学出版社 1962 年版，第 148 页。

②　张廷玉：《明史》卷二八七《王世贞传》，中华书局 1974 年版，第 7382 页。

③　吴讷、徐师曾：《文章辨体序说·文体明辨序说》，人民文学出版社 1962 年版，第 148 页。

④　章学诚著，仓修良编注：《文史通义新编新注》下，商务印书馆 2017 年版，第 752 页。

⑤　黄宗羲：《墓表例》，《金石要例》，文渊阁《四库全书》本。

⑥　王士骐：《明故资政大夫南京刑部尚书赠太子少保先府君凤洲王公行状》，《王凤洲先生行状》，明刻本。

予,予不敢以不文辞矣。"①据王锡爵所撰《王公世贞神道碑》载,王世贞辞世后,王士骐请王锡爵为其父撰写神道碑。王锡爵书写《神道碑》是王世贞父子共同心愿,"万历某年月日始克成葬,而公之儿属予为铭,亦公志也。"②王世贞请王锡爵着笔的遗愿,表明传记书写受传主之托,传记文体也会受传主意愿影响。

依据"墓铭"惯例,"碑碣与表,葬后可刊,而志铭必先期而作。"③墓志铭埋于墓中,书写者在传主埋葬前应完成撰写,传主或其亲属请特定的书写者撰写墓志铭、神道碑。然而,陈继儒撰写墓志铭却并非王世贞之意。据《王元美先生墓志铭》记载:"元美公遗命请汪司马伯玉,伯玉卒。请之赵司成,司成病,假他手。余为之作此,亦其子阆伯所属也。"王世贞遗命请汪道昆为其作传,未料汪道昆辞世,王士骐转而请赵用贤为其父作墓志铭,赵用贤病困,亦无法完成。最后请陈继儒执笔,这也是王士骐的意愿。那么,这里陈继儒所言是否属实?若其言为真,王士骐请托汪道昆未果,为何不直接请陈继儒,却辗转求于赵用贤? 王士骐《少保先府君凤洲王公行状》记载,王世贞云:"吾少与于鳞、伯玉、明卿、两张甫辈定交燕市,旗鼓相当,至于老而交不废。吾与元驭相国交最晚而最深,兄弟不若也。赵汝师名位已高,一朝北面师我,而实吾友也。"王世贞生前称赞汪道昆才学,"夫于鳞建安、伯玉西京,是二君子者,各操其强。"④且汪道昆曾为王世贞《弇州山人四部稿》作序。因此,王世贞请汪道昆为其父撰写墓志铭合乎情理。赵用贤与王世贞同为苏州府人,王世贞曾道:"吾之不缁于江陵,赖赵汝师及门而白"⑤,王世贞与张居正交恶,多得赵用贤相助。赵用贤名列礼部右侍郎兼翰林院侍读学士,与王世贞情谊匪浅,故王士骐请赵用贤为其父作墓志铭合乎情理。然而,陈继儒为王世贞撰《墓志铭》似乎有悖常理。

陈继儒为王世贞晚辈,"王世贞亦雅重继儒,三吴名下士争欲得为师友。"⑥但《弇山堂别集》《嘉靖以来首辅传》《觚不觚录》《弇州山人四部稿》《续稿》等序跋出自陈文烛、汪道昆、王锡爵、刘凤等人之手,均未见陈继儒之笔。《读书后》虽收

---

① 王锡爵:《王文肃公集》卷六《太子少保刑部尚书凤洲王公世贞神道碑》,明刻本。

② 同上。

③ 沈彤:《与顾肇声论墓铭诸例书》,《皇朝经世文编》卷六三。

④ 王世贞:《弇州山人四部稿》卷一二八《答程子虚书》,明刻本。

⑤ 王士骐:《明故资政大夫南京刑部尚书赠太子少保先府君凤洲王公行状》,《王凤洲先生行状》,明刻本。

⑥ 张廷玉:《明史》卷二九八《陈继儒传》,中华书局1974年版,第7631页。

录陈继儒《新刻弇州山人读书后序》，但该《序》载："《读书后》者，王元美先生晚季所撰，《四部稿》《续稿》所未载也……一日得王闲仲校正善本，仲谦喜跃，请以孤行之人间，而因拈前《四部》中《读书后》附焉。"①《读书后》为王世贞辞世后所辑，使用陈继儒序文并非王世贞本人之意。王世贞与陈继儒多有文学往来，陈继儒受知于王世贞，尊称其为"先生"。陈继儒少年"弃巾"，未有功名，在晚明虽有"山中宰相"之誉，但其社会地位不足以为王世贞撰写《墓志铭》。王世贞为刑部尚书、一代文坛盟主，汪道昆辞世后，王士骐先求文于赵用贤，不得已才请陈继儒执笔，这或许是出于对书写者与传主关系的考量。陈继儒《王元美先生墓志铭》云："是稿冏伯藏于家，而今梓送者乃赵司成文。"正副文本经此辗转，《王元美先生墓志铭》既已写出，王士骐又为何未使用，而是"梓用"赵用贤之文呢？

　　传主身份地位在一定程度上对书写者的身份地位有一定要求，《古文辞类纂·序》云："传状类者，虽原于史氏，而义不同。刘先生云：'古之为达官名人传者，史官职之。文士作传，凡为圬者、种树之流而已。其人既稍显，即不当为之传，为之行状，上史氏而已。'余谓先生之言是也。"②高品阶官员当由史官为之立传，"圬者、种树之流"才由文士作传。王世贞官至南京刑部尚书、赠太子少保，传记书写者多在文中交代与传主的关系和受托撰文情况，故请托之人对书写者的职官会有所考虑。陈继儒出身诸生，未能获官，而赵用贤进士出身，曾任礼部右侍郎兼翰林院侍读学士。出于对"官位"的考量，王士骐未梓刻陈继儒《墓志铭》，而采用赵用贤之文。《王凤洲先生行状》一书收录有《少保先府君凤洲王公行状》、王锡爵《王公世贞神道碑》、屠隆《大司寇王公传》，也未收录陈继儒《王元美先生墓志铭》，可进一步说明王士骐未刊陈继儒之文是有意为之。然而，据陈继儒所言，王士骐"请之赵司成，司成病，假他手"，赵用贤并未作《墓志铭》。那么，王士骐梓送赵司成何文？赵用贤最终是否为王世贞作墓志铭？经查阅，赵用贤《松石斋集》有《祭王元美先生文》，未见为王世贞撰写墓志铭，王士骐《王凤洲先生行状》一书也未收录赵用贤文。古代传记书写中，后代文本会参用前代文本，若赵用贤曾为王世贞撰写墓志铭，即使原稿散佚，后世文本也会留有"同文"痕迹，但现存王世贞传记中，并未见以赵用贤所作传记为蓝本的痕迹。据此推测，

---

① 陈继儒：《弇州读书后序》，贺复徵《文章辨体汇选》卷三一三，文渊阁《四库全书》本。

② 姚鼐：《古文辞类纂》，岳麓书社 1988 年版。

赵用贤并未为王世贞作墓志铭,而《王元美先生墓志铭》或许是赵用贤请陈继儒代笔,陈继儒刊刻此文时故意去掉一"代"字,在文后交代《墓志铭》写作缘起时,并未明确说明这一情况。

陈继儒《墓志铭》未被梓刻或与古代丧葬习俗有关。明代墓志铭、神道碑纸上成文后,需经传主亲属或朋友同意,才能刻文于石,形成碑志,金石是此类文字的最终归宿。王士骐未将陈继儒《墓志铭》梓刻成文,或是考虑到墓志多载书写者姓名。[①] 王士骐明知陈继儒山人身份,却仍请托其撰文,所撰之文却又为何未采录? 书写传记的目的之一,在于使传主显名于世。陈继儒未有官职,却在民间有着极大的文化影响力。"四方使日走公,东西京与南北驿越岭峤而至者,不远万里征公文,公文出即传四方。"[②]陈继儒诗文在明代影响甚广,四方频传其作。陈继儒《墓志铭》虽未被梓刻,却因其文化名人身份而被广泛流传于世。李贽《续藏书》、焦竑《熙朝名臣实录》、过庭训《本朝分省人物考》等王世贞传,部分文本是在陈继儒《王元美先生墓志铭》基础上删改而成。文化影响力或许是陈继儒受请撰写王世贞《墓志铭》的重要因素。

传记文体的选择多由传记的文体功能决定,又与书写者身份地位、丧葬习俗等因素有关。书写者对传主的熟悉程度不同,对传记不同文体熟练程度不同,会选择不同的文体表达对传主的新理解。一些书写者以多种文体为传主立传,不同传记文本又各有所侧重地展现了公共视域或私人视域下的传主形象。

二、诗传与史传互渗:传记的多文本性

文体互渗现象由来已久,《扪虱新话》云:"然文中要自有诗,诗中要自有文,亦相生法也。文中有诗,则句语精确;诗中有文,则词调流畅。"[③]诗与文彼此互渗转化,传记文体间的互渗方向并非单一,渗透程度也不均衡。王世贞传的文体

---

① 《碑刻文献学通论》提出:成熟的墓志包括撰书人题名。"只是这些撰书人姓名大都在铭文中叙述出来","唐代以后,墓志载撰文人者多起来,同时还有书丹人、刻工姓名,明显受到碑的影响。而且单独立出,大有以文章、书法为标榜,借文章、书丹、镌刻铭文而显名于世的意思,而志主的后人也不免有借名人撰书而炫耀于世的嫌疑。"(毛远明《碑刻文献学通论》,中华书局 2009 年版,第 118 页。)

② 董其昌:《叙》,陈继儒:《白石樵真稿》序文,明刻本。

③ 陈善:《扪虱新话》卷九《文中有诗,诗中有文》,明刻本。

互渗主要有以下几种类型：家传转化为史传、诗传、戏剧传、像传，史传转化为诗传、戏剧传、像传，诗传转化为史传、戏剧传、像传，戏剧传转化为像传，像传转化为史传、诗传、戏剧传，如此等等。传记文体与其他文体互渗与交融，促动了传记文类的不断新变。

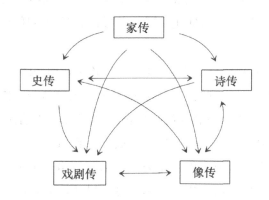

屠隆《大司寇王公传》《寄大司寇弇州先生歌》都记载了王世贞的生平事迹，两种文体的书写也都基于屠隆对王世贞的理解，那么，同一作者的传记和诗歌因文体不同对传主的理解会有何不同？文与诗社会功能不同，因此二者表达风格也存在差异，《杨评事文集后序》云："（文）其要在于高壮广厚，词正而理备，谓宜藏于简册也。……（诗）其要在于丽则清越，言畅而意美，谓宜流于谣诵也。"[1]传记以"真"为要义，诗歌以抒情为能事，诗传不同于史家直笔纪实传统，"诗贵有含蓄不尽之意，尤以不着意见、声色、故事、议论者为最上。"[2]如同"酒之变尽米形，饮之则醉也"[3]。《大司寇王公传》以历史事实为参照，重在记录王世贞生平事迹，如"公益淬历精进，与太原公结一菴，连楹而居，悉屏去生平世缘宿嗜，清斋持戒，一瓢一衲，意翛翛泠泠如也。"诗歌表达则不拘于事实准确与否，以抒写书写

①　柳宗元：《柳河东全集》，中国书店1991年版，第250页。

②　吴乔：《围炉诗话》卷一，明刻本。

③　吴乔：《围炉诗话》："问曰：'诗文之界如何？'答曰：'意岂有二？意同而所以用之者不同，是以诗文体制有异耳。文之词达，诗之词婉。书以道政事，故宜词达；诗以道性情，故宜词婉。意喻之米，饭与酒所同出。文喻之炊而为饭，诗喻之酿而为酒。文之措词必副乎意，犹饭之不变米形，啖之则饱也。诗之措词不必副乎意，犹酒之变尽米形，饮之则醉也。"（《围炉诗话》卷一。）

者的情绪和记忆为主。这一段内容在《寄大司寇弇州先生歌》中这样书写："霞骨烟姿合乔倕,石函实篆追濛盈。世事总视糠秕薄,轩冕真如尘垢婴。抗志清虚足自贵,栖神恬澹何所营。通明高筑华阳阁,方冶丹炉炼大药。"①《大司寇王公传》秉持常事不书的传统,记录了王世贞结庐隐居的来龙去脉,《弇州先生歌》则围绕"意翛翛泠泠如也"展开,着意表现屠隆记忆中在恬澹观结庐而居的王世贞。因史传与诗传的文体性质不同,即使在同一书写者笔下,不同传记文体中的王世贞也会呈现出不同的样貌。

不同传记文体传递情感的方式不同,书写者需处理好感情与史实的关系,使传记的抒情性与真实性得到统一。胡应麟《诗薮》云:"诗与文体迥不类。文尚典实,诗贵清空;诗主风神,文先理道。"②史传以理节情,力图呈现客观事实。诗传对人与事的描写则更为真诚和细腻,灵动展现人物风貌。有时为了使传记书写更为可信,书写者会引入他人叙述作为一种书写策略。张居正当权期间,"宗人以示江陵私人,其人以书抵江陵,曰:'师相其甚起居,不闻郿中月旦耶?'"③屠隆看似客观记录的书信内容,实则借他人之口,将王世贞与张居正作比较,称王世贞为月旦之评,而《寄大司寇弇州先生歌》直书"人间月旦归许劭,天下龙门望李膺",称赞王世贞有许劭"月旦评"之才,同时门客弟子众多,如李膺之"龙门"。诗传表露出的个人化情感,承载了被宏大历史叙事剥夺的个体性。

就"诗"与"史"的关系而言,杨慎《升庵诗话》云:"宋人以杜子美能以韵语纪时事谓之'诗史'。鄙哉宋人之见,不足以论诗也……杜诗之含蓄蕴藉者,盖亦多矣,宋人不能学之。至于直陈时事,类于讪讦,乃其下乘,而宋人拾以为己宝,又撰出'诗史'二字,以误后人。"④杜诗贵在"含蓄蕴藉",宋人却以杜诗中"直陈时事"为"己宝",并以"诗史"误导后人。杨慎认为"诗史"混淆了"诗"与"史"的文体特征,诗以抒情为宗,含蓄达"意",而"史"则强调叙事实录,"诗史"偏离了诗之正宗。⑤ 那么,

---

① 屠隆:《栖真馆集》卷三《寄大司寇弇州先生歌》,明刻本,第19a页。

② 胡应麟:《诗薮》,中华书局1958年版,第120页。

③ 屠隆:《大司寇王公传》,《王凤洲先生行状》,明刻本。

④ 杨慎:《升庵集》卷六十《诗史》,文渊阁《四库全书》本。

⑤ 有关"诗史"论争由来已久,可参看陈广宏〈诗论史的出现——《诗源辩体》关于"言诗"传统之省察〉(《文学遗产》2018年第4期)、郑利华《杨慎诗学中的诗史意识与知识观念》(《复旦学报(社会科学版)》,2019年第3期)、陈文新《"诗史"与"诗乐":宋明诗学的理论转向与清代诗学的进路》(《武汉大学学报(哲学社会科学版)》,2019年第3期)。

混淆"诗"和"史"会对文本表达产生什么影响？在文体性质不同的情况下,二者又是如何转化？诗歌带有较强的个人情感体验和感悟,而"真实感"较之史料的真实更能打动人,为此,诗传和史传具有互渗性,若将二者对读,会丰富我们对传主的理解,达到"以诗补史之阙"的效果。王世贞与友人胡应麟、屠隆一同拜入昙阳子门下,二人诗中刻画出王世贞慕道形象。诗歌通过构建意象、描绘细节,展现出传主的生活片段。胡应麟《挽王元美先生二百四十韵有序》与尹守衡《皇明史窃·王世贞》均有王世贞避世内容的书写①。《挽王元美先生》用大量篇幅记载了王世贞梵修之事,王世贞与张居正交恶,政治处境艰难,"倏忽人情异,悲凉世态怀。青蝇从抵隙,白鸟任遗诙"②。王世贞晚年倦于官、倦于名,"入关遗世事,闭户息尘缘。绀殿群嚣绝,清都百虑蠲。遗经翻损益,大道识坤乾。"③吴国伦《东行哭王元美二十首》一诗说王世贞"可是丹成生羽翼,飘然飞入太清乡""海上若逢西母驾,可能重和白云谣""却信至人无乱命,游魂只合在清虚"④。吴国伦诗中书写了记忆中清心修道的王世贞形象,"太清乡""西母驾""白云谣""清虚"等意象寄托了吴国伦对王世贞修仙升天的美好祝愿,与张汝瑚《王弇州先生集前附·王弇州传》称王世贞飞升成仙有异曲同工之妙⑤。"闻君病卧亦蘧蘧"与王士骐等人所描述王世贞辞世前从容应对死生相应照⑥,诗传通过韵语和意象塑造出的传主形象,可与史传中的政治家、文学家形象互补。

---

① 尹守衡:《皇明史窃·王世贞》与王士骐等传记说法大有出入:"世贞以为文士尚未脱阳九跳,奉昙阳子法教,以此逃世。"认为王世贞入道意图在于避世,并以"世贞中年好酒懒事,颇与世绝,乃意常在千载大事,手未尝少释韦编。"进一步刻画王世贞隔绝世事、专心治学的形象。(《皇明史窃》卷九十六,明刻本。)

② 胡应麟:《少室山房全稿》卷四八《挽王元美先生二百四十韵有序》,明刻本。

③ 同上。

④ 吴国伦:《东行哭王元美二十首》第十五、十八、二十首刻画了王世贞入道形象:(十五)余年北面礼昙阳,日手仙经坐道场。可是丹成生羽翼,飘然飞入太清乡。(十八)东风日送海门潮,何事魂兮不可招。海上若逢西母驾,可能重和白云谣。(二十)闻君病卧亦蘧蘧,垂死仍遗薄葬书。却信至人无乱命,游魂只合在清虚。(吴国伦《甔甀洞稿》续稿诗部卷十二,清刻本。)

⑤ 张汝瑚:《王弇州先生集前附·王弇州传》:"尝闻之野史云:'上元夫人遣一力士遗书报先生名占仙籍,劝先生修上清之业,后当白日飞升,往蓬莱山项。先生自此屏去文字,一意修真服食。'噫!若先生者,岂非神仙中人也哉?"(《王弇州先生集》前附)

⑥ 王士骐:《行状》记载:"人或谓府君:'仙乎?'府君谢曰:'吾何人哉?吾倦于官则思息,倦于酬则思默,倦于饮食则思饥,倦于名则思掩耳,倦于家则思避之墙东耳。吾生平享用谓何?而敢希大道乎?断欲却饮,少延岁月可耳。'"

诗传与史传虽文体不同,但彼此却会互转。司空图《题柳柳州集后》云:"然则作者为文为诗,才格亦可见……亦犹力巨而斗者,所持之器各异,而皆能济胜以为勍敌也。"①文和诗表达出的效果不同,却都能传达出书写者对传主的理解。后世将史传转化为诗传,传达出书写者基于史传而对传主的新的理解。王世贞文学成就得到很高评价,在史传中被建构成一代文宗,甚至被比作宋代"二苏"②。后世书写者因无法亲见王世贞,只能通过文本、历史遗迹间接了解王世贞。在前代史传基础上,明清诗歌进一步构建了王世贞文章家形象。王世贞有《弇山堂别集》《弇州山人四部稿》《弇州山人续稿》等文集存世,"自国朝典故以及稗官野史,无不搜集,从古著作之士,未有若斯之富者。"③清人诗歌多提及王世贞著述宏富及诗人作品之影响,"弇山先生骨已朽,剩有文章在人口。"④陈继儒《墓志铭》、王锡爵《神道碑》都提及王世贞十五岁咏宝刀诗,诗传书写者从《王世贞传》中获知此事,书写王世贞著文才华横溢之事,"弇州文章伯,声华盖当代。十五咏宝刀,气夺老苍辈。"⑤王世贞诗文名震天下,明代多有追随者,后世诗歌描写:"弇山司寇人中奇,文采风流后进师。"⑥随着时间推移,《弇州山人四部稿》和弇园成了王世贞的"代名词"。王世贞生前多与文士诗酒唱和于弇园,"客来见世贞者,世贞皆款之弇园中。不惟世贞之文名也,而弇园亦名于天下南北。"⑦于是有诗句"万古青山留《四部》,九秋黄叶失三弇。"⑧弇园遗址引起后人对王世贞的追忆,文人经过弇园旧址,见眼前"烟生衰草空堂黑,日转颓墙老树黄。"⑨忆昔日"留都联俊及,名园主槃敦"之盛况⑩,心生无限哀。陈子龙《重游弇园》一诗云:"左徒旧宅犹兰圃,中散荒园尚竹林。十二敦盘谁狎主,三千宾客半知音。"⑪清人基于史传理解构建王世贞形象,并作为诗传书写者的"前见",这样史传参与

① 祖保泉:《司空图诗品解说》,安徽人民出版社 1980 年版,第 112 页。
② 尹守衡:《皇明史窃》卷九六《王世贞》。
③ 吴士奇:《皇明副书》卷八一《王世贞》,上海图书馆藏清钞本。
④ 郁植:《娄东诗派》卷十七《弇山园歌》,清刻本。
⑤ 毛咏:《娄东诗派》卷二五《王尚书世贞》,清刻本。
⑥ 郁植:《娄东诗派》卷十七《弇山园歌》,清刻本。
⑦ 何乔远:《名山藏》卷八六《王世贞》,明刻本。
⑧ 陆觐宸:《娄东诗派》卷二七《谒王弇州先生祠》,清刻本。
⑨ 王昊:《娄东诗派》卷十五《弇园》,清刻本。
⑩ 毛咏:《娄东诗派》卷二五《王尚书世贞》,清刻本。
⑪ 陈子龙:《陈子龙诗集》,上海古籍出版社 2006 年版。

了诗传的书写，形成了史传向诗传的转化。

诗传和史传共有的史料成为二者彼此转化的基础，有时诗歌被当作史传的资料，成为史传书写的组成部分。尹守衡《皇明史窃》对王世贞与宗臣情谊多有记载，王世贞远赴青州，宗臣赆其行，"予之豸衣、一古剑、一束带、一为骈……足下往矣，得以宪章从事……又为赋《古剑篇》遗之。"①宗臣赠别王世贞信物，祝其顺利赴任。然而，王士骐、王锡爵、屠隆、陈继儒等人在为王世贞所作传记中均未提及此事。若此事非尹守衡捏造，其史料又是来自哪里？《宗子相集》中有《古剑篇》，序文云："嘉靖丙辰十月，吴郡王君世贞由比部郎中出为山东副使，督戒青州。其友人广陵宗臣赠以豸衣一袭，腰带一束，古剑一口。又为之赋《古剑》以遗之。"②《皇明史窃》所载宗臣赠予王世贞信物与诗序内容基本一致。传记记载宗臣送别王世贞的片段，或为书写者对诗歌内容的演绎。《皇明史窃》记载宗臣提醒王世贞齐地："其俗慓悍猾贼，椎埋作奸"，"赠君古剑一口，明有豺豹，幽有魑魅，无不靡之矣。"宗臣《古剑篇》也多次提及古剑，隐含着宗臣对王世贞赴任的担忧，"赤堇使者昆吾子，碧眼炯炯虬髯紫。手持双剑下山麓，上有蛟龙缺其齿。"③宗臣想象王世贞持剑所向披靡，"剑乎剑乎吾负汝，吾今有友吴郡生，紫豸朱缨乘骥騧。"④诗作寄托了作者对王世贞顺利赴任的美好祝愿。

因文体形式和书写者对事件理解不同，诗传和史传在历史重构过程中，对相同史实会有不同的叙述，表述各异的传记文本会使读者能够了解历史事实的多面性。《拟明代人物志》几乎完全过录《皇明史窃》宗臣赠别王世贞内容。《皇明史窃》记载："友人宗臣赆其行，予之豸衣、一古剑、一束带、一为骈"，而《拟明代人物志》记载："友人宗臣赆其行，予之豸衣、束带、古剑。"⑤《拟明代人物志》对调了

---

① 尹守衡：《皇明史窃》："友人宗臣赆其行，予之豸衣、一古剑、一束带、一为骈。曰：'足下所督戒者，故齐地也。其俗慓悍猾贼，椎埋作奸，群邪薮泽，谭王道者病之。足下往矣，得以宪章从事，取象于物。惟豸性为能触邪，故赠君豸衣一袭。夫群邪所自邪也，亦自上之约束为之，不束之而遽收之。是谓不教而杀，非圣谟所贵。君子之束人也，必先自束其身。故赠君腰带一束，自束束人矣。犹有不若者，则付之三尺，以彰国威，以著足下之明信。故赠君古剑一口，明有豺豹，幽有魑魅，无不靡之矣。'又为赋《古剑篇》遗之。世贞长歌入青州，弹剑而齿。"（《皇明史窃》卷九十六，明刻本。）

② 宗臣：《宗子相先生集》卷五《古剑篇有序》，明刻本。

③ 同上。

④ 同上。

⑤ 刘青芝：《拟明代人物志》卷四《王世贞传》，清刻本。

"古剑""束带"位置,删汰"一为骍",与诗歌《古剑篇》"赠以豸衣一袭,腰带一束,古剑一口"顺序一致,且《古剑篇》也未提及"一为骍"。据此可知《拟明代人物志》中的《王世贞传》参照了《皇明史窃》中的《王世贞》,也参考了宗臣《古剑篇》。那么,《皇明史窃》"一为骍"又是从何而来呢?《古剑篇》有"紫豸朱缨乘骓骊。青天开府泰山巅,落日饮马蓬莱址。"句中多次出现"骓骊""饮马"等与马相关的词。此处描写是宗臣想象王世贞赴任后的场景,借"马"意象塑造出开阔的意境,表达了宗臣期盼王世贞赴任后依旧乐观昂扬的情感。而《皇明史窃》书写者混同了诗歌的"虚"与"实",误解了宗臣赠予王世贞良马的内容。王世贞青州任职期间,与宗臣有书信往来,其信函《宗子相》云:"潞河挥涕,作别足下书,竟不知何语。……青州大盗侠,处处皆是,探丸杀吏,以为酒杯间作剧。"①此为王世贞抵达青州后寄宗臣之作。宗臣以《元美将之青州书来约会已乃径去怅然赋此得寒字》回函王世贞:"忽然紫气逼长安,闻君已到使君滩。"②由此说明宗臣送别王世贞确有其事。诗中"君不见双剑精露千万丈,至今人向斗牛看",与《古剑篇》"他日中原倘相遇,双剑雌雄各相砥"相呼应。宗臣为王世贞鼓舞士气,想象再次与其相遇场景,但诗中只提及古剑而言"骍"马,因此,《皇明史窃》中"一为骍",是书写者对《古剑篇》重新理解所致。

史传从官方叙事视角构建传主形象,诗传则呈现出书写者对传主的个人映像,不同程度地展现了传主的个性和情感。诗传与史传形成了互见叙事,弥补了单一文体对传主形象叙事的缺憾。诗传和史传在一定条件下的互化,构建出传记多个文体和文本,使读者不囿于单一视角探究历史事实。

三、戏剧传与史传互渗:虚实相生的历史书写

史传为历史戏剧的故事来源提供了丰富的文化土壤,戏剧往往以特有的艺术手段对历史进行重塑。戏剧具有拟历史性,书写者多以史传为蓝本,剧中人物往往是书写者表达情感的代言者。相较而言,史传内容雅正,语言含蓄,文化水平较低者往往无法领会其意,而戏剧则将史传转化为民间演唱文本,以民间姿态进入大众生活。

---

① 王世贞:《弇州山人四部稿》卷一一九《宗子相》,明刻本。
② 宗臣:《宗子相先生集》卷五《元美将之青州书来约会已乃径去怅然赋此得寒字》。

有关后七子结社交恶一事，戏剧《后七子》围绕后七子结社交恶事件展开①，演绎了李攀龙、王世贞构恶谢榛，谢榛不计前嫌救济李攀龙等故事。作者站在谢榛立场，认为七子交恶过在李、王。李、王妄自尊大，猜忌谢榛才名，排谢出社，并另立五子社以羞辱谢榛。戏剧《后七子》塑造了王世贞排挤谢榛、阿谀李攀龙，在李危难时自私利己的形象。那么，历史上后七子结怨是谢榛之因还是李、王之过？李、王是否出于妒忌而排挤谢榛？戏剧《后七子》是以何种传记为蓝本进行的书写？《明史·谢榛传》记载："李攀龙、王世贞辈结诗社，榛为长，攀龙次之。及攀龙名大炽，榛与论生平，颇相镌责，攀龙遂贻书绝交。世贞辈右攀龙，力相排挤，削其名于七子之列。"②认为谢、李因争名而绝交，谢榛发难在前，李、王遂排挤谢榛。而《明史·李攀龙传》记载："（攀龙）与濮州李先芳、临清谢榛、孝丰吴维岳辈倡诗社……摈先芳、维岳不与，已而榛亦被摈，攀龙遂为之魁。"③两篇传记都记载了李攀龙排挤谢榛，然而，《李攀龙传》却将交恶之事归咎于李攀龙，而《谢榛传》记载了交恶起因在谢榛。另有《明史·王世贞传》称其"入王宗沐、李先芳、吴维岳等诗社，又与李攀龙、宗臣、梁有誉、徐中行、吴国伦辈相倡和，绍述何、李，名日益盛。"④这里提出王世贞结社论诗，仅列李攀龙等五人，却未见谢榛之名。而《娄东耆旧传·王世贞传》则说："客如谢榛者，始附公（王世贞）以名成而叛，叛复附公，终不较。"⑤同一事件在不同传记中却呈现出多种样貌。

多部私史认为后七子交恶过在谢榛，谢榛心胸狭隘，大谤李攀龙，李、王因谢品行不端，遂与之绝交。《罪惟录》记载了谢、李生隙之因："及攀龙出为顺德守，榛过之，有所过望，不遂，还京师，大谤顺德守无状。"⑥谢榛对李攀龙有所期待，未能如愿，而诽谤李攀龙。《皇明世说新语》记载谢榛在京诽谤李攀龙："谢在京师，数于鳞不法事。众默然。魏顺甫独前质曰：'先生见之耶，抑闻之人耶？'谢遽曰：'亦闻之人耳。'顺甫曰：'于鳞之善先生，天下莫不闻。今以人言，而遂信之，

---

① 参见张晓兰：《天一阁所藏孤本戏曲〈后七子〉作者及本事考论》，《文学研究》2018 年第 1 期。

② 张廷玉：《明史》卷二八七《谢榛传》，中华书局 1974 年版，第 7375 页。

③ 张廷玉：《明史》卷二八七《李攀龙传》，中华书局 1974 年版，第 7377—7378 页。

④ 张廷玉：《明史》卷二八七《王世贞传》，中华书局 1974 年版，第 7379 页。

⑤ 程穆衡：《娄东耆旧传·王世贞传》，清抄本。

⑥ 查继佐：《罪惟录》卷十八《谢榛》，清刻本。

不明;有所闻,而不以告于鳞,不忠;不告于鳞,而告士大夫显者,不厚。某请改事矣。'"①谢榛道听途说李攀龙之过,却大肆渲染,受到魏顺甫批评。《弇州四部稿》对此场景也有类似记载:"谢生恨于鳞,数其郡不法事,众默然。"②王世贞与《皇明世说新语》说法一致。《明史窃》详细记录了谢榛当众诋毁李攀龙之因。谢榛归京前,谢、李在顺德已交恶,究其起因:"攀龙出为顺德守,榛过之,守未即相见,令吏先持竭、奉白金、为下马欢……(榛)掷之地,守至,榛词色转大恶。守不能堪,念故人,令吏复上前金,榛袖之去……榛还京师,大谤守治郡无状。"③大量史料可证谢榛与王、李交恶过在谢榛。但戏剧《后七子》却未采用以上说法,而认为李、王因谢榛才名超过李而排挤谢,那么,作者有何历史依据?从何处选取此种说法?

经细致对读,戏剧《后七子》所演绎的历史场景与《明史·谢榛传》基本吻合。但《明史》于乾隆初年定稿,而戏剧《后七子》作者汪熷辞世于康熙年间④,故《后七子》并非以《明史·谢榛传》为蓝本。那么,《明史·谢榛传》史料来源于何种文本呢?从内容来看,《明史·谢榛传》大段删改《列朝诗集小传·谢山人榛》。钱谦益抨击七子诗文复古,暗合了清代官方否定前朝文化合法性的立场,在官方话语占主导地位的清代,即便《明史》尚未刊行,其文化倾向也会对当朝文人产生影响。汪熷把《列朝诗集小传·谢山人榛》作为戏剧《后七子》的史源,也是为了迎合官方主流文化。但是,汪熷为何摒弃《皇明词林人物考》《明史窃》《罪惟录》等诸多私史说法,而采用钱谦益《列朝诗集小传》之说?

戏剧传往往以史传为蓝本而独立于史传,无需严格考证历史细节之真伪,"摹写其胸中之感想,与时代之情状。"⑤戏剧传的书写者"借他人酒杯,浇自己块垒"。当年洪昇才华横溢却不得重用,抱憾而终。汪熷为洪昇高足,为亡师遗稿作序,同年亦辞世。汪熷同《列朝诗集小传》中谢榛有着相似的身世际遇,出身低微却才名过人,空有才情而不得重用。汪熷对谢榛处境感同身受,李、王与谢榛交恶,汪熷同情弱者,站在谢榛立场也合乎常情。传情本是戏剧的原质,汪熷借

---

① 李绍文:《皇明世说新语》卷四《规箴》,明刻本。
② 王世贞:《弇州山人四部稿》卷八二《魏顺甫传》,明刻本。
③ 尹守衡:《皇明史窃》卷九六《吴国伦》,明刻本。
④ 《厉樊榭年谱》记载:"康熙五十四年乙未,二十四岁,四月,汪次颜卒。"
⑤ 王国维:《宋元戏曲史》第十二章《元剧之文章》,上海古籍出版社1998年版,第98页。

剧中谢榛之口抒己之情，宣泄自己情感情绪。此外，《列朝诗集小传》为达到否定李、王复古的目的，刻意夸大谢榛的正面形象，对谢榛事迹记载更为详细。汪熷在《列朝诗集小传·谢山人榛》基础上演绎文本，将自己意愿投诸在谢榛形象塑造上，且钱谦益为一代"文章伯"，在明末清初文坛上有很大影响，汪熷对钱谦益之作产生了情感认同。

戏剧传作为舞台表演的艺术具有其内在的文体规定性，往往将人物脸谱化，忠奸善恶，泾渭分明，遮蔽了人物关系与历史事实的多元性和复杂性。戏剧《后七子》有如下情景：王世贞建议李攀龙另结一社，不邀请谢榛加入，此后，王谢绝交。徐中行、梁有誉、宗臣不满李、王排挤谢榛之举，遂与王世贞决裂，塑造出李攀龙、王世贞的负面形象。事实上，在李攀龙、谢榛交恶后，王世贞与谢榛多有往来。李攀龙作《戏为绝谢茂秦书》后，嘉靖三十五年（1556），王世贞为谢榛编选《谢茂秦集》，并作序①，文中未有不满之语。王世贞为何不与谢榛彻底断交呢？王世贞《俞仲蔚集序》记载了谢榛在其心中的重要地位："吾所与布衣游者三人，俞允文仲蔚、谢榛茂秦、卢楠次楩。"②李、谢之间的摩擦并未阻断王、谢间的情谊。《弇州山人四部稿》也保存了王世贞与谢榛的书牍，闻谢榛死讯，王世贞有挽诗《闻谢茂秦客死魏郡寄诗挽之》，以"总为济南抔土在，也堪挥泪布衣游"哀悼谢榛③。而王世贞也并非单方面寄情谢榛，二者时有诗文往来，谢榛《怀王兵宪元美》一诗云："年少能为吴会吟，弃官归去老山林"④，开篇即赞美元美才情，"攀柏真倾伟子泪，著书宁效子长心"⑤，盛赞其品格。另有《奉寄王中丞民应》表达了谢榛对王世贞之父的尊敬，由此可见二人情谊之深。

历史戏剧具有拟历史性，取材广泛。面对多种传记文本，在不偏离历史方向的原则下，书写者创设更有戏剧张力的情景，使故事在矛盾冲突中推进。《列朝诗集小传·谢山人榛》对谢榛入赵王府并未多加记载，后附《亘史》片段作为材料

---

① 《谢茂秦集序》文末落款："嘉靖丙辰秋吴郡王世贞书。"（《弇州山人四部稿》卷六四，明刻本）

② 王世贞：《弇州山人四部稿》卷六四《俞仲蔚集序》，明刻本。

③ 王世贞：《弇州山人四部稿》卷四二《闻谢茂秦客死魏郡寄诗挽之》，明刻本。

④ 朱其铠等：《谢榛全集》附录二《怀王兵宪元美》，齐鲁书社 2000 年版，第 826 页。

⑤ 同上，第 826 页。

补充。《谢山人榛》删改潘之恒《亘史·贾扣传》①,二者存在显明承袭关系。《谢山人榛》塑造了李攀龙、王世贞着力排挤谢榛的形象,但《亘史》未持此说。虽不能判断汪熷是否参考了《亘史》原文,但可知其改造了《列朝诗集小传·谢山人榛》中所录《亘史》片段。《后七子》对《亘史》内容多有利用,却未承袭《亘史》说法,戏剧演绎的故事并未全然遵照历史事实,这是为什么? 其选材标准是什么? 戏剧往往借古人抒发喜怒哀乐之情,以表演和唱词演绎历史故事,追求舞台演绎的效果,而矛盾冲突则是推动戏剧发展的重要元素。《后七子》设计了多个矛盾冲突,情节波澜起伏,曲折多变。在矛盾冲突中,人物性格更加鲜明,人物形象更加立体,使观众有酣畅淋漓的观剧体验。书写者通过制造李、王排挤谢榛,谢榛不计前嫌,救助李攀龙爱姬等矛盾冲突,塑造了山人谢榛才学过人、品性高洁的形象,以及文坛盟主王世贞党同伐异、妄自尊大的样貌。

在《后七子》从史传转化为戏剧传的过程中融入了诸多平民情感。史传往往代表官方声音,而戏剧则以平民大众的需求为导向,迎合民众的娱乐需求。《后七子》在史传基础上添加了爱情元素,满足了平民对"才子佳人"的幻想。《读词》《宫忆》《宾王》《获美》等演绎了谢榛与歌姬贾扣结缘《竹枝词》,情定《琵琶曲》的爱情故事,使观者无不艳羡。《祭主》《遇姬》《梦诉》上演李攀龙与蔡姬间的生死情缘,令人千载神往。戏剧《后七子》中,后七子交恶与谢榛入幕赵王府双线并行。文人相轻、政治纷争、爱情纠葛等多种叙事主题交相缠绕,最后在谢榛与贾姬有情人终成眷属的场景下迎来了高潮和结局。

戏剧传与诗传不乏文体间的渗透与交融,一些诗传被戏剧改造、演绎。赵王颇赏识谢榛,为谢榛诗集作序,《四溟山人全集》中多有二人唱和之作。《赵王枕易百卉亭联句二首》记载:"吾家亭子百花围,帘卷东风蝴蝶飞。(枕易)斗酒十千须尽兴,满园春色照人衣。(榛)"②谢榛对赵王知遇的感激之情流露于字里行间,《赵王枕易殿下寿歌四首》云:"华殿日高松柏枝,琼筵锦瑟奏新词。十千斗酒还成醉,国士酬恩当自知。"③戏剧《后七子》中,《宾王》有如下场景:赵康王高张

---

① 《列朝诗集小传·谢山人榛》文末载:"新安潘之恒《亘史》记曰:'赵王雅爱茂秦诗……寺僧尤能道其遗事。'"(《列朝诗集小传》丁集上)《谢山人榛》并非过录《亘史·贾扣传》,而对其内容、篇幅有所删改。

② 谢榛:《四溟山人全集》卷十九《赵王枕易百卉亭联句二首》,明刻本。

③ 谢榛:《四溟山人全集》卷十九《赵王枕易殿下寿歌四首》,明刻本。

筵席,款待谢榛以优礼,大赞其文采风流,二人宴饮唱和,谢榛醉卧于山亭。戏剧传将诗传描写的场景搬上了舞台,按戏剧文体需求对其进行创造性重构。

不同文体叙事方法、篇幅长短不尽相同,对塑造人物形象有很大影响。史传纪实传真,强调"实录",不虚美、不隐恶是其基本特征。诗传传达真情,具有个性化特征,展现了书写者记忆中的王世贞。而戏剧具有拟历史性,追求舞台表演艺术效果,通过矛盾冲突展现人物性格。戏剧传史料往往源于史传,时有背离史传真实性的情况,以灵活的艺术形式重构传主的历史形象,表达了书写者对传主的理解。经过民间视角的改造与濡养,戏剧传塑造出了与史传、诗传不尽相同的传主形象。

四、传记文体递变的影响因素

传记中的不同文体递变,如同生命体的新陈代谢,"在文体史上,各种文体的产生、发展及演变都是相互影响、相互渗透的。"[①]文体若壁垒分明,就会失去生机和活力。传记之所以能够长期存在、生生不息,与传记文体与其他文体互渗、融合不无关系。文体互渗使传记具有了再生性的能力,而人们对传记的新需求,则是传记与诗歌、戏剧文体互动交融的根本原因。

不同传记文体产生于特定的历史语境,有着其特殊用途和使用场合,承担着不同社会功能。传记文体的递变与人们的生活需求息息相关。碑传是古代丧葬仪式的重要一环,"古之葬者,墓而不坟,因留悬棺之石,表其墓之所在,谓不可弗识也。"[②]古人辞世后,以志铭记述生平、赞颂功业德行,以祭文表达对死者的追悼。传记在古人生活中有着广泛需求,礼仪文化制度的不断完善,推动了传记文体分类的不断细化,《续后汉书》对神道碑、墓表、墓铭、墓碣、墓志、墓志铭等传记文体作了详细区分:"墓碑墓前之道,神游之道也,碑于是则谓之神道碑。……其勒文于表者,谓之墓表。表著也,著其人之事也。勒文墓侧,不当神道,制小文约,谓之墓铭。铭,名也,著其人之名也。其制又小,其文又约,谓之墓碣。碣,揭也,揭扬其行也。勒文于石,纳之圹中,谓之墓志,又谓之墓志铭。志其人之事于

---

① 吴承学:《中国古代文体形态研究》第十五章〈辨体与破体〉,中山大学出版社 2000 年版,351 页。

② 郝经:《续后汉书》卷六六上上《文艺·文章总叙·春秋》,文渊阁《四库全书》本。

墓中也,皆有序、有事、有诗,碑之制也。"①"墓碣"与"墓铭"、"墓铭"与"墓表"相比"制小文约",故"神道碑""墓表""墓铭""墓碣""墓志铭"有不同功用及摆放位置,文体也有其内在的规定性。

事实和虚构高度交错的传记文本,掺杂着诸多"不可信因素",还原传记文本生成的历史语境能够使我们接近历史事实。传记是在历史真实基础上进行的文本书写,历史史实需经语言编码,书写时往往会压缩"不必要"的事件,延长或放大具有传主生命特征的事件,这会导致传记书写者和读者所获取信息不对称。如七子交恶事件,徐渭等人认为,谢榛与李、王结怨,过在李、王,提出李、王因轻视谢榛布衣身份而排挤谢榛。其《廿八日雪》一诗为谢榛鸣不平,"谢榛既与为友朋,何事诗中显相骂。乃知朱毂华裾子,鱼肉布衣无顾忌。"②徐渭的说辞似乎具有较高可信度,但在一些诗文中,李、王赏识谢榛才华,与谢频频唱和,王世贞《明诗评》云:"布衣风格从古未有,孟浩然亦当退舍。"③将谢榛与孟浩然相提并论,对谢榛才华的肯定溢于言表。李攀龙也爱惜谢榛之才,赠诗谢榛:"谢榛吾党彦,辙轲京华陌"④,与徐渭的说辞颇为矛盾。书写者对传主的历史事实理解和接受都是愿意接受其愿意理解或接受的内容,从单一文体、同一时代传记出发,所理解的传主形象会有所偏误,若不加甄别,偏信一方,就会对七子交恶事件产生片面理解。

古代传记文体活跃于特定的历史语境中,随着社会发展,部分传统礼乐制度被曲解和消解,家传、史传被束之高阁,碑传之文渐趋淡出人们生活。中国古代"泛文学观"(或"杂文学观")是传统文体分类观的存在土壤,"文学者,以有文字著于竹帛者,故谓之文。论其法式,谓之文学。凡文理、文字、文辞,皆称文。"⑤"文学"包罗万象,文体分类具有弹性,中国传统文学观注重学问的"会通""博学",并未将文学、史学、哲学彼此独立。被列入《文苑传》的传主,也并非专长于现代意义上的文学。陈继儒《王元美先生墓志铭》云:"然天下但知公为文章大家,而不知精于史事。但知触祸严氏,而不知与新郑、江陵实相左。但知正位六

---

① 郝经:《续后汉书》卷六六上上《文艺·文章总叙·春秋》,文渊阁《四库全书》本。
② 徐渭:《徐文长三集》卷五《廿八日雪》,明刻本。
③ 王世贞:《明诗评》卷一《谢山人榛》,明刻本。
④ 李攀龙:《沧溟先生集》卷四《二子诗·谢茂秦》,明刻本。
⑤ 章太炎:《国故论衡》中卷《文学七篇》,《文学总略》,上海古籍出版社2003年版,第49页。

卿，而不知老卧闲曹，有经世之才而不竟其用。但知少年跌宕，晚托化人为逍遥游，而不知公之言动务依邹鲁家法。但知公气笼百代，意若无可一世，而不知公之奖护后进，衣食寒士，惓惓如若己出。"①王世贞是文名显赫的文章家，不媚权贵的政治家，清静无为的慕道者，乐善好施的道德家。随着"文学"概念的不断窄化，《文苑传》中的"文学"已与当下"文学"概念大相径庭，后世将王世贞理解为"文学家"，却并未考量作此定义是否合乎语境，有意彰显传主的文学事迹，忽略传主其他方面成就，偏离了《明史》将王世贞归于《文苑传》的初衷，未能全面理解王世贞的传记形象。

随着丧葬仪式的简化，传统传记文体依赖的历史语境消失，传统传记文体逐渐失去了活力，而现代知识和学术研究的需求，为传记提供了新的存在方式。目前，出于学术研究的需要，研究者在理解传主的基础上，不断进行文学的再生产，为传主书写年谱，撰写学术论文等。《王世贞年谱》的编纂、王世贞著述的整理出版、王世贞文学思想与艺术观研究，为人们从多视角认识明清文学与文化发展提供了可能。出于文化产业发展的需要，现代人物传记蓬勃发展，国家传记、名人传记层出不穷。《明朝大书生——王世贞传》以白话文戏说王世贞生平，尽管作者视王世贞为"读书人"②，但已有意识将其置于政治关系网中。特别值得关注的是图书馆、博物馆整理收藏古代传记、家谱等古籍，建立电子数据库，并通过网络实现共享。出于知识普及的需要，现代科技手段介入文学生活，传记的传播媒介更加丰富，百度词条成为记录人物生平事迹的重要载体，《中国文学家大辞典》《中国文学家辞典》参与到了王世贞传记书写之中，重点介绍了其文学主张、文学流派、文学著述等。

传记在发展过程中，逐渐形成了文体规范，书写者在使用特定的传记文体时，会有意识遵循其写作规范，书写者个性化特征附加于文体共性并受其约束。然而，书写者对传主的情感与评价不可避免会对传主形象塑造产生影响，"只要史学家继续使用基于日常经验的言说和写作，他们对于过去现象的表现以及对

---

① 陈继儒：《王元美先生墓志铭》，《见闻录》卷五，清刻本。

② 《明朝大书生——王世贞传》提出："书生，泛指读书人……所谓书生者，有个性、注重人格尊严的读书人之谓也。而大书生，可以理解为名气大、影响大的书生；也可以说是一个时代读书人的代表、书生的典范。"（郭宝平《明朝大书生——王世贞传》，〈序言〉，现代出版社2017年版，第1页）

这些现象所做的思考就仍然会是'文学性的',即'诗性的'和'修辞性的',其方式完全不同于任何公认的明显是'科学的'话语。"①传记研究者应从多文本传记关系网出发,分析哪些内容是受文体规范的表述,哪些属于书写者个人的情感和观点,可以避免线性理解,在全面搜集传记材料的基础上理解传记文本间的复杂关系。

　　书写与权力紧密相关,国家权力介入传记书写,会对传记文本意义的生成有所干预。王世贞慕仙道一事,在各传记文本中着墨不多,叙事却有很大差异。因与张居正交恶,王世贞遭弹劾,辞官归隐。适闻昙阳子以贞女立化,同王锡爵拜入昙阳子门下,为其大造声势。林之盛《皇朝应谥名臣录》记载:"适有昙阳事,世贞为之作传,称弟子,海内是非之者半。"②此举在当时颇遭非议。然而,对这场轰动朝野的入道事迹,《明史》只字未提。张汝瑚《王弇州先生集前附·王弇州传》、程穆衡《娄东耆旧传·王世贞传》等清代传记也并未记载。那么,清代史传为何对王世贞慕仙道避而不谈?《明史》通过政治权力,删汰王世贞慕道经历,对王世贞形象进行了重新塑造。《明史》是官方思想的体现,通过记录王世贞政治建树、道德品格,构建其形象,将传主道德建树、推动社会发展、个人成就作为评判传主的价值标准,从国家意志层面对传主价值取向的生成予以引导。《明史》没有明确提出反对仙道之事,却多有暗喻。《明史·杨最传》载:"世宗好神仙,顾存仁、高金、王纳言因进谏获罪,杨最因进谏入诏狱,重杖而死,谥忠节。"③史官未记载王世贞拜昙阳子为师一事,反映出一以贯之的"不语怪力乱神"思想。在此种社会环境下,张汝瑚、程穆衡等撰写王世贞传,自然会对其慕仙道事有所遮蔽。

　　古今价值评价标准的变迁,是书写者对传主评价变化的重要因素。明初力图恢复汉唐之治,旷然复古④。在以"尚古"为主流的时代背景下,明代史传给予王世贞很高评价,《名山藏》载:"其(王世贞)地望之高,游道之广,声力气象,能鼓

---

①　海登·怀特:《元史学:19 世纪欧洲的历史想象》,译林出版社 2013 年版,第 1 页。

②　林之盛:《皇朝应谥名臣录》卷一〇一。

③　张廷玉:《明史》卷二〇九《杨最传》,中华书局 1974 年版,第 5516 页。

④　吴讷,徐师曾:《文章辨体序说·文体明辨序说》"圣明统御,一洗元胡陋习,以复中国先王之治",人民文学出版社 1962 年版,第 23 页。

舞翁张海内之豪俊,以死名于其一家之学。直千古不废也。"①清代官方企图借否定七子诗文复古以否定明代文学,从而确立本朝文化的合法性,因此,在文学领域掀起反复古思潮,着意阐发明人结社之弊,"当嘉靖时,王、李倡七子社,谢榛以布衣被摈。渭愤其以轩冕压韦布,誓不入二人党。"②认为明人结社造成文人相轻,党同伐异。新文化运动时期,文学评判的标准变雅为俗,复古不再符合时代潮流。胡适、陈独秀等认为明代诗文复古是中国文化之劫,称王世贞及后七子为"妖魔":"此妖魔为何? 即明之前后七子,及八家文派之归、方、刘、姚是也。此十八妖魔辈,尊古蔑今,咬文嚼字,称霸文坛。"③此后文学史教材的书写不乏对王世贞及七子复古的批判声音:"王世贞的'大历以后书勿读'的'是古非今'趋附,加上他提出的诗歌法式论,刻意模拟尺尺寸寸之造成了不良的复古泥古影响。"④随着重写文学史思潮兴起,文学史对王世贞的评价渐趋公允,越来越多学者认识到,应站在平等、交融、互动的立场看待传统与现代、中国与西方文化之间的关系。

通过对王世贞不同传记文体的分析,可以看出同一传主的不同传记会形成"传记群",为此应避免从单篇传记、单一文体出发理解传主。诚如记载"李杨"故事的相关作品涉及多个文本、多种文体,如史传《旧唐书·杨玉环传》《新唐书·杨玉环传》、传奇(小说)《长恨歌传》、诗歌《长恨歌》、杂剧《梧桐雨》、传奇(戏剧)《长生殿》等记了唐玄宗与杨玉环的爱情故事,又有当代日本画师狩野山雪创作了长达 20 多米的巨幅画卷《长恨歌图》,对古典传记文本进行了创性转化。不同传记文体对历史构建各有侧重,诗歌《长恨歌》叹息爱情悲剧,传奇小说《长恨歌传》寓惩戒规劝之意,传奇(戏剧)《长生殿》把唐玄宗与杨玉环爱情纠葛作为戏剧的矛盾冲突点,而图传《长恨歌图》打破了单一文本的呈现模式⑤,将《长恨歌图》原画、白居易《长恨歌》原文、文史笺注集中呈现,图像、诗歌、解读合为一体,

---

① 何乔远:《名山藏》卷八六《王世贞》,明刻本。
② 张廷玉:《明史》卷二八八《徐渭传》,中华书局 1974 年版,第 7388 页。
③ 陈独秀:〈文学革命论〉,《新青年》第二卷,第六号。
④ 汪涌豪、骆玉明《中国诗学》(四卷本)《后七子的崛起》,东方出版中心 2018 年版,第 360 页。
⑤ 2020 年上海古籍出版社发行《长恨歌图》,该书为经折装,狩野山雪绘,陈尚君解读。在《长恨歌图》折页装帧上,上半部是狩野山雪《长恨歌图》原画,下半部以左右对照的方式呈现诗歌原文及解读。

使读者从多种文体视角观照这段历史。若将不同文体进行对读,可以使读者认识到更为饱满、立体、全面的传主形象,从而避免一叶障目的倾向。

要之,关注传记文体间互渗,不是要消除传记文类的边界,而是认识到不同文体之间的转化机制,避免从单一文体出发认识传主形象。历史书写变动不居,传记动态的生成过程表明,传记文体的演变与生活需求、价值评价标准、书写者对传主理解等因素密切相关。在王世贞传跨越明清至近代的过程中,文体功能发生了转变,文本内容不断更新,这些传记群构成了书写王世贞生平事迹的记忆场。传记文体除因循之外,一些事迹被重述与阐释,讨论文体间的差异有助于我们观察王世贞传的历史书写过程,从而理解生活在不同时期的人们对王世贞的感受与想象。家传、史传、诗传、戏剧传、像传等传记文体互生互发,使王世贞传呈现出"多文本"样态。从传记关系网出发,将跨文体、跨文类、跨文本的传记互渗对读,有利于全面认识传主的复杂形象、理解传记间的复杂文体关系。

王世贞与太仓家族

薛欣欣

　　摘　要：对后七子领袖王世贞的全面探究，不应该忽视家族和地域的研究视角。王世贞是琅琊王氏的后裔，他的文学品格的养成离不开故乡太仓两大王氏家族的综合影响：琅琊王氏家族给予了王世贞耿直不屈的家族性格和崇尚史学的家学传统，并进一步投射在了他青年时期的文学和史学创作中。与太原王氏家族的往来交好，尤其是与王锡爵、昙阳子密切交往的经历，一方面促成了王世贞中年之后思想和文学方面的转变，另一方面也增加了王世贞人生性格的多元性和丰富性。对王世贞与家族和地域关系的深入解读，不仅是对前人成果的补充完善，也为今后的文人研究提供了一定的参考借鉴。

　　关键词：王世贞　太仓　琅琊王氏　太原王氏

　　作为后七子领袖的王世贞，是明代文学发展历程中的一个标杆人物。他之所以拥有过人的名望以及尊崇的地位，不唯因提倡诗文的复古运动而引领了一时的文学风气，还因其宏富精深的私史撰述，展现出了有明一代文人修史的巨大成就，加之兴趣广泛又喜好交游，王世贞在书画鉴藏和园林营建等艺术领域亦不乏独特的贡献。然而，若单纯以文学家或史学家而视之似乎略显不足，若以艺术家或社会活动家来看待他似乎又未得其要，可以说，正是王世贞身上所蕴藏的丰富性和复杂性，才成就了他与众不同的个人形象和精神风貌。我们要探求王世贞种种身份背后的历史真实，就应该从根源和本质入手，不妨将王世贞的家庭和家族作为考察的突破口，从这一与他关系紧密且持久的影响因素来梳理他的整个人生经历，或许对于王世贞文学品格的把握能起到一定的补益作用。

　　嘉靖五年(1526)，王世贞出生于苏州府太仓州。这里水系发达，良田广阔，在唐宋之际已发展为富庶的江南名城。元朝至明朝年间,内河漕运与通商海运的疏浚开通,为太仓带来了再次繁荣的契机。明人评价太仓的丰饶称:"金太仓,银嘉定,铜常熟,铁崇明,豆腐吴江,叫化昆山,纸苏州。此吴儿自评也。金银富厚,铜臭,铁刚,豆腐淡,叫化龌龊,纸薄也。"①地理环境的优越促进了文化艺术事业的勃兴,由此孕育出众多的文学之士,历经岁月的积淀和淘洗,文学世家也便自然而然地形成了。根据历史文献的记载可知,王世贞家族与太仓当地的多个名门大族都有着密切的往来,在百姓心目中拥有极高的声望:"王氏其先尝居驷马泾,与高氏、晋氏读书声相闻。高氏先第,官至大京兆,晋氏教谕宣平子工部,亦成进士。泾上人至今称王司马、高府尹、晋宣平也。……长者言两家翁尝使画者并列其像相宾主坐,令后世子孙交相祝也。予为童子时,犹忆弇州先生拜方伯像于管氏墓傍丙舍,览荒坏而出涕。司马后世显而管氏无闻,予推论之,令百千年后犹相聚于一卷之间也。"②就王世贞个人角度而言,他在文学道路上的启蒙和蜕变,与两大家族的关系尤为紧密:一是王世贞自身所属的琅琊王氏家族,一是对太仓文化生成具有特别贡献的太原王氏家族。

一、王世贞与琅琊王氏家族

法国史学家丹纳曾指出家族在艺术家成长过程中占据着重要地位:"艺术家本身,连同他所产生的全部作品,也不是孤立的。有一个包括艺术家在内的总体,比艺术家更广大,就是他所隶属的同时同地的艺术宗派或艺术家家族。"③琅琊王氏家族肇始于汉代,鼎盛于东晋,在唐宋之际积极适应科举入仕的时代新变,寻求家族转型的契机,在明清时期再次获得了繁盛的新貌,实现了家族命运的复兴。期间诞生的股肱之臣可谓不计其数,文化名家更是难以枚举。无论从政治、文化、思想等何种意义来说,琅琊王氏都称得上是中国历史上当之无愧的世家大族。

王世贞正是琅琊王氏的后裔,曾追认汉代王览为先祖。族人南渡之后,五代

---

① (明)徐树丕:《识小录》卷一《吴评》,《丛书集成续编》第89册,上海:上海书店1999年版,第922页。

② (明)张大复:《昆山人物传》卷五《王倬》,雍正二年刻本,第13—14页。

③ [法]丹纳著,傅雷译:《艺术哲学》,桂林:广西师范大学出版社,2000年版,第38页。

时王仁镐一支定居浙江分水,是为分水王氏。传至元代,王世贞的三世祖王梦升因出任昆山学正而定居于太仓一带,太仓王氏由是形成。此后在不断生息中又有了东族和西族的区分,生活在明末的王世贞家族即属于东族一脉。王世贞不仅是文化史上享有盛誉的巨人,还是家族史中承前启后的桥梁,维系着琅琊王氏的古往和今来。

1. 王世贞对先人精神的继承

历览古代的名门望族,为保障家族发展的稳健而持续,往往对门风家训的培养和传承格外用心。琅琊王氏家族虽然跨越数个朝代,四散播衍的子孙不可胜计,然而其家风祖训却不出传统儒家道德规范的基本范畴。这些家族精神发展至太仓琅琊王氏的时代,进一步细化为提倡孝悌、友敬、尚德、勤俭等核心要义的家族秩序,继而投射在了王世贞的成长印记中,在一定程度上塑造了他文学特质中刚健、勇毅、尚实的一面。约略言之,王世贞从族中前辈处得来的精神给养主要体现为关怀国事的使命担当和忠直坚贞的家族性格,反映在文学创作领域即为现实主义倾向的文学书写以及简劲凌厉的文章风骨。

王世贞的祖父王倬为成化戊戌年(1478)进士,曾出任山阴、余干、兰溪知县,弘治乙卯年(1495)擢升为南京山西道御史,后又进贵州兵备副使、广东琼州兵备使等职。因在平叛过程中屡建奇功,多次受到皇帝的嘉奖。王倬在朝为官之时正逢刘瑾权势方盛,多有朝官退而自保,王倬却丝毫不为所惧,骨鲠的气节于此可见一斑:"逆瑾擅政,凶焰炽灼,或劝公为自全计。公曰:'死生祸福,天也。使我因是毁其平生,虽生奚为?'其自立又如此。"[①]王世贞之父王忬是嘉靖朝军功显赫的将才,曾历任山东巡抚、兵部侍郎、蓟辽总督等要职,在他身上同样浸润着遗传自父辈的耿介之气。明人李春芳在为王忬所作的墓志铭中称赞他:"为人阔达亮直,才能通敏,始以绣衣白简剔蠹锄奸,风节凛凛,人业以真御史目之。及见公出秉斧钺,坐镇疆场,禽蒐岛夷,草薙羯房,则又咸叹服,以为即古张、韩莫过也。"[②]可见在时人的风评中,王忬就因为吏治的精干和抗倭御房的功绩而朝野

---

① (明)王鏊:《震泽集》卷二十三《通议大夫南京兵部右侍郎王公神道碑》,《四库全书》第1256册,上海:上海古籍出版社1987年版,第370页。

② (明)李春芳:《贻安堂集》卷七《资善大夫都察院右都御史兼兵部左侍郎思质王公墓志铭》,《四库全书存目丛书》集部第113册,济南:齐鲁书社1997年版,第187页。

闻名。王世贞自述受到家族传统的熏陶,幼时便对名卿功业颇为留心:"王氏世以政术显。余龀时,业好闻人名卿大夫之业"。步入仕途之后,听从父亲王忬的建议,在权力斗争中保持着独立自主的人格:"丁未成进士,会选馆,举主讽公赞文于夏学士,公耻干谒,谢之。除刑部主事,岳岳风棱,持三尺惟谨。"①而面对气焰嚣张的奸臣严嵩,王世贞表现出了家族中爱憎分明的一贯秉性:"严嵩用事时,适有怪见于京师,其形多目多手,以问朝臣,无识者。时王元美为郎,对人揶揄曰:'人自不察耳? 此最显而易见,何以不知?'人问故。王曰:'传中十目所视,十手所指,是道甚的?'严闻深衔之。"②可以说,王世贞人生性格的养成,离不开其父王忬以及祖父王倬提倡事功的精神风貌以及积极干政的入世情怀。

与刚健耿直的家族品性相一致,王世贞青年时期的诗文写作也体现出了尚实硬朗的艺术特色。以《乐府变》组诗为例,在从事创作的伊始,王世贞就旗帜鲜明地指出自己的目的,即是回归到乐府诗歌最初的采风功能,记录民生事件以实现下情上达的效果:"古乐府自郊庙宴会外,不过一事之纪,一情之触,作而备太师之采云尔。"正是基于这一宗旨,王世贞在《乐府变》中力求客观而真实地反映社会状况,这便使得《乐府变》具有了诗史的现实主义功能。如歌颂抗倭名将任环事迹的《治兵使者行当雁门太守》:"倭奴扬帆来,疾如冲飙,杀掠吏士,奉首伏逃。任君当之,数折其骄。殷殷师鼓,任君在先。鍧鍧师金,任君在殿。止若春风,动则夏电。士女避敌走,不敢开门。任君令开门,全活千万人。生我父母,存我任君。入夜不宿,或昼辍餐,冑而拊循,挟纩一言。愿与同死,不薪独全。……老弱奔走,巷哭旅呼。家斸一木,以像君躯。天祸王室,早就奄迷。何以祠君,姑苏台西。千秋万年,俎豆其间。"③全面而生动的记述不仅集中展示了将领任环的军事才能,而且在细节记录的层面弥补了史料载录的不足,从诗史互证角度完成了对社会现实的秉笔直书。

对奸邪之人的痛恨与嘲讽,更是从王世贞的现实生活延伸到了他的文学书

---

① (明)王锡爵:《王文肃公文集》卷六《太子少保刑部尚书凤洲王公神道碑》,《四库禁毁书丛刊》集部第 7 册,北京:北京出版社 1998 年版,第 159 页。

② (明)郑仲夔:《玉麈新谭》卷九《排调下》,《续修四库全书》第 1268 册,上海:上海古籍出版社 2002 年版,第 397 页。

③ (明)王世贞:《弇州山人四部稿》卷六《治兵使者行当雁门太守》,明万历五年世经堂刻本,第 15—16 页。

写之中。《乐府变》组诗除去歌谣部分,共计二十二首,其中旨在批判黑暗现实的作品有十三篇,几乎占到了 60％ 的比重。像是《袁江流钤山冈当庐江小妇行》《钦鸦行》《暴公子》三篇即是针对严嵩及其党羽而作,《太保歌》及《金吾缇骑行》针对陆炳及其党羽而作,《尚书乐》和《越台高》则针对赵文华,《将军行》意在讽刺仇鸾。例如《尚书乐》一篇,便是截取赵文华出师前后的若干生活片段,通过以小见大的手法展现赵文华权势熏天的气焰以及荒淫奢侈的生活:

> 扬翠眊,曳金支,马駊騀,车逶迤。手将两黄钺,大者诛二千石,小者僇偏神。九卿班伐日崦嵫,相君昵昵前致辞,尚书行出师。乐哉尚书奈乐何。所过二千石,丧魂魄。日夜辇重称军食,黄金如山莫谁诃。累女对对嚬青蛾,回鹘小队桃叶歌,中丞奉觞舞廻波。乐哉尚书奈乐何。大宛骢,珊瑚鞭,天吴绣蹙当胸盘,麒麟玉刻称腰圆。珍怪百宝装千船,席卷三吴向青天。九卿班迎晡不得前,相君昵昵前致词,中官黄纸纷而驰。尚书告班师。乐哉尚书奈乐何。朝赐尚书,夕谴尚书。尚书第中锦不如,檀栌八角垂流苏。紫衣屏息骈街衢,欲进不进足次且。左右十二波斯胡,平头奴子貂襜褕。醉着不下公侯车,乐哉尚书奈乐何。①

出师之时的赵文华坐拥豪华仪仗,更令人感到荒唐的是,"素不知兵"的他竟然掌握着边关将士的生杀大权,于是所谓的出师也就演变成了一场借机敛财的闹剧:堆积如山的黄金尚且不能令他满意,故而又有大宛骢和珊瑚鞭等珍怪百宝。"天吴绣蹙当胸盘,麒麟玉刻称腰圆"则形象地写出了赵文华锦衣加身却又脑满肠肥的丑态。这样一位极尽搜刮之能事的贪官,在班师之后反而受到了赏赐和优待,其宅第之外等待拜谒的大小官员更是排起了长龙,由此不能不令人感慨君王的昏庸以及官吏的腐败。

从王倬、王忬再到王世贞,关注现实、嫉恶如仇的家族性格成了太仓琅琊王氏不可磨灭的历史标签,为家族赢得广泛声誉的同时,也为家族带来了难以想象的灾难。嘉靖三十八年(1559),寇虏把都儿、辛爱率部众由潘家口渡滦河,大肆

① (明)王世贞:《弇州山人四部稿》卷六《尚书乐》,明万历五年世经堂刻本,第 16—17 页。

侵扰边地并持续数日,导致嘉靖皇帝为之震怒。时任蓟辽总督的王忬受到弹劾,先是被责令停俸自效,后又被御史方辂复劾"失策者三,可罪者四",旋即被逮下狱。与王忬、王世贞父子早有罅隙的严嵩趁机发难,从中多方构陷,致使王忬次年被斩于西市。经历了此次家难事件,王世贞逐渐褪去了快意狂傲的锋芒,在懊悔和自省中迅速地成长起来,并为他日后人生观和文学观的转变埋下了伏笔。

2. 王世贞对族中后辈的影响

太仓琅琊王氏一族中,王世贞无疑是最具有威望的一人。在他的影响和带动下,整个家族的凝聚力和向心力不断增强:"质庵公义田千亩,公倍拓之。又为祠专祀晋即丘子、始兴、文献公,而配以宋左司谏元学正。公岁时伏腊率族人跪奠惟谨。生平于故人、兄弟白首无间言。"[①]此外,王世贞对族中后辈的影响还体现在日常生活的方方面面:王世贞在青年时期个性耿直,关心时局和民生,其长子王士骐和次子王士骕,在家乡遭遇倭警时积极组织乡勇备战抵御,面对强权压迫仍能坚持自我,与其父一样表现出了积极入世且不屈不挠的品格;王世贞重视先人的笔墨遗迹,王士骐和王士骕同样注意对父亲和叔父诗文著作的收集整理;王世贞对园林营建情有独钟,先后建有离薋园、小祇园以及颇负盛名的弇山园,胞弟王世懋亦自建有澹圃,王士骐也营造了约圃,皆可视作是对王世贞园林活动的认可与效仿。可以说,王世贞对家族成员的整体影响覆盖范围既广,持续时间又长,在这其中,尤以在文学和史学领域的影响最为显著。

太仓琅琊王氏一族,在王世贞之前鲜有以文学而闻名者。祖父王倬于《周易》颇有研究,王世贞曾记载"司马公以《易》名东南,下帏诸生恒数十百人"。父亲王忬在经学领域也有深厚的积累,即便会试失利,仍有不少弟子慕名前来学习:"戊戌会试,其文奇甚,不第归,而名益著,弟子从受经者众"。虽然依据史料的记载,王倬和王忬也创作有文学作品,但仅存著目却未能完整保留下来,相较于在儒学领域的名声,二人的文学成就确实有些逊色。文学创作在太仓琅琊王氏家族中被接受认可并逐步壮大,离不开王世贞的实践和倡议。其实不仅仅是文学要素的增多,其他诸如对史学、地理学、园林学、宗教学等学科的关注和书写也纷纷融入了家族学统的建立中。王世贞犹如家族中的精神领袖,既为后代子

---

① (明)陈继儒:《见闻录》卷五,《四库全书存目丛书》子部第 244 册,济南:齐鲁书社1995 年版,第 200 页。

孙带来了文学上的启蒙,又为他们开拓了广阔的知识视野,同时也从侧面丰富了家族的文化基因。

王世贞一生著述宏富,其诗文作品主要集中于《弇州山人四部稿》和《弇州续稿》,有学者在批评王世贞这两部巨制内容芜杂的同时,却也客观指出了他对当时文坛所产生的影响:"自世贞之集出,学者遂剽窃世贞。故艾南英《天佣子集》有曰:'后生小子不必读书,不必作文,但架上有前后《四部稿》,每遇应酬,顷刻裁割,便可成篇。'"①从太仓琅琊王氏家族内部的接受情况来看,在王世贞之后的族中后辈,几乎都撰写有个人的诗文作品集,如王世贞弟弟王世懋作有《王奉常集》,王世贞之子王士骐和王士骕也分别写有《醉花庵诗选》和《中弇山人稿》,王世懋次子王士骐又著有《摄月楼诗稿》等等。从这些诗文著作的创制和流传不难想见,得益于王世贞对文学的热情和实践,家族之内也由此形成了喜好文学的热烈氛围。

更为难能可贵的是,这种文学的熏陶不只涉及了传统的诗文写作,而且还渗透到了文学批评的层面,形成了深层次、系统性的全面影响,通过对王世贞《艺苑卮言》和王世懋《艺圃撷余》的对比研究,最能体现这一文学影响的纵深程度。从两部著作各自所属的性质来说,《艺苑卮言》偏向于诗话而《艺圃撷余》更类似于诗格;从内容的广狭来看,前者讨论的主要对象是诗歌和散文,后者则主要针对诗歌的写作技巧展开论述。作为后出的理论批评著作,王世懋的《艺圃撷余》无论从内容上还是在思想上,对兄长王世贞的《艺苑卮言》都有所增补和修正,使得兄弟二人的诗学思想在偕同微调中愈臻完善。王世懋曾自述《艺圃撷余》的创作意图称:"自钟嵘《诗品》以来,谭艺者亡虑数百十家,前则严沧浪、徐迪功二录,近则余兄《艺苑卮言》最称笃论,然严、徐精而未备,《卮言》备而不专。"②对于兄长论诗的著作,王世懋在表示肯定的同时,又不免流露出一丝遗憾。不难想见,正是这种复杂的心情才催生了他想要再行撰写一部诗论著作以弥补不足的愿望。敬美创作《艺圃撷余》,固然是为了在祖述前人的基础上有所发明,然而从家族文学的研究视角来看,却在客观上丰富了太仓琅琊王氏家族的诗学思想,对于家族诗学体系的建构也有着积极的意义。

---

① (清)永瑢:《四库全书总目》,北京:中华书局1965年版,第1508页。

② (明)王世懋:《王奉常集》卷八《诗测序》,《四库全书存目丛书》集部第133册,济南:齐鲁书社1997年版,第295页。

除了文学方面的造诣,王世贞在史学领域也取得了不凡的成就。这其中既有以《弇山堂别集》《嘉靖以来首辅传》《觚不觚录》《锦衣志》为代表的专著,又有编选的《明野史汇》(今佚)和《皇明名臣琬琰录》,内容涉及历史人物、典章制度、史乘考误等多个方面,对明清时期的史学书写产生了深远的影响。王世懋也撰有掌故类的《窥天外乘》、地志类的《闽部疏》《饶南九三府图说》,在更为具体的史地一门独有开拓。王士骐的史学成就更令人称叹,单单史学类著述即有《苻秦书》《铨曹纪要》《四侯传》《王司勋代庖录》等数种,时人称《四侯传》"宏畅该赡,不诡不漏,可以补正史之阙。展诵一过,开人心胸,增人智虑,有功于史学,有裨于臣伦矣"①,据此颇可窥见他的史学功力。王士骐的《中弇山人稿》收录有《杂著》诸篇以及《正统论》和《赵苞论》,都是针对历史问题有感而发,亦能充分彰显他的史学才能。值得注意的是,王世贞及族中后人史学成就的集中爆发,亦非突兀和偶然,若从更为长远的家族因素考察其起源,甚至可以追溯至晋朝:"王准之字元鲁,晋尚书仆射彬玄孙也。曾祖彪之,位尚书令,祖临之、父讷之并御史中丞。彪之博闻多识,练悉朝仪,自是家世相传,并谙江左旧事,缄之青箱,世谓之王氏青箱学。"②从这一意义来说,太仓琅琊王氏诸人的史学之才,又是对琅琊王氏自魏晋以来青箱学传统的继承和再现。

二、王世贞与太原王氏家族

明清之际的太仓人杰地灵,散布其间的高门大户不在少数。王世贞所从属的琅琊王氏之外,以王锡爵为代表的太原王氏亦毫不逊色。时人张溥曾称"当日琅琊诸王贵盛,太原继之,娄人竞称二王",即暗示出二王家族在太仓历史上所占据的重要地位。王世贞与太原王氏家族也保持着深度交往关系,这些看似平常的交游活动却为王世贞的文学生涯打上了不可磨灭的印记。

1.乡邻间的互助

两王氏家族中,王世贞与王锡爵的名声最著,然而王世贞与太原王氏家族的往来却要上溯到王锡爵的父亲王梦祥。王世贞曾自述与王梦祥的相知始于抚郧

---

① (明)郭正域:《合并黄离草》卷十八《〈四侯传〉序》,《四库禁毁书丛刊》集部第 14 册,北京:北京出版社 1998 年版,第 64—65 页。

② (唐)李延寿:《南史》卷二十四《王准之列传》,北京:中华书局 1975 年版,第 663 页。

之后：“而余稍浮沉宦路，至纳郎节归，乃时相过从，其过府君尤数。余好饮，不以府君不饮沮；府君不饮，不以余饮厌。”①自是便对这位乡居的长辈敬重有加。万历二年（1574）十二月，王锡爵父亲王梦祥六十大寿，王世贞作《赠右谕德爱荆先生六袠偕寿序》；万历六年（1578）五月，王锡爵父母受封，王世贞作《奉赠詹事府詹事兼翰林院侍读学士王公暨元配吴淑人荣封序》以贺。王梦祥去世时，王世贞不仅为他撰写了行状，而且还“出外支持”，帮忙打点治丧事宜。由此可见两家关系的熟络和紧密。

王世贞与太原王氏关系的进一步强化，集中体现在他与王锡爵的交往。王世贞与王锡爵同为声闻朝野的名士，前者因文学而享誉文坛，后者由于善政位极人臣，然而他们却结下了深厚的友谊，正如王世贞所称：“吾与元驭相国交最晚而最深，兄弟不若也。”《弇州续稿》中收录了多封王世贞写与王锡爵的书信，多就家族琐事以及子侄辈的教育问题而发，例如对儿子王士骐未来的发展，王世贞就希望王锡爵能多加提点警醒：“此儿年来粗知好恶，路头或不至大差。苐嬾散任真，矫枉过正，未便恰好，唯老兄时时提命之，俾以无竞之心，居不争之地，慎其行，定其衷，将来无辱门墙足矣。”在王锡爵之子王衡遭遇科场冤案的挫折时，王世贞也能及时送上安慰和建议：“高郎科场一疏，似因物情。但老兄之高名大节，岂他宰相可拟。而辰玉之宏才博学，又岂他胄可望。渠亦波及之，愧于鼎珰之耳矣，然犹不至尽废公论。而兄之辨疏似过激烈，于相度不免小有妨。自今以后，愿兄勿留滞胸次，诸有指摘高生及称唆使者，皆置勿听，斯佳耳。”②王世贞与王锡爵和谐融洽的相处关系，也为各自族中的后辈树立了榜样，王世贞的儿子王士骐和王士骕，与王锡爵的儿子王衡，也便早早结为了志同道合的好友，两王氏家族的情谊在后人身上得到了继承和延续。

地缘相近的世族之间，往往会通过联姻的方式追求强强联合的效果，以实现家族利益的最大化。王世贞与王锡爵之间的深情厚谊，也经由姻亲关系进而得以维系和巩固。王士骐曾介绍自己有三位姐妹，并详细记录了她们的婚配情况：

① （明）王世贞：《弇州续稿》卷一三九《累封通议大夫詹事府詹事兼翰林院侍读学士爱荆王府君行状》，美国普林斯顿大学东亚图书馆藏明刻本。
② （明）王世贞：《弇州续稿》卷一七八《与元驭阁老》，美国普林斯顿大学东亚图书馆藏明刻本。

"有三女:一适礼部主事华叔阳,卒;一适武进士朱绂;一适太学生华之文。"①其中次女所嫁的武进士朱绂,即为王锡爵之内弟。太仓两王氏家族姻亲关系的结成,不仅增强了彼此间的家族感情,更有利于在困境中互相扶持与依靠。有研究者指出,王世贞屡遭弹劾而未受影响的一大原因,即在于得到了王锡爵的暗中帮助:"据锡爵之子衡《缑山先生集》卷十三《武进士湖广运粮把总卓庵朱公墓志铭》,王世贞之女嫁锡爵内弟朱木(后改名绂)为妻,日后锡爵为执政,世贞数受弹劾而升迁如故。"②

在王世贞与太原王氏家族关系发展的第一阶段,他的行为表现与普通望族之间的交往活动并无太大区别,不外乎侧重在文学、姻亲等常见的方面,更像是一种建立在乡邻信任和互助基础之上的团结合作,是相对浅显和表面的,尚未触及家族关系更为核心位置的交流互动。

2. 信仰上的一致

王世贞与太原王氏家族成员交往的过程中,还因为卷入了一桩宗教事件而愈发加深了两家的联系,此即为昙阳子事件。昙阳子本名王焘贞,乃王锡爵次女。原本许配与浙江布政使司参议徐廷裸之子徐景韶,未成婚而徐郎先卒,王焘贞遂决意修行,并创立了恬澹教,糅合了儒、释、道三教的基本精神,主张"欲了生死,先了此心。无欲无为,即心是道",在江南一带的士人群体中掀起了不小的轰动。

对于昙阳子所提倡的教义和举动,王世贞最初是抱着怀疑的态度,随着时间的迁移他才渐渐起信:"和石初于昙阳事,与弇州俱不甚信。后屡著灵异,弇州遂北面,而和石亦息喙矣。"③彼时的王世贞正遭遇着仕途上的失意,对文事交游也疲于应酬,于是便追随昙阳子入"恬澹教门",希望她能帮助自己"出之苦海迷途"。在王世贞的带动之下,演变成了几近狂热的信仰热潮:"一时名士如弇州兄弟、沈太史懋学、屠青浦隆、冯太史梦祯、瞿耆君汝稷辈,无虑数百人,皆顶礼称弟子。"④昙阳子飞升之后,王世贞为其作《昙阳大师传》,并与王锡爵一同潜心修

---

① (明)王士骐:《明故资政大夫南京刑部尚书赠太子少保先府君凤洲王公行状》,上海图书馆藏明刻本。

② 徐朔方:《王世贞年谱》,杭州:浙江古籍出版社,1993年,第651页。

③ 沈德符:《万历野获编》卷二十三《娄江四王》,北京:中华书局,1979年,第594页。

④ 沈德符:《万历野获编》卷二十三《假昙阳》,北京:中华书局,1979年,第593页。

道："适闻吾州昙阳子者,以贞女立化,意甚快之。遂于城南结庵,奉大士像,与今
太原相公为逍遥游,一瓢一褐,道书数卷而已。"①因为昙阳子所起到的桥梁作
用,一方面使得王世贞与王锡爵两人有了更深层次的精神联结,另一方面也为王
世贞此后人生性格的转变埋下了契机。有学者就指出拜师昙阳子的经历,与王
世贞晚年"自悔"观念的养成有着莫大的关系:"'悔过观'是昙阳子'恬澹教门'的
重要教义,王世贞于此深信不疑,自称'十二时内思过不暇',这可以说是王世贞
晚年'自悔'的重要根源。……王世贞晚年'自悔'与昙阳子、佛教忏悔等有很大
关系。"②

　　慕道修行所带来的性格转变,也进一步反映在了王世贞晚年的文学创作中。
单就诗歌写作数量而言,以自忏诗、佛理诗、游仙诗、闲适诗等组成的诗歌题材就
占到了较大的比重,与王世贞青年时期所倡导的复古意趣早已相去甚远。正如
有学者所总结的:"从乐府诗到闲适诗,从政治批评到抒情自我,从关注外界到关
注内心,这一系列的转变又是与王世贞晚年信佛崇道的思想转变桴鼓相应
的。"③王世贞的道友王锡爵,此时也成了被描摹的重点对象。在题为《元驭学士
于新观种花挑野菜,前后戏呈得十二首》的组诗中,我们便不难看到王世贞着意
向佛的心境,以及二王亲密无间的身影:"一蕊须头一佛圆,供时长在梵王前。远
公未晓西归意,亲凿方池种白莲。"④"一丛新竹进龙鳞,微雨仍惊玉菌新。乞得
维摩香积饭,午斋先供两闲人。"⑤

　　王世贞与太原王氏家族关系发展的第二阶段,以昙阳子事件为先机,以与王
锡爵在信仰和文学上的紧密联系为主要特征,通过宗教情感建立起特殊的纽带。
这种上升到精神层面的家族往来,已然超越了乡邻友好、文学交游的普通关系,
使得王世贞与太原王氏之间的关系更加稳固和牢靠。

---

　　① 王士骐:《明故资政大夫南京刑部尚书赠太子少保先府君凤洲公行状》,上海图书馆
藏明刻本。

　　② 魏宏远:〈王世贞晚年"自悔"论〉,《中国文学研究》2008 年第 1 期,第 83 页。

　　③ 魏宏远:〈论王世贞晚年诗歌写作的转变〉,《浙江社会科学》2009 年第 11 期,第 98
页。

　　④ 王世贞:《弇州续稿》卷二十三《元驭学士于新观种花挑野菜前后戏呈得十二首》其
二,国家图书馆藏明刻本,第 10 页。

　　⑤ 王世贞:《弇州续稿》卷二十三《元驭学士于新观种花挑野菜前后戏呈得十二首》其
八,国家图书馆藏明刻本,第 11 页。

3. 政治上的偕行

作为活跃在万历年间的风云人物,王世贞与王锡爵很难逃脱当时政治斗争的漩涡。早在万历初年,王世贞就表现出对张居正秉国的不满,并多次通过逃官的方式来对抗污浊的政治生态:"张居正枋国,以世贞同年生,有意引之。世贞不甚亲附,所部荆州地震,引京房占,谓:'臣道太盛,坤维不宁',用以讽居正。居正妇弟辱江陵令,世贞论奏不少贷,居正积不能堪。会迁南京大理卿,为给事中杨节所劾,即取旨罢。之后起应天府尹,复被劾罢。居正殁,起南京刑部右侍郎,辞疾不赴。"①而王锡爵与张居正同样不睦:"万历五年,以詹事掌翰林院。张居正夺情,将廷杖吴中行、赵用贤等,锡爵要同馆十余人诣居正求解,居正不纳。锡爵独造次切言之,居正径入不顾。中行等既受杖,锡爵持之大恸。明年进礼部右侍郎,居正甫归治丧,九卿急请召还,锡爵独不署名,旋乞省亲去。居正以锡爵形己短,益衔之,锡爵遂不出。"②对待张居正态度的高度一致,在一定程度上表明王世贞与王锡爵的政治立场有着较高的相似性,这就为日后两人紧密关系的深化增添了一份政治层面的保障。

当昙阳子事件发生后,王世贞和王锡爵分别受到了言官的弹劾,两人的仕途也受到了牵连,然而政治命运却愈加呈现出共同进退的趋势。王世贞在写与申时行的书信中,就暗示了自己与王锡爵在这场由宗教风波而引发的政治困境中受到了不公平的待遇:"言者以先师传为咎,此虽草自荆石公,而实成于不肖。乃蒙相公曲垂宏护,苟免大僇,第微闻有继之者。向某于荆石公谋撰传,初意实为乡井狂愚之辈毁誉万端,诪张百出,欲以先师言行之正格之。而见闻所得微涉张皇,然不敢有一字增饰也。首祸自世贞,即流窜幽囚,皆所甘心。"③万历十二年(1584)十二月甲辰,王锡爵升任礼部尚书兼文渊阁,入内阁办事。就在王锡爵起复后不久,王世贞亦得到了重用:"久之所善王锡爵秉政,起南京兵部右侍郎。"通过对二王政治生涯的简单梳理可知,因为对张居正当国的合法性存在质疑,王世贞和王锡爵两人不约而同地选择了辞官避世的不合作态度,又因为王锡爵的再度复出,王世贞也重新燃起了入仕的希望,太仓二王在政治领域的出处行藏,隐

---

① 张廷玉:《明史》卷二八七《王世贞传》,北京:中华书局1974年版,第5751页。
② 张廷玉:《明史》卷二一八《张居正传》,北京:中华书局1974年版,第5751页。
③ 王世贞:《弇州续稿》卷一七三《与申相公》,国家图书馆藏明刻本。

约透露出了某种正相关性。

王世贞与王锡爵政治关系的再一次偕同并进,体现在帮助王忬沉冤得雪一事。王世贞的父亲王忬遭到严嵩等奸人陷害冤死西市之后,王世贞一直在为恢复父亲的名誉而四处奔走呼号。王锡爵入内阁后不久,王世贞便上疏为亡父祈求赠官赐谥,两葬全祭。王锡爵为之从中周旋,终于在万历十四年(1586)冬,巡按始将王忬之名列入条陈疏内。王世贞写信向王锡爵表达谢意,并称赞他的高风亮节云:"夫为德而不使人知,此是老兄生平行径"。此后王锡爵还亲自帮忙修改疏辞的具体行文:"老兄俯念契谊,特以便宜改疏辞启事,以有此赠,先君子有知当瞑目地下矣。"待赠官和全葬诏命完全批复下达,则已是到了万历十五年(1587)九月十九日。至此,王忬的声誉和功绩才得到了公正合理的评价,王锡爵的功劳可谓不容忽视。故而王世贞称王锡爵于自家有大恩:"十七年沉滞之冤,又得老兄而拔迁,臣希绝之典得老兄而举。世世孙孙,犬马兄家,尚不称报塞也。"①

对强权政治的刚正不阿以及对家事政事心照不宣的默契协作,标志着王世贞与太原王氏家族关系的发展步入了第三阶段,即在政治领域的荣辱与共。太仓两大王氏家族间的关系在深层次的宗教情感因素之外,更增添了关涉到人生前途、家族发展的政治联结,将此前便已逐步完善的双方关系又向前推进了一步。这一时期两大家族的交往关系,涵盖了文学、思想、政治等多个维度,织就了一张全面而细密的家族关系网,在真正意义上实现了家族命运的休戚相关和家族利益的偕同并进。

三、文人·家族·地域

从家族研究的视角重新审视王世贞的人生与文学,会发现太仓的两大王氏家族赋予了他颇多的精神养分:与琅琊王氏家族的血脉相连,使他在祖辈和父辈勇武尚实的环境熏陶中,天然继承了刚正坚毅的文人品格,由此也直接促成了他早年凌厉雄健文风的形成;作为家族中文学启蒙者的王世贞,不仅在文学创作和文学批评领域树立起效仿的典范,还在史学一途为族中后继者开辟了探索前行的新路径。可以说,琅琊王氏家族既是王世贞从事创作的灵感源泉,也是他传承

---

① 王世贞:《弇州续稿》卷一七七《与元驭阁老》,国家图书馆藏明刻本。

衣钵的主要受体。与太原王氏的紧密相从,更多的则是从精神和情感的层面给予王世贞影响,促成了他中年之后文学书写和政治心态的转变。故而太原王氏家族之于王世贞,如同隐秘而又必不可少的催化剂,开启了王世贞人生发展的多重可能,丰富了王世贞人生的厚度。

从更为宏观的地域因素来考察,不难发现王世贞与故乡太仓之间也隐含有一定的良性互动:一方面太仓的地域环境为王世贞提供了生于斯、长于斯的自然条件,其山川风物、乡俗民情皆濡染在他的血脉中,塑造了他的性格与追求;另一方面,王世贞成为文坛领袖之后,声望日隆,交游渐广,前来造访的文人雅士多以能畅游弇州之门为乐事和幸事,太仓之名也便在口耳相传中名播四海,无形中提高了地域的知名度。所以文人与地域之间存在着一种亲子式的互动关系:先是地域孕育当地文才,提供物质和精神层面的给养,而后文士反哺所在地域,展示出荣归故里的感恩。这不仅是王世贞身上所体现出的独有现象,更是蕴藏在传统文人成长历程中的普遍规律。

昙阳子研究

孟令兵

"昙阳子"乃明代宰辅王锡爵次女王焘贞法号。万历八年(公元 1580 年)九月九日,在包括其家人及一代文宗王世贞等十万余人的见证下,年仅二十三岁的昙阳子于未婚夫徐景韶墓前立化升仙①。这一场景包括昙阳子此前奇幻的修行经历不仅在当时就轰动朝野,哄传宇内;直至今日,仍是当地民间与学术界(甚至国际学术界)津津乐道的话题,堪称具有历史意义的"昙阳子事件"。斯事之奇首先在于"昙阳子"实有其人而非其他古往今来虚构或传说中的白日飞升的道士之属;其次,昙阳子时仅二十三岁且身为宰辅之女的年龄与身份②;复次,昙阳子的修道经历是如此恢诡谲怪,几近不可思议,但却有家人和大文豪王世贞等言之凿凿的亲见现证③,并能令包括王父、王世贞在内众多官宦文士心悦诚服而一意追随——"北面顺风而称天师"。本文将主要依据一代文坛盟主王世贞为昙阳子所做的长达万余字的《昙阳大师传》(下称王传)④,首先梳理还原昙阳子人生和修仙悟道的经历,重点在探讨昙阳子思想观念的心路历程;其次勾勒出斯事对当时和之后文人群体和社会各阶层的广泛深入的影响及其当时错综复杂的政治背景;最后概括在当今学术界对此的多方探讨。

尽管现代读者或许对这桩著名历史文化公案多会采取妄言妄听,若存若亡

---

① "立化"而非"坐化",许多昙阳子研究者都没有注意这个细节。徐渭《谭大师传》也是"立以化"。此佛门尤所常见也,禅宗三祖僧璨就是:"'余人皆贵坐终,叹为奇异,余今立化,生死自由'。言讫遂以手攀树枝,奄然气尽。"(《续高僧传》)后谥"鉴智禅师"。甚至有变着花样的"倒(立)化",以示生死幻化,游戏世间。

② 王锡爵万历二十一年官至首辅。无独有偶,之前的宰辅、也是二王的政敌张居正的女儿也是童真而坐化的。事见《万历野获编·张江陵女》。

③ 当时著名学士屠隆、沈懋学、冯梦祯、瞿汝稷等都在场。

④ 王世贞:《昙阳大师传》,《弇州续稿》卷七十八,作于昙阳子仙化后第三年,这也是关于昙阳子生平最详细的传记。本文凡引用该传处都不再单独注明出处。

的态度,甚至颇惮烦于笔者对昙阳子事迹分疏描述之琐细。究实而论,本文并非徒为四百多年前这位传主的奇闻轶事而索隐钩沉或翻案出新。难得王世贞以如此细腻写实的笔触刻画了一位真实历史人物的曾经人生和修道经历的传奇种种,笔者认为这的确是认识传统文化尤其是道教文化诸特点的绝好素材。而国人如此下意识地喜爱道教,用鲁迅的说法:"中国文化的根柢全在道教"①,理解这一点,则对传统思想文化、民族性格可思过半矣。但正如马克思·韦伯在《儒教与道教》②一书结论中所概括的中国国民性格:"对一切的巫术骗局都带有一种无限善意的轻信,而不管这样的欺骗是多么的空幻"③,即使是属于"士"的知识分子阶层的也如此:"以古老的中国方式教育出来的中国高级官吏,会毫不迟疑地虔诚地崇拜任何一种乏味的奇迹"④。在昙阳子的仙化故事中这些特征都体现得淋漓尽致。还不止于此:围绕"昙阳子事件"自身及余绪影响的整个故事,适足成为剖析所谓传统三教思想文化在明代社会中的各自地位和相互融摄的关系,如王传的题记所云:"超一函三,惟我大师"。整个故事更折射出传统专制社会的方方面面的生存状态:宗教信仰的、巫术迷信的、文化思想的、政治观念的、党争派系的、地方民俗的,等等。一言以蔽之,这确乎是个不可多得的透视传统文化诸多特质尤其是明代中晚期社会文化全景的绝佳视角和案例。

一、昙阳子的生平及修行经历

王世贞的《昙阳大师传》的记载甚为详细,万有余言⑤,洋洋洒洒,可谓不惮

---

① 《致许寿裳》(1918年8月20日);又,"(中国人)往往憎和尚,憎尼姑,憎回教徒,憎耶教徒,而不憎道士,懂得此理者,懂得中国大半"(《小杂感》);周作人:"平常讲中国宗教的人,总说有儒释道三教,其实儒教的纲常早已崩坏,佛教也只剩了轮回因果几件和道教同化了的信仰还流行民间,支配国民思想的已经完全是道教的势力了。"

② 本书是海外研究中国文化和中国社会必引的名著之一。由于本书对于中国传统文化研究深刻的洞见和卓越的贡献,马克思·韦伯也被西方汉学界誉为中国学研究的"伟大的外行"(是指他并不精通汉语言)

③ 《儒教与道教》,第261页。

④ 《儒教与道教》,第259页。

⑤ 正文一万零一百字不到。余传都比较简短,如徐渭《昙阳大师传略》仅600余字,应该是据王传而改写。徐渭阅读王传后认为:"后数阅师传中事奇甚,不当疑亦明白甚。"王传所载已足以消除疑惑,证实昙阳子的神迹。

辞费。虽然也有其他传记①可资借鉴,但很明显都是取材于王传。王世贞是昙
阳子化升前不到一年时间内正式收受的弟子,自谓"不敢饰,不敢诬",亲见亲闻,
信誓旦旦,似不置稍疑,但王传给人最深刻的印象反而是:满纸尽书咄咄怪事②,
如果不为尊者讳,也可说是鬼话连篇。子不语怪力乱神,王传不遗余力的神化其
事自有其复杂的内在根由,后文详之。对于现代读者而言,很难相信传记中哪怕
任何一件超自然的现象,遑论种种神迹了,即便在当时,怀疑并攻讦者亦所在多
有③。以下条分缕析,以概括昙阳子生平:

1. 家世出身

昙阳子乃明代南直隶苏州府太仓州(今属江苏太仓)人。父亲王锡爵,字元
驭,号荆石先生;母亲朱淑人④。王锡爵家族原属于山西太原王氏的一脉,后为
躲避元末红巾之祸乱,先祖弃官逃来江南,由此家道中落后主要以渔猎和务农为
谋生手段。直到王锡爵祖父王涌一代,由于其善于经营,又注重勤俭持家,很快
富甲一方,成为太仓一带有名的富商。到王锡爵一代为太仓王氏第十一世孙,王
锡爵、王鼎爵兄弟则通过科举出仕而振兴家族使达至"富且贵",王锡爵后来更是
官至首辅,位极人臣。昙阳子生于嘉靖戊午(公元 1558 年)十一月之二十一日。
其后来的名字"焘贞"及法号"昙阳子",自言都是神仙取的:"盖皆圣师朱真君所
命云"。因为出生前母亲朱淑人"梦月轮坠于床而孕",所以王父取名为"桂"⑤。
出生前难产,几经折腾,最后降生时刻反而异常顺利:与婆母吴淑人"语而立生,
甚易且无血也"——释迦牟尼佛降生也是母亲夜梦(护明)菩萨"降兜率"而从右
胁入胎,后在蓝毗尼花园手攀无忧树枝而从右胁"立"生的,自然也是"无血"

---

① 计有:王锡爵《化女昙阳子事略》,王世懋《书昙阳大师传后》、徐渭《昙阳大师传略》、
屠隆《昙阳遗言》、范守己《昙阳仙师传》、沈瓒《近事丛残》中也有昙阳子事略等。其后,王锡爵
将相关诗文汇集成册,刻成专书,成《昙阳子传略》一书,今上海图书馆有藏。

② 《四库全书总目提要》卷五十八评价王世贞撰《嘉靖以来首辅传》(浙江汪启淑家藏本
八卷):"惟世贞与王锡爵同乡,锡爵家尝妄言其女得道仙去,世贞据为作传。当时劾锡爵者或
并及世贞。世贞作此书时,仍载入昙阳子事,不免文过遂非。"

③ 政敌张居正、徐学谟等直斥之"妖妄";林之盛《皇朝应谥名臣录》(卷一):"适有昙阳
事,世贞为之作传,称弟子,海内是非之者半。"清代骆问礼、王懋竑以韩愈《谢自然诗》讥讽王
世贞:"视昌黎公,当愧死无地矣。"

④ 本传后面经常出现的其他家人还有:祖父封(詹事)公,祖母吴淑人,弟弟王衡。

⑤ 桂树:月桂、桂月,指月亮。

的——这明示昙阳子也生非常人；世尊诞后七日母亲亡故，昙阳子也一样有点"克"母——出生后刚满月母亲就绝乳，乳母换了三个都如此——预表将不食人间烟火也，并为后来大修绝粮休食的辟谷之术张本。又身体羸弱多病，"而又苦疡疥，昼夜啼，肤色黄肿"，浑身长疥疮，没日没夜啼哭，患有严重的黄疸——所以昙阳子后来才专注于修道养生。父母一直担心她活不长，对来提亲的人说没准连我们的女儿都做不长久，何况嫁为人妇。但最后还是许配给参议徐廷裸之子徐景韶，看来徐郎生来也是个病秧子，因为徐郎未及迎娶她，即于临婚前不久不幸去世。这就成为昙阳子魂牵梦绕的生死"情结"，在参禅修道的外表下，其实是儒家的贞节观念主宰着她的整个世界观和人生观，虽云"仙化"，实际殉节。

2. 少小神异

昙阳子大约四、五岁至十八、九岁之间是在京师度过的。在京城生活十五年。五岁时的昙阳子，就曾剪纸作画形似观音并对之膜拜不已；平时早晨醒来就一边从被中拈出豆子一边口诵阿弥陀佛名号百余声后才起床——至迟自唐朝起，中土已经是"家家观世音，户户阿弥陀"了，加之江左一带自古少经战乱，持久的和平、优越的自然条件、富庶的经济基础、发达的文化氛围令民风淳朴，佛教信仰异常兴旺发达。只是怎么小的孩子能有这般举止，确乎出人意表；此外，她还时常口里念念有词地拜天拜地，稍稍留意能听出是为父母祷福。后来请私塾教师教授小学、《孝经》等，却都不耐烦学习，还指着经书说这岂是女子所该用心的东西；那就学习女孩子该做的女红吧，也半途而废。但她却没事就喜欢闭门隐几静坐沉思。不知不觉就长到十七岁了。徐家派人来通知要娶亲了，家人也开始为她置办嫁妆，但昙阳子却十分淡漠，似乎毫不关己，自顾自地洒扫静室，摆设观音法像并时时膜拜，口称自己愿意奉长斋为受戒弟子。母亲朱淑人惊问所以，答曰"欲了生死"；母疑怪之：了生死之事我倒不懂，只晓得你即将为人妇，难道你是不想出嫁？昙阳子始则沉默以对，续而缓语曰"岂彼负哉，彼固无我缘也"——未卜先知了。其后果然，徐郎亡而讣告来，母亲先隐匿消息而试探问她，之前为何有与徐郎无缘之语，昙阳子手书一"囚"字，且明言徐郎："死久矣"。

弟弟王衡小她三岁，这时在她的住处开始屡见异象：有一晚他在嬉戏时偶然发现，姐姐以石块击地时，地下有铿轰回声，好奇地蹑足追踪这声音，又发现伴随着步履声之疾徐高低，地下总有声音响应相随；后来，又在房屋础基柱脚处发现有光团若隐若现，接下慢慢变大变亮，大如一团云雾，色或白如霜雪或红似玛瑙，明亮升腾如火炬,光芒四射如闪电流星,且可"连夜见之",不仅王衡,连家里另外两个小女孩也发现了。王锡爵获知后偷偷观察,果如所言。

3. 辟谷见真

不久,昙阳子忽然开始声称不饿,绝食休粮。王父自然焦虑万分,不得已就强迫她进食。但不论饭食还是果品都呕吐不已,平时只是饮用少许鲜果(枣、桃、杏)的果汁。请医生来诊断,昙阳子笑着解释:自己没病,不饿的原因是夜梦三位女真驾五彩祥云降临并吸食了她们焚烧的仙香,说来更怪:那仙香焚烟袅袅飘起,自成一篆体的"善"字。哪三位:中位上真是一位大士(佛家谓菩萨),冠七梁冠,穿着绣履,降临后隐几抚弄着无弦白玉琴,左胁侍朱真君,年龄约不到三十岁,这两位都美丽非常。右胁侍则是一位年约七十岁的老者,朱真君介绍说这是她的导师偶氎覣——所谓偶师:显然,朱真君才是与昙阳子关系最密切的仙师,此后口授仙经、讲解佛典、指导修炼、会见群仙乃至引见西方大士和西王母,都是这位主导,至于偶师,每次会面仅仅是陪衬而已。此后,昙阳子在晚上静坐时,朱真君与偶师就经常来访,大士也时常驾临,开始还以为是梦境,但确实真真切切的。仙真不如大士形象高大,起初神情庄重,后来越发亲切和蔼,朱真君一边轻轻抚摸她的头顶一边款款讲解仙道。一次朱真君口授仙经《法照悟圆灵宝真经》——昙阳子梦醒后回忆并书写出来,还告诉父亲:是道经也而禅语。这事[①]发生后三个月左右,徐郎讣告到了,昙阳子蓬头跣足哭丧三日,穿上早已预备好(早有预知)的丧服来见父母,宣称自己身命属于徐郎,只因父母不许殉葬,只能称自己为未亡人以俟来者。王父自然反对:毕竟还没有迎娶,怎可如此自称呼?她反驳道:比如天下普通百姓,并不食俸禄,但同为臣民,一旦皇帝大行的消息传来,还不是都如丧考妣,依礼服丧举哀哀?见她执意如此,父母无可奈何。母亲朱淑人怀疑女儿梦中遭遇的可能是鬼魅,就暗地里在她床上洒猪狗血以祛魅。朱真君让她转告父母:我等非可禳却者,日后将令你们女儿以节义闻名于世。

4. 灵瑞纷纷

接下来仙人互动越发频繁起来,祥瑞纷纷:

芝生居室前,且庭前数百米范围皆百花齐放,处处长满豆麦黍稷。父亲仍稍

---

① 昙阳于万历甲戌(万历二年),其未婚夫死前三月得通仙真。

嫌不满:此皆秀而不实,亦不足为奇。昙阳子即以手捋果实喂食鸟雀;父亲任国子监祭酒期间,昙阳子以官邸空间有限为由,请求单独居住,王父就在官邸旁为她另筑一小土室。官邸紧邻公署,而公署旁有古槐滴液如血,她祝祷一番,怪相立止。不久到了冬至日,大雪纷飞,京师冰天雪地里,昙阳子净扫庭院若有所待。果然,红光两道从西南倏忽而来,以朱真君为首的群真驾到,诸真上半身清晰可见,下半身则为白云遮掩。朱真君温和细心地拂去她鬓顶发梢的雪花,亲自为她讲解《金刚经》,过了好一段时间才离去,离开后的庭雪仍隐约可见红光。此后,群真熟门熟路,时常白天驾临。有一天父亲早晨听见女儿房间若有咳嗽声,循声望去,窥见一团光影如钲般大小,灿烂夺目,不可正视,随之声影俱息。当晚梦境中,大士率领群仙又至,单单落座冠帔者就有十位。这回多了位年龄二十左右、玉莹绝世的苏元君,见面即呼之为小弟子。之后时常指点她,只是这位不若朱真君和蔼可亲,"默而寡笑"。辟谷之术随之提高:进饮鲜桃杏汁比照之前减量,因为夜里真君袖出鲜果与啖。此"果圆长可二寸,青黄色亦具小核,无皮泽,轻滑如夕露,而特甘不可名质也"。从此,昙阳子与群仙联系愈加热络,每次入定,大士帅真君、元君等即至。

5. 魔境试炼

此后,群真频频来教,同时开始在梦境中多次试探之。光怪陆离的梦境有时更真实暴露出人们深层的潜意识:心灵创伤、隐秘情结、压抑本能等等。昙阳子的梦中经历的魔境恰恰是性压抑的真实映照,隐隐可见背后儒家礼教贞洁从夫观念的纲网。对比而言,世尊在菩提树下觉悟成佛前也曾经历魔境,但魔王波旬是威逼加利诱,虽涉美色但不以为主。耶稣在传播福音前在犹大旷野禁食隐修四十天,魔鬼先后三次试探他,但没有性的要素[1]。古代高僧传常有高僧禅定中遇魔的记载,但绝少俗情滥色,如智者大师智顗在天台山华顶峰修禅定境中遇到山精鬼魅吐火怪叫和亡故双亲枕头膝上陈苦求哀的干扰,但大师都依止法忍,不动如山[2]。而昙阳子梦中遇魔虽称是仙真试探,却都与性意象有关[3],其实可

---

① 《圣经·新约全书》(和合本),第4页。"马太福音"(4:1—11)。
② 道宣:《续高僧传》卷十七《习禅篇之二》。
③ 参见 Ann Waltner:"Telling the Story of Tanyangzi",载《欲掩弥彰:中国历史文化中的「私」与「情」——私情篇》(2003 第1期),第219—211页。国内学术界对此点少有探讨。

视为她自己平日性幻想的梦境折射、内在的心魔,这就与她后来的立化殉节相符相顺了,实际上她念兹在兹的恰恰是从未谋面更无肌肤之亲的徐郎。此后,她获闻徐郎已葬,而于礼法自己又无由去徐墓亲自祭奠,便打发保姆去代行。后来,她干脆长跪不起,直接恳请封公允许自己亲自去徐墓拜祭。尤其在化升前三个月,她则毅然决然地留在徐墓不再回家,摇身一变而为哀感顽艳的超级痴情怨女,与之前静穆沉默的修道贞女形象截然相反。任由日晒雨淋,虫咬蚊叮,唯求一死。王世贞却赞赏昙阳子的这种"纯节"①,视为超越男女情欲之上的死生一诺的纯粹信仰层面的坚贞持守。

一夕梦:旷野中偶遇一盛装妇人,手持一册,书名"相思"。昙阳子臆其非善,斥责使去。复有一"狡童"——相貌俊美的少年郎,贴近盯视,欲图不轨,昙阳子用尽力气推开他。这时一披甲带刀者出现,自称是这小子父亲,胁迫她与之成婚。不从,宁死,正引颈就戮时,朱真君大笑至,梦醒。

复一夕梦:一衣冠楚楚少年人自称徐生来投刺相见,称言夫人缘我而受诸般苦楚,特致慰候。昙阳子正色以告:我矢志守贞,非为情困。汝若为鬼魅,则当速灭;若真为徐子,就请回去等待异日我魄②归汝墓穴吧。少年郎愧谢而去。

再一夕梦:一羽衣星冠道士来访,劝导她不要痴迷于仙道,天下并无神仙,满眼尽皆狐魅,惑久当死。而况人生苦短,命等朝菌晨露,昙阳子默然无应。道士复劝诱以青春美食、及时行乐之世法,昙阳子依旧不应,道士隐去。

这时,朱真君与偶师现身,拊掌赞叹:屡屡试探,次次通过。打怪成功,顺利进阶,可以引荐面见大神了。

6. 神游莲邦

于是朱真君等挟其神去拜访大士本尊,大士端坐西方七宝莲花座,开示昙阳子:汝欢喜此情此景否? 意外的是,她的回答竟是:不喜欢! 随之以《金刚经》义理答之:所谓如来,即非如来。不可以色相见如来③。今以色相见如来,即非如来(法身),故不可爱! 于是乎,大士称赞不已,真君亦喜动眉宇。这次还有意外

---

① 王世贞:《纯节祠记》:"君子谓:维世之教,斯纯节甚盛,蔑以加矣!"(《弇州续稿》卷九)

② 道家认为魂是阳神,魄是阴神。

③ 《金刚经》:"'须菩提,于意云何? 佛可以具足色身见否?''否也,世尊,如来不应以具足色身见。何以故? 如来说具足色身,即非具足色身,是名具足色身。'"

收获:从大士的西方圣境出来时遇见了关羽大神! 昙阳子急欲下拜而为关公阻止,称她为"王贞姑"并殷殷鼓励:"贤哉! 幸自爱,某请得效力"。后来昙阳子多次提及这次幸会,说关公美髯、色白微酡,只是胯下并非赤兔马,而是白马,所以世间图画的色彩有误。这之后,考虑到京城宅邸空间有限,祖父母携带她离京返乡。

7. 阳神出窍

昙阳子返乡后更见沉默,并在阁楼楼上自建龛室,平日紧锁其门,独自在里面读诵《金刚》、《楞伽》等佛经,还不时在经书缝隙处写下注解。如此约过一年左右,昙阳子忽然神情大变,一反常态地走出龛室,"出与姑姊辈狎"、"杂以谐浪",变得乐于与家人说说笑笑,打成一片。这反令家人惶恐不安,不明所以。而她自己对弟弟王衡以《金刚经》义释之:"我相人相俱忘之矣"[1]。接下,昙阳子忽有大彻大悟之感,闻得仙乐飘飘,自空而来,小腹内暖气融融——下丹田内仙丹初结矣! 初仅若黍米,渐长如弹丸,外周罩如轻纱,色正赤黄,时升时降,间出于掌中,清晰如观掌果,光芒四射。同时连水果汁也断食不饮了。

这时恰好父母已经返回家乡[2],昙阳子一反常态,晨夕问安,关怀备至,女红也勤于同辈姊妹,只是辟谷绝食。母亲不解相问:先前不是声言要了脱生死吗?她笑答:先了父母恩。也就在这个时候,昙阳子开始对父亲自述阴神出窍的情形,忧心忡忡的王父在拜访在小祇园[3]辞官隐居的王世贞[4]时讲述种种情形,而王世贞这时恰好"窃闻师之概而心慕之"。世贞闻此叹曰:"此天人关也。虽然,神欲出而尼之,离舍不易也。神已出而惊之,返舍不易也。其机在吾子(指王父)"——果然,王父回家后,昙阳子便请求他为外护:当我阴神出舍时,勿令旁人窥见。并告知目光下垂、面发赤、口鼻息轻弱就是阴神出舍的标志。中午时分,果然神游天外,王父屏息以待,到下午酉时空中泠然若磬声,其神即刻已还舍矣。

---

① 《金刚经》:"佛说一切法,无我、无人、无众生、无寿者"。王世贞后来也对《金刚经》最为推崇,认为《金刚经》"是佛真谛语,故非他经比也"(《凌中丞书金刚经》,《四部稿》卷一三一)

② 根据《明史·王锡爵传》万历六年(1578 年)因受张居正排挤,王锡爵申请回家探亲,直到父亲病亡安葬后万历十三年(1585 年)返京。

③ 王世贞的庄园是占地七十余亩规模颇大的江南名园,号称晚明江南第一名园。初称"小祇园",后因《山海经》《列子》《穆天子传》《淮南子》等有"弇州"、"弇山",用称仙境。遂自号"弇州山人"亦改园名为"弇山园"、"弇州园"。

④ 王世贞万历四年(1576 年)十月回籍听用直至万历十六年(1588 年)三月出仕赴任。

乃对父亲笑谈阴神驰游宇内的神奇见闻心得:"儿幸无它,顷刻殆数百千里,山川草木龙蛇鸟兽之寓目者,种种矣,而皆吾身中神也。今者内观则万象固森然也,夫度此关而五阴之浊障荡然解,道舍我奚属哉!"接下,昙阳子认为必须闭关修炼,以期阳神出窍。说练就练,她决定登楼闭关。此后三个月时间家人不闻任何声息,叩门都不应,父母很怕出现意外。三个月后,从楼上扔下一小布条,宣告阳神练就。何以验之? 第二日早晨,王父原本紧闭的书房案头堆满了米面柑橘枣栗诸果饵二十来种,旁有墨书文字:煮贞子神出东南方。别忘了,昙阳子现在仍未出关呢。这时,女仆告诉王父,听到空中有脚步声,王父赶紧从门缝窥视,果见女儿身着黄衣如飞鸟楼上楼下自在翔舞。王父益加心服了,内心欢喜,请求女儿出关一见。昙阳子告诉父母:因久炼销形,容貌改易,怕惊扰父母。最后终于出关下楼了,王父房门打开不见人影,却是从窗子飞跃而入,终露真容:面孔金黄,光芒四溢;朱唇丹渥,首绾双髻。略谈所得后,将一柏枝递与王父:是时,王父正患腹泄。告诉王父将柏枝浸入水井后饮之,果然立愈。家人皆大欢喜,争相饮用。

阳神出窍,或曰阳神飞升,按照道教理论,是炼精化气、炼气化神、炼神还虚修道次第中的最后最高阶段。而昙阳子之前小腹暖融是炼精化气阶段,气机萌动后继续修炼则是炼气化神阶段。而金丹始结,意味着新的生命结晶体诞生——后天精气神三元混一归本的圣胎初成,再进阶到金丹运转自如,出入自在,最后精纯无形,"大丹无象"——则开始进入炼神还虚阶段,这时阴神出现,但只修性不修命,仅属鬼仙阶段,"修性不修命,万劫阴灵难入圣"[1],丹家认为仅属禅家"二乘坐禅";还须向上一着,性命双修,将识神中阴渣(阴滓)炼净提纯转化为先天纯阳,即转识神为元神,这境界已是脱胎换骨,妙身浑成,身外有身,还虚合道,是为最上一法[2],乃可位列天仙。"脱胎换骨身外有身,聚则成形散则成气,此阳神也。一念清灵魂识未散,如梦如影其类乎鬼,此阴神也"[3]。修得阴神只可灵魂出窍,神游世界,但不具备任何外在影响力,徒有闻见,只是识神在意念控制下的在体外巡游,而且经常经历幻景魔境,这都是自身过往(包括往世轮回中)经历留下的灵魂中的业识(潜意识)的镜像般显现(业镜)、现行,佛家谓之业

---

① 《道教内丹学探微》,卢国龙著,中央编译出版社,第 112 页。

② 同上,第 9 页。

③ 同上,161 页。

行、种子、习气——这与上文昙阳子的阴神出游情形若合符节,所以昙阳子才说阴神所见:"种种矣,而皆吾身中神也。今者内观则万象固森然也"。而一旦阳神出现,这意味着神气合一天仙体炼就,虽虚灵无质,能够"聚则成形"、"散则为气",并能得分身散处,变化无穷,具有现实影响力。阴神能隐不能显,能见别人,别人见不到他;纯阳则隐显自如,但初显阶段的阳神做不到隐显自如——这也就是后来昙阳子摄化王世贞时总是显得神神秘秘的原因——她端坐自家龛室,以阳神出窍而现身外身或驱使他人通风送信。而神游太虚的桥段在道教文化中也属司空见惯。妇孺皆知的八仙中的铁拐李落得这般形象就因为阳神出舍,肉身为虎所残,神无所依,只能临时附体于路边乍亡的跛足乞丐躯体,遂成跛状。而《长生殿》中那个为唐明皇上天入地求之遍,寻觅杨贵妃魂灵的临邛道士杨通幽,也就是用元神出窍之功,所以临行叮咛弟子:"童儿在坛小心祗候,俺自打坐出神去也"[1]。这里最要紧的是:一旦阳神出舍,身体不能惊扰,必须有人值守看护,直待阳神回归。所以,昙阳子每次阳神出舍,都一而再三提醒父亲注意守护事项。

道教也正是在阴神阳神这个问题上攻讦禅家。认为禅宗以明心见性为宗旨,由此"内丹学常批评佛教坐禅只能出阴神,……而内丹学修炼是阳神成就"[2]。阴神只做到无为,阳神则无为无不为[3]。昙阳子本人也站在道教角度对整个佛教禅家颇有微词。与父母同在京城生活时,一次朝廷就是否祭祀新建伯王守仁学宫事诏议,王父应该属议且正拟上书发表否定意见:王阳明作为大儒,阴奉禅而阳非之,故不宜祀。昙阳子适时阻止:父亲认为王阳明思想不正统有其道理,至于以朱子之学为是而抵王氏之学则不妥:此五十步笑百步耳,因为两氏同样资取禅宗。——可见,昙阳子自始就是站在道教立场而俯视轻诋佛家,后来

---

① 《长生殿》,人民文学出版社1983年版,233页。

② 《道教内丹学探微》,卢国龙著,中央编译出版社,160页。但有时内丹家如张伯端等也推崇符合"最上一乘丹法"的禅,这时必定是"性命双修"之禅法了:"伯端得闻达摩、六组最上一乘之妙旨",同书114页。"不过真正大彻大悟之禅师,又视丹道皆为多余矣",同书123页。

③ 这点可视为佛教与道教最主要差别之一。佛家追求大彻大悟和寂灭无为,终极目的是摆脱轮回和现实世界。而道家的道则可以翻转为对现实世界的主动掌控和宰制力,所谓"无为而无不为"。所以道教才更汲汲追求在现实世界中重建实现幻想世界。除成仙成道、长生不老的高级追求外,更多的是不计其数、现实中无所不能的道教的魔法巫术。

则越加明显,改住家僧比丘法号,试戏来访优婆夷,轻薄邻里修佛老妇①。

8. 摄化世贞

是时候了,大 V 该出场了。此前"不佞世贞屏迹小祇园,窃闻师之概而心慕之",适逢昙阳子阳神练就,因缘际会,当此时也。一开始,昙阳子小试身手:时年关将至,她告诉父亲按照朱真君指示,阳神将外出数日完成一要事,依惯例叮嘱父亲勿令外人、鸡犬靠近自己的龛室,返回时会以铃声为验。数日后果然,空际铃声响起,神归本尊,这天是万历八年一月初三日。看来兹事体大,父亲再次追问之下,仍不肯说,只说不久后自见分晓。两天后才跟父亲说:您可去王世贞家问问他家宅前门戟②三天前有何异物突现。这时才告知前此神行是去摄化王世贞。父亲赶紧去问询,结果很令人失望:NO。昙阳子叹息说:缘分只差一点罢了,我不会遗弃的。接下是一波波神奇繁复、令人眼花缭乱的操作:先是有人——"西关之候人"送来一纸片,上书:昙阳子。又四日,王父在自家花园捡到小黄纸包,内有琥珀数珠,并文字:"孤峰奇遇,古月重逢"。又过四日,为上元日,有年老女居士(优婆夷)来叩门,说自己元旦那天早晨起来礼佛见一女子投下小黄纸包,不知内有何物。王父打开看到里面也有琥珀数珠,也有纸条云:"二十年来一梦,元宵得遇主人",王父大感惊奇,留老妇在昙阳子楼下歇宿。老居士颇有道行,端坐入定,夜不倒单,胁不沾席。夜半三更时,禅定处忽现大光明,如日之初生。王父早晨对昙阳子很诧异地描述这一情景,并说这老居士大概已证得真空观,才会如此大放光明。昙阳子笑曰:这是我昨晚阳神出动罢了,我还在她衣领上书写"宗戒"二字,在她一衣袖内放置花果,而她居然浑然不觉。可见她只修得无知无觉的顽空而非灵明不昧的真空,是枯禅干慧。昙阳子最后说:以她这功夫,我只能保证她不堕入下三趣而已——对于佛门鄙薄,由此可见一斑。王传中提及另一类似故事:邻里有八十来岁的萧姓老妇,修佛有素,一日见昙师食柏枝,笑曰:这不是真正辟谷吧。昙师闻言丢掉柏枝与萧媪深谈。不久,老妇派人送来

---

① 沈曾植称王传:"所言甚辨,乃不免扬释而抑道。其为《昙阳大师传》,叙述肸蠁,亦有《冥通记》、《紫阳内传》风味。"沈曾植:《海日楼札丛》(卷六),"昙阳子"条,北京:中华书局,1962 年,第 259 页。虽然昙阳子敬拜观音大士,列位尊首,但对于佛门弟子确实不够恭敬,有贡高我慢之嫌。

② 门戟:古时庙社、宫殿、府州、贵官私第等门前陈列的戟。数目各有定制,用来表示威仪。

一封囊给她,昙阳子并没有打开,却说:这是辞世诀别信。老妇果然不久就示微疾而逝,体柔如兜罗棉。昙师这才打开信封,果然是告别语。此后,昙样子一次神游后回来告诉父亲:最近看到萧媪了,仍在修地,只证初果而已。

目前为止,都是摄化王父,对于接引王世贞也仅是小小铺垫,接下进入正题:这紧接着第二天早晨,王世贞早餐时分,一老妇人持一碗(瓯)水和编绳(丝绦)登门求见:自言拂晓(五鼓)时分在庙所见一黑衣人将此二物交给她,让老妇人必须面呈王中丞,否则将惩罚她,黑衣人语毕忽也不见。王世贞心领神会,拜饮赐水并供丝绦于净室。第二天早晨告诉王父后,望昙阳子的楼阁方向敬拜一番。又过五日,一更将尽时,一小孩送来一顶黄冠,自谓黄昏时分在飞云桥旁有一褐衣老妇嘱托他,请西行去王中丞府上转交,王世贞心知肚明而拜受之。稍加观察,可见黄冠冠梁上下有细字:上曰霉姆追环,下云昙阳子——这就清楚了,那老妇人就是昙阳子的师傅(偶师)了。天明后细加检视,内有黄娟包裹的黄纸,黄纸里面是银环,复有一纸片上书小楷 70 余字,亦有古月孤峰语,王世贞突然明白了"霉姆追环"这句话含义了。但当初昙阳子阳神出窍数日所为之事不能无果而终吧? 这不就来了:这时家仆看到这情形后不觉惊呼——数日前门卫在门戟上发现一黄冠交给他,他觉得不吉祥就没收下。立马呼来门卫,拿来当日发现的黄冠与银环,黄冠内也有字条,字数仅多出 4、5 个字,内容含义一样。如此就更加明白了:追环,是追这个环。昙阳子当初说"我不会遗弃的"也是指这个环。古月暗指银环,重逢——双环;孤峰对应黄冠,孤峰——单冠。如此环环相扣,字字呼应,收摄二王而为外护之大事,成矣! 王世贞也马上收到昙氏道学导论:"言满一纸汲引慰藉,出之苦海迷途而婉导之",自此,昙阳子与王世贞间可直接通过王父居间联络,"不假神力矣"。另外,这次还顺便收摄一比丘:法号隆魁,本为王家家僧,昙阳子为易法号"无心有"。

9. 屡施神通

这之后一天中午,家人以及左右邻居都看到昙阳子着黄衣在楼顶上下跳跃,凌空飞舞,最高能超过楼顶两丈许。王父委婉劝阻女儿不该如此乍现神奇,宜深藏不露。答曰:是的,修道本应韬光养晦,但考虑到自己家世富贵又是女儿身,不便于对外直接宣教淑世扬名,不得已采用这样方法以慑服寡闻浅知者。但更重要的考量是父亲和王世贞两位大人的修养德业,否则,我阳神出窍,长揽世间,那不过是轻而易举的小事一桩了。王父闻言暗惊,劝慰道:别急于弃世吧,该和光同尘,即浊世而为道场,修得形神合妙,究竟上果,再遗蜕不迟。复商议:既然阳神出入自在,为何不让父母亲人们一开眼界。昙阳子欣然允诺。于是,打扫净室两间,阖门闭户,清夜息烛以待。果然,过一会,感觉到室外风突然停止了。男人这间包括王氏祖孙三代,都听到了她的声音:"大爷在耶? 回头是路",徘徊案几见,久之乃去。女人间包括王父母亲及妻子,问候之语也类似。之后点烛发现案几上,各有玉箸篆书①真言三纸,用犀象盒压着。真言即咒语,只读其音而不意译,故"语密不传",但大体上是劝善积庆之意。王父意犹未尽,进一步提出,能一睹阳神真容否? 届时将烛火迎候。昙阳子答言:可,勿需光亮。这次怕吓到别人,只让自己父母在居室内等候。半夜时分,昙阳子忽现身室内,口吐光若电,满室照彻青金光,她周围影影绰绰,人影恍惚。王父不觉失声,阳神立遁去。第二天,女儿问王父:知道这是什么光么? 这是法身中真火,人人本具不能自动显现罢了。父亲如果还想见识其他,也是可以的,只是先须征得列仙同意。那么,想见我圣师和列仙吗? 王父自是大喜过望。

10. 列仙来下

约定的三月十五日到了。月光下,王父及家人等守候在昙阳子楼下外门后,扒着门缝,屏息静待。过了好一会,闻得楼中珮环声瑝然,然后昙阳子下楼扫室焚香布座。马上,群仙下楼来了,昙阳子阶下叩首相迎,只见苏元君、朱真君缓缓步入,余则轻飏若雀跃而入。列仙衣着颜色不一,唯独苏元君、朱真君五色灿烂,非绮非绣,不可名状。两位圣君为使王父看清楚些,步态故意放缓,只是看不到面目,因为有袖子遮掩。临离开前还命人晒法水于四壁,而法水在黑色墙壁上附着而不复流淌,反而如黑漆明亮鉴人。待群真离开后,王父马上跑去鉴定,甚至直接舔舐②,呀! 清凉甘甜,用手指点蘸细瞧,却是纯白色。王父惋惜地对女儿请求:不如直接赏赐我一杯法水甘露,泼洒在墙壁上也太可惜了。女儿笑曰:放心吧,以后会多多供奉您老。

至此,机缘成熟,可以让王世贞正式拜师了。王世贞诚惶诚恐地献上誓帛。朱真君瞧见这放在昙阳子住处的誓文,对她说:这个新弟子很是"可怜"(可爱),

---

① 篆书的一种,仅指小篆而言,其特点是笔道圆润温厚,形如玉箸。

② "顷览昙阳传壁上水安知非蜜而遽云甘露王元美亦易其言矣余意子韶之乳其元美之露也",见《钦定四库全书·明文海卷一百十六(余姚黄宗羲编辩七·茶乳辩)》。

那天可以见个面。于是,约定四月二日,那天王父与王世贞一如上次等候群真来临。所见情景和洒法水环节也与上次一样。只是真君在右侧耳门门缝处大声说:不要悔! 不要悔![①] 之后,群真退隐,昙阳子招呼世贞入中庭叩拜,昙阳子略开一扇门,问:"你听到真君的教诲了吗",王世贞诺诺再拜。接下,昙师约略地谈及迁化之事并以建龛事相托。这次,王世贞才得以一睹师颜,唇朱而面金黄色。又过月余,王世贞弟王世懋回乡,也愿意拜师修道,师曰可。不久,又一次近距离接触群仙的机会来了。这次,曹先真和周仙姊也来了,随着后门门缝时开时合,王父瞥见群仙的彩服和白玉般的仙指。凡列仙来临都有金铠声,但苏元君和朱真君到来时,环佩铠铠,声音急促、清亮,却泠泠然悦耳,夹杂笑声、歌声和梵呗声。然后才看到二君袅袅步虚,凌空飘下。这音乐声虚无缥缈,时隐时现,微细不易辨别。吴淑人路过,与王父等都听到了天乐,就叩首祈请,马上有片纸凌空飘下,上书:造化本无工,众生自造化。吴淑人跪接仙真法语,珍藏发髻中。群仙去后,有乐器留在室内,王父隔着窗棂扪摩,或似螺、筝、洞箫,皆坚滑如白玉。

又一日:昙阳子对父亲说:听说王世贞有佛、道二藏经,想借阅十分之一、二。借来后放置在她居住的阁楼上下的书架上。群真来了以后,也与昙阳子一起阅读,还取上好的吴笺纸,以丹砂石青金粉标记心得,二至八字不等,这些纸片就夹杂在经藏书册中。王父一次看到,大觉惊奇,而王衡则时常跑去侧身书架间偷偷阅读。也许因为这个原因,王衡聪慧异常[②]。后来家宴时众女眷来取阅这些经书,看到这些标注却都不理解含义。奇怪的是,她们刚刚离开,这些夹有仙注的经册就不翼而飞了。王父忧心忡忡,世贞惶恐谢罪,昙阳子笑谓:何罪之有。总归是你的,怎会丢失?

11. 再谒大士

二王在城之西南隅购地筑室,周围林木流水环绕,中建一小祠庙,旁置茅斋。

---

① 陆与绳在给王世贞的信中提及昙阳子的神迹明显是模仿道教神话故事,似乎昙阳子担心王世贞退失道心而借真君之口有此"不要悔"之谓。这件事发生后,王世贞反劝陆与绳:"兄所以疑昙阳师,谓是《楞严》第七卷中人,不意其透此一通也,立脱,俄顷间,万化在手,恨不令兄见之,疑城一破,莲花不远矣。"见王世贞:《弇州山人续稿》卷一七四《陆与绳》。

② 王衡(1562—1609年),字辰玉,号缑山、别署蘅芜室主人。虽之前也曾蹭蹬场屋,但万历二十九年会试名列第二名,继而又在殿试中以第二名得中榜眼。因当年王锡爵也是榜眼,故朝野以"父子榜眼"传为美谈。

本想退隐后来此隐居。昙阳子指示说:等我迁化后可以移龛于此①,于是题名曰:昙阳恬澹观。祠庙里的供奉的名号与位次出自昙师拟制:正南面左供奉观音大士和右供金母(西王母,司仙籍),左协侍为苏元君上师,右协侍朱真君本师。西侧上首霎嫛导师,接下依次许、郑、谢三公,这是与昙师常相论道者;东侧上首吕洞宾,接下是崔、周、邹三仙姊,与昙师朝夕相处切磋者。

五月十三日,王父尚未起床,昙阳子盛服装束"冠玉佩剑挥麈"忽立床侧,王父吃惊不小:毕竟父女住处相隔七道门,还都锁闭未启呢。问话不答,笑谓:带我去爷爷那里去,有事请求。于是,来之封公住处,昙阳子隆重行礼,先封公(爷爷)、吴淑人(奶奶);次父母,次家庙行告祝礼。封公不解,她说,修道有成,自然该拜谢天地宗庙祖父母诸先辈。这时,家人都聚集来了,昙阳子复郑重请求封公:有一要事一直不敢言,今请愿去拜祭徐郎墓。封公惊呼不可不可,昙阳子就久跪不起,王父不忍,从中说项乃可。父亲知道女儿心思,偷偷问:到时候了吗?回答:没有,等拜谒上真后才可。

月末,朱真君以信约昙阳子去拜谒观世音大士。昙阳子来到观音榻前,观音教诲说:你一心修道,不负我望,已获解脱,就不要贪恋尘世了。这时群仙毕集,昙阳子又在集道宫拜谒二君等其他诸仙。集道宫是十位大仙的固定会所,崔仙妃掌管出入的钥匙。但不知其方所,周遭云气弥漫,虽不见日月,但明亮如昼,其地面不见铺设痕迹,却色正白润光洁如玉,栋柱亦不像竹木之属却有美丽复杂的螺纹。昙阳子拜谒过程中,时时有呼传天酒(也称天浆)进奉,甘芬清滑不可名状,疑即前所用洒壁之法水也。这次会见群真,昙阳子阳神携一灵蛇同去。此蛇是昙阳子一次阳神返家时携带回来的,一直放置在楼下空书柜里,驯服不动。昙阳子携之入集道宫,朱真君赐名"护龙",嘱咐昙师宜好生度脱之。日久,家人不以为然,时时来逗弄,昙师怕生意外,准备置之新观,但新观还未完全建好。此间,灵蛇突然遁去,不知所踪。三日后返回,匍匐昙师前。昙师就决定先将之装笼放置在王世贞的弇园。送来时王世贞刚刚洗浴罢,头裹毛巾出见,打趣灵蛇:你我都皈依师门,以后要友爱互助,共同办道啊。蛇啧啧而应,之后送笼到水洞,可到了五更天,灵蛇忽然不见了。

---

① 昙阳子迁化同年,即万历八年(1580年)十一月初二,二王为王焘贞迁移神龛昙阳观。

12. 两拜金母

六月初,朱真君使者来,昙师请求拜谒金母。第二天早晨真君使者来回复:金母有命,日期待排。昙阳子忽忽不乐,说后面还有大事呢。又传来消息,允诺第三日见。是朱真君接洽,允准昙阳子来拜金母。来至金母神居处,只见四周皆水,漫无边际;白云涌动,五彩闪耀,天地一体难辨,居中是宏伟宫阙,光彩夺目,好像集道宫,走进方知,乃类于瑶池之所,也许是金母的行宫吧。昙师徘徊其中,过一晚上,果然,真君如期而至,乃得以跟随与群真一同拜谒金母。真君先向前介绍昙师,昙师则居后跪拜如仪。金母和蔼可亲的问候昙阳子:"你何其艰苦修行而达至此呢?",昙师起立,退至群仙之后。乃得亲睹金母容貌:美丽非常,但牙齿有些突出①。左右有女真数百,她们身边侍真亦数百之多,大家异口同声赞美:"益一仙侣矣",也有举手祝贺的。朱真君复前谒金母,金母起身与真君说话,谈话中似乎涉及王父与世贞的名字,其他皆密语不传。金母左面班首是威严可畏的毛夫人,第三位是南真魏夫人②。她是昙师所欲供奉者之一,遂前施礼,魏夫人问何以见礼,答言:仰慕天真道久矣。夫人莞然曰:道固有胜我者。她接待昙师态度特别温和。紧接着众仙随金母起驾而前往集道宫,在那里昙阳子再次上前拜谒金母,金母赐昙阳子黄色天衣一袭:如绫锦但无针线痕迹、穿上自然紧身束腰,可御寒暑。另赐金镯两色紫磨环,上镂梵书十余如印文故称印镯,昙阳子拜赐而归。

归来后,昙阳子对父亲描述拜谒金母细节极详。她还问父亲,今天早晨奉金母神主入观了吗?之所以有此发问,是因为观刚刚建成,昙阳子本拟当月四日亲奉大士金母元君真君入观主祀,但此时,昙阳子阳神已经出发赴金母处(这也是她候拜金母前忽忽不乐的原因),所以,只能请二王代劳。听闻父亲肯定答复后说:有不到位之处。因为在我在晡时拜会金母时,随从的仙姊们告诉我,当时您和世贞没有手捧入内。王父大惊:哎呀,当时是忙于它事,是工匠先入内奉上的。

---

① 《山海经》描述的西王母形象:"豹尾虎齿善啸,蓬发戴胜",不过后来将这不佳形象转移给西王母使者金方白虎之神身上。《汉武帝内传》中西王母"视之可年三十许"。

② 明末史学家谈迁曾提出王世贞《昙阳大师传》是模仿《南岳魏夫人传》而作。孟宁在《〈昙阳大师传〉与〈魏夫人传〉比较》(《濮阳技术学院学报》,2014.06)就两人家庭出身、自幼多病,信教经历如:上真来降、指授经典、服饵食(仙)果、幻化练形等情节颇为相似。但人生经历却大相径庭:魏夫人嫁人生子,八十三岁由上真接引仙化而去。

当天早晨这里发生的事,西方万里之瑶池已知之矣!昙阳子还告诉父亲:金母去会见大士,态度特别恭敬。大士起身请金母入座,然后两位接膝并坐言笑款款:瞧!佛道高阶把臂联欢——这真可谓"释迦与老君同流,真性与元神杂出"①。真君与元君位列诸仙之首,拜谒金母时,金母坐而大士不坐。金母也许是十地菩萨化身,也许是文殊菩萨——大智文殊在佛门地位甚至比大悲观音还略略高些呢②,于此可见昙阳子信仰世界里佛道并非无所轩轾,甚至后者些微胜出。昙阳子最后说还看见一大比丘,面放金光,周围僧道装束者数以百千,皆俯首不敢仰视,也许这位就是释迦牟尼。这都是王父对世贞复述之语,只是不知何时何地所见。

朱真君告诉昙阳子:"金母,而主也",对昙阳子拜谒金母王传言之甚详,但涉及佛家大士则一笔带过。后来,王世贞意犹未足,专门撰写《金母记》,钩稽史料,爬罗仙书,"遍考道藏及他稗官,黄衣所志",历数自古以来有关西王母与中土人物的传说:黄帝、舜帝、周穆王、汉武帝、茅君、王褒、张道陵、魏华存之后,接下来更加仔细描写了昙阳子在类乎瑶池的行宫和集道宫两谒金母事。在这里还特地补充了王传中未提及的细节,即昙阳子说此行所见有三处与列仙传等描述的不一样:一、金母貌固端美,然亦似中岁人,不似仙传称之过丽;二、魏夫人老而非传谓成道时返还若处子;三、终日饮用天浆而非传称行厨百味。

13. 徐墓苦节

昙阳子最后决定迁化了,地点就在徐郎墓。

六月十日,昙阳子再次盛装打扮,隆重礼拜封公。封公不禁奇怪:上次也是这样行大礼,那是因成道而谢天地恩亲,这次却是为何?就算再次去直塘(今太仓沙溪镇)拜祭徐郎墓,往返不过六十里,何须行如此大礼?王父心里则很清楚,女儿去意已决,大限将至,无可挽回,就含糊地说:女儿家不轻易出门远行,出行则必行大礼以示郑重。

六月十一日四鼓时分,具缟素服御冠剑毕,朱真君和群真来送别。昙阳子边

---

① 鲁迅评价《西游记》语。
② 佛教认为文殊菩萨是十方诸佛之师,一切菩萨之母。《华严经·入法界品》:"(弥勒菩萨曾对善财童子言)文殊大愿,非余无量百千亿那由他菩萨之所能有。其行广大,其愿无边,出生一切功德,无有休息。常为无量诸佛之母,常为无量菩萨之师,教化成就一切众生,名称普闻十方世界"。

拜边哽咽着说:我不能在荒郊野外迎拜您,也许要离别长达三个月①。当晚,父亲和弟弟就住宿在她的旁边房间,嗅到异香扑鼻,还听到脚步声,就匍匐在地屏息静候。昙阳子也转达真君对于父、弟的问候。忽然有声传来:看光!话音未落,顿时整个楼房都光明晃耀,犹如白昼。王衡不觉失声:"太神奇啦"。光渐渐减弱,佩环音亦渐高。接下,昙阳子乘竹兜子来到修建好的"昙阳恬澹观",礼拜观庙里的诸真。郑崔以下如平辈兄姊礼,对关将军如拜客礼。这次,王世贞和无心有才就近一睹尊师芳容。随后,与家人一起乘舟前往徐墓。这是一条不归路,此行昙阳子打定主意不再回家,直至为徐郎贞烈殉葬,委婉点说是迁化成真。消息已经传开,陆续有舟船行前来问讯礼拜,焚香送行。傍晚抵达徐郎墓地,摆设蔬馔行祭,拿出袖中朱符,焚于炉前,后行八拜礼已,命弟衡诵祝文并焚之。昙阳子独立苍茫,默然四顾,思绪郁结。过一会儿,昙阳子要求父亲为她劝退周围围观的人群。但来看热闹的人太多了,无法做到。接下,她坚持要在墓地住宿。家人只好导入墓地左侧的享室。她指其庭之东北角说:就这块佳地了,我不回家了,说罢坐在一块毡毯上。周围包括祖母、母亲等一众女眷悲伤涕泣,拉扯劝归,昙阳子无动于衷,出大悲言:过去自己想死而不能,现在住宿墓地也不许。就算允许住在这里,也并非我所终求,还说什么回娘家。接下让王世贞出面劝归家人。王父忍不住上前劝阻女儿:你为徐郎已经做到仁至义尽了,既然已经开悟成道,为何还死守匹夫愚妇区区小谅而背弃大道义?这到底算哪门子道理?这不是情障孽缘又是什么?昙阳子叹息说:父亲怎可这样说,我虽读书不多,但恰恰是这份一意真诚的苦守贞洁才得蒙上真怜悯,幸而有成。现在岂能改弦易辙,自弃厥志?父亲所云大过也,有违中庸之道。如果我直接迁化而隐瞒初衷本愿,貌似圆满,实则瞒天欺神违心,这也是父亲所厌恶的吧?王父听罢,转头对王世贞说:直心道场,夺之不详。遂不复劝焉。

自此,昙阳子露宿于这块毡毯之上,少有移动,也不覆盖它物。时方酷暑,晴日烈日暴晒,夜则恣蚊饱血,却笑曰:"五年前就该受此了"。雨天则栉风沐雨,即

---

① 徐渭《昙大师传略》对此解释是:"独师初拟化,朱真君来慰,既云别远不过三月,师何用再拜。辄呜咽,及果化,计划日正满三月,会不在须臾耶?又何用西向四拜,曰:吾以酬朱君,似朱则住世师,则辞世永不相觌。"

使庭中水深尺许,亦绝不徙席!面对他人劝慰,答曰:"不如此何以圆满吾'苦愿'"①。王父心下不忍,含泪劝导:如此肆意摧折身体,不怕病倒?答言:女儿只是心愧不能立死,何惧病痛。说来奇怪,王传说经此苦行,师"玉色益明莹,眉目益森秀,而颊微丰,肌体若凝脂。"并且其身体一直散发"异香,虽旃檀沉脑不过也",甚至呼吸都有类似松柏的气味。

昙阳子的这番行径耸动四方。人们如痴如狂,蜂拥而至,拜谒观瞻,她一概谢绝。久之,对亲戚中女眷稍示亲近。又曰:诸法平等,无有高下。渐渐对于贫穷、诚实之辈亦有所开示。其得一、二语者,往往心病立瘳;视其善根大小,予以香银牌、麈拂或柏枝,沉疴痼疾得柏树叶熬水饮之即愈。而在士大夫阶层,颇有些人不解于昙阳子惊世骇俗之举,风言风语时有耳闻:有说昙阳子久居墓地,家人被迫陪伴,着实不宜,更有损于王父为官作宰、一代名士的声望。甚至说她担心不能升化而逐渐恢复正常饮食。王父心理承受巨大的双重压力,异常愤懑,昙阳子劝慰父亲:孔子还遭受过弟子公伯寮的诋毁呢②,何必计较烦忧?

此间又有两件灵异之事略作补充:

灵蛇一直寄放在王世贞的弇园,该回归主人身边了。八月十日晚,昙阳子以朱篆数字传信王父,去弇园如此行事:到时只需呼叫:"护龙,护龙,汝师且化矣,可速来则",并将笼子放置在水洞口。第二天灵蛇仍踪影全无,相顾悯然:看来灵蛇毕竟不识古篆字呀。又过两日,世贞来徐墓拜访,王父迎迓,告诉他:灵蛇传信,许诺十五日会来的。是日三更夜半时分,风雨交作,并伴有异香阵阵,隐隐还有类似法螺梵声,灵蛇闪现而至:消失前仅五尺余,今已八尺许,体周粗了整整一倍。从昙阳子手中溜下,蜿蜒庭中,颇似愉悦。只是眼部蓝白并无黑睛。

---

① 学术界一直有种说法,认为昙阳子这一次本是准备化升殉节但未成功。但依据王传前文交代,昙阳子来徐墓前告别仙真时已经预告将在这里(徐墓)居住三个月,所以只可以看做是以"苦行"以圆满"苦愿",成就"苦节"。三个月后,果然如愿以偿。而且,按照仙道逻辑,昙阳子阳神出入自在,随时可以遗蜕化解,永别世间。

② 《论语·宪问》中记载,公伯寮曾在季孙氏面前毁谤子路:"公伯寮愬子路于季孙。子服景伯以告,曰:'夫子固有惑志于公伯寮,吾力犹能肆诸市朝。'子曰:'道之将行也与?命也。道之将废也与?命也。公伯寮其如命何!'",另外,公伯寮曾将孔子"堕三都"削弱私室强大公室的计划透露给季孙氏,导致孔子改革计划失败而被逼离开鲁国。当孔子得知公伯寮在季孙氏面前诋毁子路时也没有过多埋怨,并阐述了"谋事在人,成事在天"的道理。不过不管是公伯寮诋毁子路,还是出卖孔子,孔子均没有埋怨怪罪公伯寮。

公见后担心：这不是瞎了吗？第二天，蛇眼就恢复正常，而且特别驯服，不吃东西。

前文讲过：昙阳子曾借阅王世贞的佛道藏书，后来凡诸真阅读批注过册籍忽然遁空而逝。在昙阳子辞家去墓地不到三日的时候，这批经书神奇地自动出现在原来的案几上。王世贞喜出望外，亲自检视装裱，以古锦为书套。昙师闻后取视，自言：我以为将随我而去，终是物归原主。

14. 成化愿满

九月二日，昙阳子问父亲龛室是否已经造好，并告知重九是迁化之日。世贞督促下，将完工的龛室抬到徐墓樟室外停放，徐郎父为之搭建了简易茅棚遮挡风雨，外周设置栅栏。九月五日，昙师即毡毯为法座，先后召集众男女弟子训诲。六日天亮时分，授八戒予世贞：首爱敬君亲；次戒止淫杀；三怜恤孤寡；四和光忍辱；五慈俭惜福；六敬慎言语，不谈人过；七不蓄谶纬、禁书；八不信师巫外道及黄白男女之事[1]。王世贞拜服至极："核而端、朴而要、悉而弗苛浅而有深旨，盖生人之大纪备矣。即老氏三宝[2]佛氏五戒胡能逾也。"是日，接见官宦、乡绅、僧道、普通乡民各色人等万余。七日，复倍之。这天对父亲及弟弟作了最后的交代，语之甚详，王世贞当时在场。八日，昙阳子命人摆设香案，以辈分尊卑血缘远近，先遥拜祖先，次北向金陵方向，为叔父所在。次王家族尊者，次母亲家族尊者，次徐郎父母亲，次家族内外同辈分者。最后复进前再拜王父曰：吾道赖吾父而就，不敢忘也。家人哭声一片，莫可如何。当天半夜三更时分，昙阳子与王父来到徐郎墓前做最后的祭拜。这时只闻得周围田地念诵佛号的声音若阵阵蝉鸣；无数的火炬星点棋布。怕扰动这些情绪昂奋的周遭民众，就用巾帕遮首抄小道来到墓地。拜祭毕，昙阳子拿出袖刀割下右髻放在香案上[3]，曰："吾以上真见度，不获死。遗蜕未即朽，不获葬此，髻所以志也，为我谢参议君，幸启徐郎之窀（墓穴）而祔（合葬）之"。王传评价曰：昙师为夫妇纲而前后三次拜祭徐墓，至矣成矣！当

---

①　此第八戒表明昙阳子反对房中术，在中晚明淫风炽盛的社会背景下，实难能可贵。所以最为当时士人所重视和称道，沈德符误以为这是第一戒，《万历野获编》（卷二十九）"妖人王子龙（再见）"条："往日王昙阳辞世，以不信黄白。男女为第一戒，真疗狂格论。"由此称赞昙阳子："和同三教，力摈旁门"（卷二十三"假昙阳"）。

②　《老子》六十七章："我有三宝，持而保之；一曰慈；二曰俭；三曰不敢为天下先。"

③　由此，后来常称之为"左髻昙阳子"。

夜回到享室西耳舍歇息,笔墨疾书不已,直至天明未竟。

九月九日——生离死别的时候终于来临了。昙师犹自忙于书写,母亲捧门而泣:孩子呀,预定的中午时辰就要到了,还关心这些人间事为啥呢?昙师不慌不忙答言:到正午时分告诉我。时已至,昙师沐浴罢,着新冠新衣新鞋,杖剑捉塵,走出耳舍来,复与亲人一一诀别。面对三个摆设好的香案,昙阳子叩拜三方:南向四拜,曰酬谢天地;西向四拜,谢吾师朱真君;北向四拜:谢吾主(金母)。然后进入龛室,将投入的衣物多余者捡出,有的交给大母、母亲。再次走出龛室,手握宝剑,禹步三周。口里念念有词以杨枝蘸洒瓯水,用铁笼盛放灵神置于龛门左,也以杨枝水洒之,扶蛇顶喁喁私语,若受戒状,灵蛇亦若张口应诺貌。复脱下黄冠八卦衣付封公;将首饰交予徐父;挽起左髻穿上故衣,再次向西遥拜——应该是此时绵竹邹仙姊来迎接她来了。又向西南揖别大母、母及诸女弟子。殷殷嘱托众人。甚至还用半开玩笑般的口吻说:"吾,左髻昙阳风小仙,吾行甚逍遥。诸观者亦羡之耶?则胡不早回首。"最后,特别叮嘱父亲和世贞,看护好栅门口,迁化后勿使他人靠近。之后就进入龛室内,递出所书遗教及辞世歌、偈赞,共四纸,以授封公及学士;另一纸赐予世贞。又让女僮传话:我是昙鸾菩萨化身,为化导有缘而转世来此世间。之后就左手结印执剑,右手握塵尾,端立瞑目,栅外哭声更大起来,就又睁开眼睛说:不要悲哀,复又阖目。闭目半时许,两颊红晕泛起,与平时并无多少异样之处,也如入定时一样,两眼睫毛上隐约若有光珠。

不知觉间,太阳已偏西,头顶两条白虹横贯长天,洒落在昙阳子头帻上的杨枝法水闪闪发光,如金沙列星;剑头有如盏(王传:升)大小的火团,远近皆可见。两只黄蝴蝶盘旋龛室周围许久乃去:这应验了昙师的辞世歌里"一双蝴蝶空栩栩"等语。快要关闭龛门了,世贞和诸弟子悲哀涕泣,不能自已。昙师手握宝剑似欲挺起,目微张,肩部微微抖动,倏忽间,师已归化矣!徐(渭)传说:"师道成,立已化,红光亘天"。稍过一会儿,就近观察龛室,则灵蛇已不见踪影而铁笼门闭锁如故①。此时,栅外三方十万余人,拜者、跪者、哭而呼师者、称佛号者不可胜记。龛室停放享室中,远近进香膜拜的人来人往,日夜不绝。

昙师化后十六日左右,女儿托梦王父让弟子世贞过来,王世贞立刻赶到。是

---

① 沈德符记道:"说者疑其为蛇所祟。盖初遇仙真,即蜿蜒相随,直至遗蜕入龛,亦相依同掩,则此说亦理所有。"(《假阳昙》)

夜,二王抵足而眠,都一再梦到了昙阳子[①],梦中昙阳子训诲敦切,音声琅然,对王父的话略多一些。大意是吾道无它奇,淡然而已。告诫二王戒欲修道,不要辜负自己,且自己绝不会弃二王而独成大道。问及昙鸾菩萨是何人,她默不作声。之后说:邹仙姊迎接我时传达的朱真君的命令而这样称呼我的,久当自知之。又问灵蛇去哪里了? 答曰:邹仙姊袖(而藏之)归靖庐了,只是肉眼看不到。王父又说:我之前对于女儿修道遇真之事曾有详细记载,也曾交给你过目,你却将它锁起来,后来又突然烧掉,之后我不敢再提这事了。现在即便不祈求名声,但也不该如此渊默无言,就算是为后学修仙证道提供镜鉴也好啊。与其任由世人妄逞胸臆,勾隐吊怪,操翰搦管而一逞口舌之快,不如亲历者自书,存其信实。昙阳子颔首曰:确实如此,但如何是好? 王父接着说:我如果亲自撰写,则不避亲;世贞撰写就不避疏。人们认为亲人容易谀辞溢美,而外人却难了实情。不如这样,由我来提供素材初稿,再由世贞润色完成,如何? 昙阳子又点头称是。王父不知觉哭了起来,世贞且拜且哭。过一会两人醒来,互相对证梦里的细节,居然完全一致!

王世贞对昙阳子临终时宣告自己是昙鸾菩萨化身一事很是在意。王传中简述了昙鸾菩萨生平。后来又专门撰写更详细的《昙鸾大师记》。昙鸾在患病后从五台山专程跑到南方通过梁武帝找到陶弘景,尽得治病养生仙方。回来后又遇到印度高僧菩提流支,授《十六观经》,乃悟六道轮回,生死幻化,非药石可了,遂尽弃仙方,皈依净土,冀超轮回,永生莲邦,后成为中国净土宗第一代开山祖师。昙鸾大师化后"屈指至于师千十七年矣","而却为昙阳子,用童女托体"。王世贞在《昙鸾大师记》最后感叹道:"鸾公之谢陶先生方,而受十六观,然不废朱真君弟子昙阳子表女身,仅二十三而化,然不废三教师。呜呼! 真大参同哉。"这也与《昙阳大师传》开篇的赞辞同伦:"至道之精,无形无名,竺乾澜之,震丹隄之,流遥

---

① "万历十二年(1584)二月,王世贞自称接到昙阳子的乩语二百字,责怪他心境不净。(王世贞:《弇州山人续稿》,卷一七二〈与云仙老人〉),万历十五年(1587)夏,某晚四更,王世贞忽然听到中楼之下传出三声巨响。王世贞认为这是昙阳子的警示,遂'节饮省荤'。(《弇州山人续稿》,卷一八八〈寄敬美弟〉)。另一方面,据屠隆所转述,昙阳子化去后,曾两次托梦予王世贞与王锡爵。梦中昙阳子对他们保证,若他们此后在修养上精进不已,她便会在五年之内重来,并「授以道要」。若他们自甘沦落,昙阳子不但不会来临,他们更会受到祸罚。(屠隆:《白榆集》,卷六〈与君典〉)。据说,二王当时是被昙阳子'摄魂'而去的,并非单纯梦境而已。"(转引自徐兆安:"证验与博闻:万历朝文人王世贞、屠隆与胡应麟的神仙书写与道教文献评论",《中国文化研究所学报》(*Journal of Chinese Studies*)。No. 53 — July 2011)。

派疏,世名三之,与媾为斗,孰知其非,超一函三,惟我大师"。在在强调的是大道无二,三教归一。

15. 儒化本心

至于昙阳子迁化的内在原因,她自己其实已说得很清楚,在前往徐墓前:"一日戏谓弟衡,若欲我禅者化乎？ 将道人化乎？ 衡不能对,则又曰而知二氏之化而不知而儒者化,夫乘理而来乘理而去,则三化一也。"昙阳子是为践行夫为妻纲的传统贞洁观念而殉节的,她称之为"儒化"。昙阳子整个修道成道的逻辑链条就是:因为徐郎的意外去世,昙阳子伤心欲绝,下决心为之殉节。而她与徐郎之关系仅限于一纸婚约,甚至连一面之缘也没有,她却决绝地准备做出了如此远超常伦、匪夷所思的自我牺牲,不仅连她的父母亲都无法理解,社会舆情也会有索隐行怪、矫情干誉之疑虑。按照她的说法①,恰恰这种迥出常格的苦行危节感动了群真,作为对此种的儒家纲常信念嘉许,佛家大士、道教的群真们纷纷没日没夜地教授、帮助她迅速悟道成道,达至她自己、同时也是佛、道圣神们期待的目标。如此,昙阳子最后必须尽早殉节,不可能有另外选择,连观音大士也劝她:"汝冥心契道不负吾,解脱良哉,毋久恋尘世也"。归根结底,是为儒家贞节观念殉节,所谓"儒化"者也。当这样粗略地梳理了昙阳子立化成道的究竟本末之后,这着实令人会觉得不寒而栗。"昙阳子"事件显示出在当时儒家思想作为绝对的信念主宰已经沦肌浃骨般深入臣民头脑内心,"饿死事小,失节事大",这种贞烈殉节的观念甚至成为人们无意识之下评价女德的至高绝对标准②,至此连佛家、道教也乐于引为同调,合作背书。佛家、道教从来都尊重生命,当然反对自杀。道教更是贵己恶死重生,惜生、养生,追求长生

---

① 昙阳子《初归祭徐郎文》云:"徐郎亡后,寡女十矢志无二,立志如石,惟一死方无挂碍,既而思之,已嫁入门者,当一意殉夫,未嫁在家者,当两全节孝。今为祖父母在上,父母在前,斋蔬丧服,不能全礼,又不得亲奠前,实切自谦,但以守节在心,不取其迹,自今以往,独有衔哀,叩天绝食、饮水,誓捐躯命,不向繁华,以了平生心念,以酬上圣度引,天不常,人性常,行功满日,机深自知。"(王锡爵《化女昙阳子事略》)

② 王世贞《纯节祠记》:"生殉而不以情,死殉而不以变。至哉！ 昙阳子之纯于节也"。台湾学者陈玉女对《古今图书集成·闺媛典》中明代各部妇女奉佛比例分析。结果表明收录女性的标准还是以传统的贞节孝行为主要参考。收录总人数有34903之众,而总奉佛者184人,只占0.52%,可见以传统妇德被人认可比以修法悟道被人认可要容易得多。见陈玉女:《明代的佛教与社会》,北京大学出版2011年版,第365页。

不死、羽化登仙是道教最主要和基本的追求①。且"神仙之道,以长生为本"②,"古人有言曰:生之于我,利莫大焉。论其贵贱,虽爵为帝王不足以此法比焉;论其轻重,虽富有天下,不足以此术易焉,故有死王乐为生鼠之喻"③——"死王乐为生鼠"——生比王大——这是道教对人类生命欢愉的最真诚讴歌,也是无限执着眷恋活着、向往永恒生命的庄重宣言。古往今来道教为此穷竭了无数修道人的才智,创造出无数外丹、内丹、守一、胎息、辟谷、服饵、祈禳、守庚申、斋醮科仪、导引按摩、符箓禁咒、扶乩、占卜、房中等等修炼法术,坚信"我命在我不在天",甚至敢于违反自然,希图夺天地之造化;逆化人生,制天命而永生。且看三教生死观的比较:"儒畏天命,修身以俟;佛亦谓此身根尘幻化,业不可逃,寿终有尽;道教独欲长生不死,变化飞升,其不信天命,不信业果,力抗自然,勇猛何如耶!"④,这种神奇的思想是全人类文明史上独一无二的。而昙阳子为护持儒家纲常名教,年纪轻轻不惜以二十三岁青葱韶华,因一纸婚约而陪葬给从未谋面的徐郎,香消玉殒,着实令人觉得可悲可怜复可叹。

除遗赠一些亲人、士绅们的只言片语,昙阳子并未留下任何著述。原因之一是昙阳子并未受过像样的私塾教育。她从很小时就不肯学习儒家基本经典,只着迷于佛道,前文已述及。按照王传,昙阳子悟性了得:"其始受书不尽二卷,识人间字十不能一二,而既得度上真,一切洞彻六经子史,趋走笔舌间,无能窥所自他注,故两藏奥义往往超然有独得者,即耆宿总持弗逮也"——这评价说明昙阳子属上根利器,卓然超群。识字不多,悟性上上,类似于六祖慧能回答无尽藏尼师的话"字即不识,义即请问……诸佛妙理,非关文字"⑤。还有书法:"师初不为书,既书而八法俨然,超洒自得,时时在山阴永兴堂室间,至于古篆,则仓颉以至碧落阳冰近七十体,而天圆采阳之类出,自三元八会者不与焉。"——为什么——因为昙师篆法得之于崔仙姊且"仅一习"即得之。昙阳子的书法艺术也是王世贞

---

① 昙阳子祭祀的魏夫人(魏华存[251—334年])是83岁化升的。而北宋的陈抟(871—989年)据《宋史·陈抟传》记载是化升的:"二年秋七月,石室成,抟手书数百言为表,其略曰:'臣抟大数有终,圣朝难恋,已于今月二十二日化形于莲花峰下张超谷中。'"享寿118岁。这两者应该都是得享天年而自然去世的。

② 司马承祯:《天隐子》。

③ 葛洪:《抱朴子·内篇》卷十四"勤求"。

④ 傅勤家:《中国道教史》,第214页。

⑤ 《六祖大师法宝坛经》:"机缘品第七",金陵刻经处本。

等文人折服她的另一个缘由,昙师常常书写佛道经语或机锋训诫语赠与文人弟子们以示结缘。

二、昙阳子的历史影响

1. 身后是非

昙阳子接引了众多王父的同乡、同僚、朋友等,除自己的父亲王锡爵外,王世贞、王世懋、屠隆、瞿汝稷、徐渭、胡应麟、冯梦祯、陈继儒(王世贞门生)、耿定向、管志道、王百谷、赵用贤、沈懋学、汪道昆、张厚德、张定安等先后拜昙阳子为师,昙师对他们都有简练的点拨开示。昙阳子弟子前后达百人之多,整体说来他们在当时东南政界、文坛、宗教界都享有盛誉的文人学士,此外还有许多衲子羽流。

这些士大夫有个共同特征:大多是得罪张居正而罢官归隐者,或为闲职在任者。于是乎,这里涉及人们一直关注的话题:昙阳子事件与官僚文人集团的党争的关系。这个问题很好理解:中国历史上从来不乏党争的传统,著名的是唐朝的牛李党争,北宋围绕熙宁变法的新旧党争,南宋党争更多①。明朝党争中,东南官僚士人势力最强大,原因很简单,因为明清朝科考中中举者东南(浙江、江西、江苏、福建)进士几占一半,而以浙江、江西、江苏为前三甲②,且历来党争几乎都是以地域划分阵营的。王世贞、王锡爵同属本地名门望族,先后构恶张居正,被弹劾不得不先后辞归故里,而两人同姓同乡,同病相怜,关系密切,王世贞称"虽兄弟不若也"。于是利用昙阳子事件影响力,党同伐异,希图东山再起。此事魏宏远的文章"附魅、祛魅和返魅:昙阳子传记形象的历史演变"③分析甚详。

众多文士纷纷撰文歌颂昙阳子成仙事迹。除王世贞诸多诗文,除一万余字的传记及前文提及的《金母记》、《昙鸾大师记》外,还另撰《昙阳子外传》、《昙阳先师授道印上人手迹记》、《纯节祠记》等文,以及诗歌如《昙阳子性命三十六体仙篆歌》、《谒昙阳仙师纯节祠》诗。王锡爵《化女昙阳子事略》,王世懋《书昙阳大师

---

① 参见沈松勤:《南宋文人与党争》,人民出版社 2005 年版。明代至东林党争终酿成大祸,明朝最后四十年就在日趋激烈的东林党争中黯然退出历史舞台。

② 整个明代,录取进士人数总共 24866 人,浙江第一 3078 人,为"他方不敢望",见王红春硕士论文:《明代浙江举人研究》。

③ 魏宏远:〈附魅、祛魅和返魅:昙阳子传记形象的历史演变〉,《社会科学》,2014 年第 10 期。

传后》①、徐渭《昙阳大师传略》、屠隆《昙阳遗言》、范守己《昙阳仙师传》、沈瓒《近事丛残》中也有昙阳子事略等。其次，王锡爵将相关诗文汇集成册，刻成专书，如《昙阳子传略》一书，今上海图书馆有藏。王世贞还把《昙阳大师传》单编成册，在友人中传播，"奉去近草先师传一册，其成道始末及化迹俱在，大抵能合三教者，始能出三界"②。

屠隆③对昙阳子仙化之事也无限向往，是二王之外最热心的追随者。屠隆在昙阳子升化之日作诗十九首《辞别昙阳大师》，一年后参观昙阳观和昙阳子生前楼居又作诗两首。自云："邑距昙师所居百里，而近心向慕焉。日望师下筏登堂视事，退食燕坐无闲也。凝神逾年，果蒙师引度"④。屠隆号"溟涬子"，非常希望昙阳子能够接引自己。屠隆之迷信道教是出了名的⑤。

之后，昙阳子名登仙籍，位列神仙传⑥：

"万历十一年（1583年）六月，体现晚明以前最新神仙谱系的著作《广列仙传》由道教信徒张文介编梓刊印。若将《广列仙传》与元代道士赵道一修撰的《历

---

① 《四库全书总目提要》（卷一百二十五）评价《望崖录》二卷（两淮盐政采进本，明王世懋撰）："是书内篇一卷，皆谈佛理。自称以三教归一，与林兆恩、屠隆所见相同。盖明中叶以后士大夫之所见，大抵如斯。外篇一卷，记师事昙阳子事，尤为怪谬。"

② 《弇州续稿》（卷一百八十九）《答王明辅方伯》，《四库全书》本。

③ 屠隆于万历元年任青浦县县令，与二王过从甚密（但后期双方关系逐渐疏远）。而屠隆等人的拜师又是通过王世贞引，屠隆谒见昙阳是在万历八年六月。"所以，在夺情事上，屠隆虽未亲历，但他无论是出于情感倾向，还是基于政治立场，他都完全站在了王锡爵、王世贞、沈君典他们一边，他与清流派等人是同呼吸共进退的。在昙阳子升化前，屠隆去信沈君典、冯开之、孙文融等人，告之昙阳化期，有大造声势之意。屠隆在此时期对王世贞也充满感激之情，故元美之言昙阳灵异，屠隆深受吸引"，转引自徐美洁：《屠隆净明道信仰及其性灵诗论》（上海师范大学硕士学位论文，2008年）。

④ 屠隆：《郁氏女》，《鸿苞》（卷三四）。

⑤ 《万历野获编》（卷十七）："又屠纬真在湖上，一日忽对余曰：'昨日吾解一大纷，关壮缪、苏文忠各来枉顾，二人素未识面，偶苏举曹刘并称，壮缪震怒，谓小子何敢辱吾兄，至与阿瞒伍。苏争之甚不服，两相搏斗不休。若非余力解，则东坡饱老拳矣。'屠为予父执，弟俯首匿笑，不敢对。大抵才士失职，往往故为夸诞，以发舒胸中磊块，不足信，亦不足哂也。"又《明语林》（卷十三）："屠赤水（隆）放情诗酒，中白简罢官。谈空核玄，自诡出世。或挟乩称慧虚子，遂笃信之。病革，犹扶床凝望，几慧虚飚轮迎我。"后边这个故事又见钱谦益《列朝诗集小传》，说等着乩仙孙荣祖来接他升仙。

⑥ 谈晟广：〈一件伪作何以改变历史——从《蓬莱仙奕图》看明代中后期江南文人的道教信仰〉，《艺术史研究》，2018年3期，第123—124页。

世真仙体道通鉴》相比,有 34 位神仙所乃新入谱系,其中的代表人物就包括冷谦、张三丰和昙阳子。……最后一篇"王昙阳",收录的即是王世贞所撰《昙阳大师传》长篇全文。在 17 年后的万历二十八年(1600 年)夏日,王世贞已经去世10 年,另一部《列仙全传》由"玩虎轩"书坊主汪云鹏刊印,因很多神仙配有画像插图,又名《有象列仙全传》。该书前八卷署名为"吴郡王世贞辑次新都汪云鹏校梓",卷九署"新都后学汪云鹏辑补",而书中具体内容,实则改编自张文介的《广列仙传》,不但托名"王世贞辑次",还将原来张文介序改作"济南李攀龙撰"。一个非常有意思的现象就是,这本托名王世贞编撰的神仙传,保留了冷谦和张三丰传,并给张配画像,却将王世贞最崇信的仙师昙阳子去掉了。或许说明,时过 20年,很多很多人都已不再相信昙阳子的传说,但冷、张的"仙化"故事,已经深深地扎根于人心"。

此外,建昙阳观①。昙师仙化后,当年的十一月,建昙阳观,明沈瓒《近事丛残》记载昙阳子仙化后,"夐随髹键,迎置城隅立庵尊奉之,号昙阳庵"。王世贞兄弟和王锡爵兄弟"四王"一同入住修道:"弇州与相公(锡爵)俱入道,退居昙阳观中。屏荤血,断笔砚,与家庭绝。其弟麟洲、和石两学宪,亦在其家熏修焚炼,谓乘鸾跨鹤,特剩事耳……"②。此外昙阳子的夫翁参议徐廷裸也积极配合修建了祠堂,即"纯节祠"③。

后世不断有文人墨客来到昙阳观凭吊:吴伟业、洪亮吉等等。

---

① 据《直塘史志》载:明万历八年建昙阳恬澹观于徐景韶墓之东老鸦浜,万历十一年建旌表贞节坊两座,一在太仓,一在直塘。昙阳子的墓在太仓直塘东南部七浦塘南岸,小地名谓臧家浜、戴家小桥南堍。1966 年时被平整掉。清代时,建昙阳观于南园内,香火甚众,在抗战时被废。(摘自"端木向宇的博客":http://blog.sina.com.cn/e192532779)。昙阳观应该在太仓,为二王之前所营建。文中所云的恬澹观或许应该是纯节祠,在直塘徐墓东。"始昙阳子尝筑室于郭之内以奉上真而署曰恬澹,学士公司之。今祠郭之外参议公司之。"(王世贞《纯节祠记》)。另见《万历野获编》卷二十三。

② 《万历野获编》(卷二十三):"娄江四王"条记载了王父兄弟、王世贞兄弟四人在昙阳观修道之事。

③ 王世贞《纯节祠记》:"其明日为庚辰之秋九月九日,其又四月而参议公发徐生之窆改瘗于墓之震方,去故地数十武而遥以昙阳子之髻衲(合葬)焉。堂凡五楹,中肖像为昙阳子示有尊也。左室之偏为徐生主而昙阳子配焉,示有亲也。祠成而参议公署之曰:纯节。而属世贞记之。"

2.真假昙阳

从一开始就一直有人怀疑昙阳子仙化的真实性。事出反常必有妖,更何况昙阳子事件堪称传奇中的传奇。如果不是仙化飞升,一个活生生的人怎样能在众目睽睽之下"预示化期""预约时至"而克期飞举?所以,就有种种猜测:

1581年,给事中牛惟炳(字承庵,1574年进士)和御史孙承南(字道可,1567年举人)同时以异端邪说为由,上书弹劾王锡爵和王世贞。幸运的是,时任礼部尚书同乡人徐学漠帮助二王平息了这一事件。然而事情并未至此结束。大约1589年,太仓的一个骗子宣称自己就是昙阳子。这一事件被沈德符和沈瓒记录下来,并指出这个"昙阳子"实际上是王燾贞叔叔(去世后)一个离家逃走的小妾。沈德潜《万历野获编》(卷二十三)"假昙阳子"①,是说在昙阳子弃世四年后,王鼎爵(其时已去世)的爱妾逃离王家,后为缉盗者追缉,情急之下假托昙阳子以恐吓缉盗者以求脱身之事,不料被昔日老仆识破。尽管是虚惊一场,但这故事结尾处很耐人寻味:沈德潜问王衡,昙阳子仙化后是否有灵异显现,王衡斩钉截铁地回答:绝无之!而且王衡的《缑山先生集》未提及昙阳子,缘何如此讳莫如深?

---

① 《万历野获编》(卷二十三)"假昙阳":"王太仓以侍郎忤江陵予告归,其仲女昙阳子者得道化去,一时名士如弇州兄弟、沈太史(懋学)、屠青浦(隆)、冯太史(梦桢)、瞿膏君(汝稷)辈,无虑数百人,皆顶礼称弟子,先已豫示化期,至日并集于其亡夫徐氏墓次,送者倾东南。说者疑其为蛇所祟,盖初遇仙真,即有蜿蜒相随,直至遗蜕入龛,亦相依同掩,则此说亦理所有。然和同三教,力摈旁门,语俱具弇州传中,初非诬饰也。事传南中,给事中牛惟炳者,遂贽以献江陵,疏称太仓以父师女,以女师人,妖诞不经,并弇州辈皆当置重典。时徐太室(学漠)为大宗伯,太仓同里人也,力主毁市焚骨以绝异端。慈圣太后闻之,亟呼冯榼传谕政府,江陵惊惧,始寝其事。昙阳之为仙为魔皆不可知,乃其灵异既彰灼,辞世又明白,则断无可疑。既而太仓入相后,渐有议野阳尚在人间者。初皆不甚信,忽有鄞人娄姓者,自云曾试童生,以风水来吴越间,挈一妻二子,居处无定,其妻慧美多艺能,且吴音,蓄赀甚富,缉盗者疑之,踪迹之甚急,度不可脱,则云:'我太仓人王姓,汝勿得无礼。'于是哗然以为昙阳矣。传闻入娄江,时相公在朝,乃子辰玉亦随侍,仅一从叔诸生名梦周者代司家事,急捕此夫妇以归。讯之则曰:'吾真昙阳也,当时实不死,从龛后穴而逸耳。'梦周亦不能辨,因自称相公女愈坚,吴中鼎沸,传为怪事。王氏之老仆乡居者,及宗党之耋而晓事者,独心疑之,谛视诘辨良久,忽曰:'汝非二爷房中某娘耶?'始色变吐实。盖相公乃弟学宪(鼎爵)爱妾也,学宪殁,窃重赀宵遁,不知于何地遇娄,遂嫁之,二子其所育,去凡四年矣。初为人所指目,遂因讹就讹,冀王氏忌器释宥,不虞尚有识之者。梦周付干仆严系之,以待京师返命处分。此妇复诱干仆私通,乘其醉懈,携二稚并娄夜窜,后竟杳无消息。余尝叩辰玉:'令姊升举后,曾有叽肟銮相示,以践生前诸约否?'辰玉云绝云无之。想亦恨伪托者玷辱清名,故秘其津导耶?"

更有意思的是王锡爵的文集(《王文素公全集》(五十五卷))后经过王衡子王时敏①编印,里面居然找不到王父的那篇《化女昙阳子事略》一文,而祭奠早于他去世的儿子王衡的文章确是连篇累牍②。但又云:"昙阳之为仙为魔不可知。乃其灵异既彰灼,辞世又明白,则断断无可疑。"。

明代沈瓒《近事丛残》也有类似的故事③。王鼎爵去世后,小妾辗转被售浙中为娼,自称昙阳子,有狂生嫖客遂利用之,自称为王婿,并写入诗歌流传市井。

多年以后,谈迁在其《枣林杂俎》中记录此事时,并不认为第二个昙阳子是冒名顶替者;另有传说,在王焘贞升天成仙后前往四川的绵竹山,与其他女神仙一同在此居住。结果在当地为王焘贞另修了一座同名的"恬澹观"。根据其他记载,王焘贞家乡的"恬澹观"此后为雷击所毁。

3. 生死昙阳

除假冒昙阳子之外,更有谣言推测昙阳子并未立化,而是从龛室后面秘密逃出:在昙阳大师坐化之后半个世纪,史学家谈迁却在《枣林杂俎》讲述了一个骇人听闻的版本和结局:"王文肃家干仆曰五、曰七,通敏敢任,并致厚赏。文肃女字徐少参廷栋子,未行而徐子夭。时王家有白狐出没,作廋语。昙阳或静室枯坐,诸真骈降,非无因也。文肃迁而神之,侈言其事,闻于两宫。俄尔狐隐不复出,灵响遂绝。母朱夫人计穷,而五、七献计,为绍兴某生密捐千金,以女妇之。某归后,单门骤侈其橐,且女容止不凡,邻人挑之,不可。或胁以异端,女吐实曰:'我太仓王相国女也'。闻于朱夫人。相国族父孝廉,号曰兼吾,其人强忍自任。朱夫人即召其女置孝廉家,而通书相国。亡何,相国报命,第闻孝廉室内泣声,俄寂如也。又累月,绍兴某生来,同至者五人。亦延款,亡何,并不见其去,则孝廉意也。王元美作《昙阳太师传》,仿唐人《南岳魏夫人传》。四明楼熄指其妄,鄞县屠仪部隆上城隍神诅之,后昙阳子祠为雷击毁。"这个故事交代的昙阳子的结局却是极其残忍,为掩盖丑闻,直接灭门六口人,并直接指明这是王父的授意。谈迁的《枣林杂俎》认为此女就是焘贞。因为在千里之外的四川绵竹发现了成仙的焘

---

① 王时敏(1592—1680),本名王赞虞,字逊之,号烟客,又号偶谐道人,晚号西庐老人,明末清初画坛"四王"之首。

② 《王文素公全集》卷十二《祭亡男衡文》、首期直至七期祭文七篇、百日、寒食、夏至、周年祭文,共12篇。

③ 沈瓒《近事丛残》卷七《昙阳仙》。

贞,她和其他女仙云游到了那里,施教传道。当地人感激她,专门为她建了一座恬澹观。

4. 狐仙蛇怪

有谓昙阳子为狐仙所魅:谈迁《枣林杂俎》(卷3):"文肃女字徐少参廷栋子,未行,子夭。时王家有白狐出没,作廋语云篆,或静室枯坐,诸真骈降,非无因也。文肃迁而神之,侈言其事,闻于两宫。俄而狐隐不复出,灵响遂绝。"

政敌攻击二王的另一个理由更为常见,那就是昙阳子为蛇怪所惑。"王锡爵感时援引之私情,而攻李植玄宫有水之议其女为妖蛇所污,计为掩饰作《昙阳子传》,自称曰奉道弟子"[①]

清·褚人获:《坚瓠续集》(卷三)"菩萨蛇"条也提到了昙阳子升化时陪伴她的那条"蛇":"……万曆初年。太仓王相公女号昙阳子。亦有巨蛇随之。名曰护龙。王凤洲有昙阳子传。……"

遂有人写出《护龙》皆以敷衍昙阳子事。作者冯之可号易亭[②],彭泽人。《曲品》(孙清源作)评价:"护龙此昙阳子事。当巧状其灵幻之态,而词乃庸浅,姑以事存之"。其他曲录都列出了这部戏:《传奇汇考标目》(卷上·八十二):"《护龙》昙阳子事"、高奕《新传奇品》:"《护龙》冯易亭作。昙阳子事。"

5. 昙阳事典

有关昙阳子事件的传说在明清笔记、诗话、小说等中却大大增加,成为人们家喻户晓、喜闻乐见的典故。

顾允成:《小辨斋偶存》(卷四)"与华国博":"昙阳淡之一字为宗祖,阳明良知二字为子孙。"

《万历野获编》(卷九)"三诏亭":"昙阳子称江陵为一世豪杰,太仓相公骇而信之,故入都不复修却,反加调护,亦用化女之言也"。

张大复:《梅花草堂笔谈》(卷二)"郑笔峰":"左髻昙阳子羽化娄东,祈塑者相踵于门,竟以悴死。死之时,眼根先绝,或曰以塑故多得锢,神弗佑之。此不必然,神竭,乌能久视人世哉。"

---

① 《明神宗显皇帝实录》卷二百三十八。
② 冯之可,字易亭,彭泽人。约明神宗万历中前后在世。工于曲,著有传奇《护龙记》一本,《曲录》演昙阳子事。

吴肃公《明语林》:"弇州作《昙阳子传》几数万言,文饰玄言,多语神怪,极其诞妄,至称昙阳'先师',甘心门下。"

屈大均《广东新语》(卷8)"锦桂女":"论者谓妇而守志者,礼因于情。女而守志者,情生于礼。昔王文肃之女昙阳,……嗟夫,女之节也,所以成仁。《易》有节卦,为女之仁者而言;有恒卦,为妇之仁者而言。锦桂、昙阳,其皆女之仁者哉。"

《颜元集》(卷3)):"王日休立化,朱子以为它平日坐必向西,心在于此,遂想而得此。王日休之小人,昙阳女之妖诡,真宋、明隐怪之尤惊人者。书生亦随世人艳道之,殊不思不尽人道而死,即是不正命。病死、立化有以异乎?"

梁章钜《楹联丛话全编》(胜迹·上):"太仓州城有昙阳观,祀一女仙,像设姝丽。相传前明王文肃公锡爵之女,得道冲举。或云汤玉茗《牡丹亭》传奇即演其事,真伪殆不可辨。祠中有集昌黎、少陵句为联云:'云窗雾阁事恍惚;金支翠旗光有无。'非惟浑成,抑亦妍妙。"

蒋坦《秋灯琐忆》:"目秋芙为昙阳后身。"

《花月痕》第四十九回:"瑶华笑道:'这也未必。谢自然既要还家,昙阳子更多疑窦哩'。……春纤向瑶华说道:'你说昙阳子,昙阳子原有一真一假。去年并州不有个假秋痕么?'"

《清朝三百年艳史演义》第七十九回:"巩氏依父住在四川雅州,空闺守节,诵经茹素。不知怎样遇着蛇神,同明季昙阳子相类。这蛇神坐卧相守,形影不离。巩氏便能说点小休咎,邻里亲族,咸来问讯,巩氏偶然酬答,亦有微验。"

《补红楼梦》第四十八回;雨村道:"汤若士《还魂记》理之所必无,安知非情之所固有。此寓言之旨,其所谓柳盗跖打地洞。向鸳鸯冢者实指昙阳子之事,而设此假借之词耳。"

(现代)刘衍文《雕虫诗话》(卷三):"顾明时王昙阳事,彪焕一时,信者极众,执文坛牛耳之王世贞(凤洲),亦信而师之,且为作《昙阳大师传》,文见《弇州续稿》卷七十八,则存而待究可也。"

除上述之外,在如邓之诚《骨董琐记全编》、沈曾植撰《海日楼札丛·海日楼题跋(二)》等述及该典。

6. 昙阳子与《牡丹亭》

汤显祖与王锡爵有隙。一直有人认为《牡丹亭》中杜丽娘映射昙阳子,杜父平章杜宝暗指王父，目的是讽刺王锡爵。尽管几百年来对此聚讼纷纷[1]，但有几点事实耐人寻味：昙阳子迁化后，汤显祖寓居太仓时期创作《牡丹亭》。杜丽娘与昙阳子一样都有梦中见到郎君的相似情节，都是"情不知所起，一往而深，生者可以死，死可以生，梦中之情，何必非真。"这段公案又来已久：明代徐树丕的《活埋庵识小录》应该是最早引用启嫄（震亨）的话而提出这个说法的，并言及："其后太仓人更有异议云，昙阳入龛后复生，至嫁为徽人妇，其说暧昧不可知，若士则以为实然。耳闻若士死时手足尽堕，非以绮语受恶报，则嘲谑仙真亦应得此报也。然更闻若士具此风流才思而室无姬妾，与夫人相庄至老，似不宜得此恶报，定坐嘲谑仙真耳"。后来朱彝尊《静居志诗话》也提及："世或相传刺昙阳子而作"，但为之辩诬，说《牡丹亭》写成后，王锡爵先安排本府家乐排演，并说："吾老年人，近颇为此曲惆怅"。对此，焦循在《剧说》（卷二）引用并评论甚详："《静志居诗话》云："义仍填词，妙绝一时，《牡丹亭》曲尤极情挚。世或相传，云'刺昙阳子而作'。然太仓相君实先令家乐演之，且云：'吾老年人，近颇为此曲惆怅。'相君虽盛德有容，必不反演之于家也。"复引用吴江沈瓒《近事丛残》的假昙阳子故事；再引用《春浮园偶录》载："娄江王相国偶出家乐演《牡丹亭》，周明行中丞曰：'吾老矣，近颇为此曲惆怅。'"则非相君语也。清龚炜在《巢林笔谈》中也持否定态度："即使隐有所指，安见其为昙阳子而发乎？……负冤二百年莫为申雪，予故表而出之。"清杨恩寿《词余丛话》说法更夸张耸人："尝见《感应篇》注：'有人冥者，见汤若士身荷铁枷。人间演《牡丹亭》一日，则笞二十。'……先生遽采风影之谈，填成艳曲。初不过游戏三昧，不料原本一出，遂有千古后人，读其词未尝不信其事，实为昙阳之玷。先生官职不显，毕世沈沦，诚受笔墨之障。蒋心余（士铨）瓣香玉茗，私淑有年。《临川梦·集梦》一出，亦以诬蔑昙阳为非，其词云：'毕竟是桃李春风旧门墙，怎好把帷薄私情向笔下扬？他平生罪孽这词章！'"除此之外，王国维在《录曲余谈》也论及并总结这桩陈年公案："汤若士还魂记，世或云刺昙阳子而作。昙阳子者太仓王文肃公（锡爵）之次女，学道不嫁而卒。王元美为作传，所谓昙阳菩萨者也。文肃，若士座主也。故蒋心余《临川梦》责若士曰：毕竟是桃李春风旧门墙，怎好将帷薄私情向笔下扬，他平生罪孽这词章！顾不审昙阳受谤之事。嗣读彭二林《一行居集》云，世之谤昙阳者不一，捕风捉影久成怨狱。冯子伟人夙慕

---

① 参阅王永宽：《〈牡丹亭〉和昙阳子〉，《古典文学知识》1986 第 7 期，第 66—68 页。

仙踪,萃当时传记诗文都为一集。又得昙阳弟衡手书,述家奴造谤始末。公案确然,然尚未审其得何谤也。近阅长沙杨恩寿《词余丛话》详载此事,但不知采自何书:曰昙阳子死数年,有鄞人娄姓者,以风水游吴越间。妻慧美有艺能且操吴音,蓄赀甚富。捕者迹之亟,度不可脱,则曰我太仓王姓……(汤若士)又在文肃家居之后,决不作此轻薄事。江熙《扫轨闲谈》云:王文肃家居,闻汤义仍到娄东,流连数日不来谒,径去,心甚异之,乃遣人暗通汤从者,以觇汤所为。汤于路日撰《牡丹亭》,从者亦窃写以报。逮成,袖以示文肃,文肃曰:吾获见久矣。又《静志居诗话》亦云牡丹亭初出太仓,相君实先令家乐演之,且云:吾老年人,近颇为此曲惆怅。合此二书观之,则刺昙阳之说不攻自破矣。"。

郑振铎《插图本中国文学史》第五十八章"沈璟与汤显祖:"关于牡丹亭,为了时论的异口同声的歌颂,当时便发生了许多的传说:《静居志诗话》云:'……世或相传云:刺昙阳子而作'……按昙阳子事,详见于吴江沈瓒《近事残丛》中,……昙阳子事为当时所盛传,世俗以其有还魂之说。故附会以为显祖还魂即指此事。……'刺昙阳子'云云,盖绝无根据之谈。"——很显然,"昙阳子"与《牡丹亭》的纠葛已经上升为中国文学史上的一桩公案了,任谁都无法绕过。

7. 昙阳子与"龙沙谶"

"龙沙谶"本身就是荒诞不经的道教神话故事,令人匪夷所思的是居然和昙阳子产生了直接联系。并且被一群迷信的明代文士们推波助澜,哄闹几十年才消歇下来。"龙沙谶"讲的是晋代旌阳令许逊(239—374)[①],有次杀了一条作乱的蛟,蛟子逃走了,弟子欲斩尽杀绝为许逊阻止,并预言说,一千二百多年之后,豫章之境,五陵之内,就会有八百地仙出来平乱,斩杀这条蛟子,征兆是江心龙沙堆起高过城头。"龙沙谶"的完整故事版本源于南宋白玉蟾的《修真十书·玉隆集》:"弟子施岑、甘战等,引剑挥之蛇腹,裂,有小蛇自腹中出,长数丈,甘君欲战之,真君曰:彼未为害,不可妄诛。小蛇惧而奔行六七里,闻鼓噪声,犹返听而顾盼其母。群弟子请追而戮之,真君曰:此蛇五百年后若为民害,当复出诛之。以吾坛前松柏为验,其枝覆拂地,乃其时也。又预谶云:吾仙去后一千二百四十年间,豫章之境,五陵之内,当出地仙八百人,其师出于豫章,大扬吾教。郡江心忽

---

① 他被后世的道教教派净明道奉为道祖,就是《西游记》等小说中的许真君。也是昙阳观中供奉对象之一。

生沙洲,掩过沙井口者,是其时也。此时小蛇若为害,彼八百人自当诛之,苟不害于物,亦不可诛也。"

《广志绎》(卷四·江南诸省)记载:"龙沙在豫章城北,江水之滨,白沙涌起,堆阜高峻,其形如龙,俗为重九登高处。旧有谶云:'龙沙高过城,江南出圣人。'今沙过城十余年矣。昔许旌阳斩蛟,蛟子逸去,散游鄱湖,弟子请悉诛之,旌阳曰:吾去后一千一百四十二年,岁在三丙,五陵之内,当有八百地仙出,自能诛之,毋劳今日尽也。今正当三丙间,去其岁不及二十年,又有龙沙之应。《昙阳子记》亦云:"五陵为教主,古月一孤峰。"①意其所谓圣人者,神仙之流与。

于是乎有关于"龙沙谶"《斩蛟记》横空出世(《万历野获编》(卷17)),故事背景是万历二十年(1592AD)日本关白丰臣秀吉遣兵十数万攻打朝鲜时,次年再次组阁的王锡爵立主膺惩,而此时在江南就出现了这部内容玄幻的小说《斩蛟记》,声称丰臣秀吉为昔日逃脱的孽蛟下凡,所以需要昙阳大师的惩治:"关白之犯朝鲜,朝议倾国救之,……其人故奢夙名士,为太仓相公门人,号相知,意其能授手。时竟传关白已死,遂作一书,名《斩蛟记》②,首云关白平秀吉者,非人亦非妖,盖蛟也。漏刃于旌阳,化成此酉。素嗜鹅,在朝鲜时,曾谋放万鹅于海中,关白恣啖,因得割刃,而主之者,昙阳大师也。记出,远近骇怪。其同邑先达,遂作《辟蛟记》诋之,以快宿隙。究之。关白实未死……"此外根据预言推算出应验时间恰在万历年间,将有"八百地仙"飞升出世,于是当时许多著名文士都坚信自己有份,并四处搜罗预兆,《万历野获编》的这条"斩蛟记"除了把日本的丰臣秀吉、昙阳子扯了进来外,还记录了念兹在兹的一众士大夫们焦虑于是否能早登仙籍:"斩蛟之记亦有所本,潘玺卿雪松(士藻),冯司成癸未所录士,滞符台十年,在京偕诸名士立讲会,每云吴猛镇铁柱宫,实多遁去者。许真君约后千年,当生八百散仙,缄此孽魔,今正其时矣。我为一人,与某某等皆同列,余师司城公,亦其一也。京师信之,竞求附仙籍。潘一同年素不预讲,亦遥隶群真,起大宅圻王公,云拔宅上升时,勿令赀产有所遗。司成见而姗笑之。"

---

① "左髻昙阳子,他时王害风。五陵为教主,古月一孤峰。两头尖未至,九环会壁红。"王害风就是王重阳。这首诗后面写得很晦涩,但"五陵为教主"中"五陵"就是龙沙谶预言里八百地仙出世的地方,所以可理解为昙阳子就是"龙沙谶"的教主

② 《斩蛟记》作者是陈继儒还是袁了凡所撰写,学术界有争论。万晴川:〈明代文言小说《斩蛟记》作者考〉,《文献》2016年01期。故事是为了嘲讽袁黄(了凡)没本事。

屠隆对此坚信不疑,写给好友陈继儒的信中说:"许旌阳《石函记》中龙沙期,正在此时。而海内开明疏畅之士,亦往往好谈性命,从事大道。"

三、当代学术研究

当代学术研究必须注意到昙阳子事件的时代文化背景,那就是贯穿整个明朝社会上下始终的浓厚的道教巫术迷信的信仰文化氛围。正如本文开篇所论,其实不唯明朝,整个传统社会历史上一直如此,马克思·韦伯的断言是恰当确实的:"因为道教是一种绝对反理性的、坦率地说是一种非常低下的巫术性长生术、治疗学与消灾术①、",只是明朝的特点是三教合一,儒、佛也越来越宽容、默许任由这样的趋势发展,"正统与异端对于巫术与泛灵论的观念均采取容忍的态度,尤其是道教对它们的积极培植,不仅使它们得以继续存在,而且使这些观念在中国人的生活中具有巨大的、决定性的影响。……一般而言,在中国,自古以来的各种经验知识与技能的任何种类的理性化,均朝着巫术的世界图像这一方向运动②、"中国这种普遍主义的(天人合一的)哲学和宇宙起源说,将世界转变成一个魔法乖张的园地,……怪诞的,毫无理性的神灵,飘忽游行于世,而且无所不能,只有魔法才能对付它们"③。尤其明朝佛教,除积极向儒家靠拢,最为突出的体现是高僧注释儒家《四书》及《五经》:如(晚)明四大高僧之憨山德清撰《大学中庸直解指》、《春秋左氏心法》,认为儒家五常(仁义礼智信)就是佛教的"五戒","孔老即佛之化身";蕅益智旭著《四书蕅益解》、《周易禅解》等,提出"世出世法,皆以孝顺为宗"。云栖祩宏认为三教"想是同根生,血脉原无间"、"理无二致"(《云栖法汇·手著》);紫柏真可认为"门墙虽异本相同",称儒家五常为"五如来",两者名异实同。明朝佛教还有一大特点,就是严格限制佛教在社会中的正常活动范围,曾出家为僧的明太祖深知佛门的特点,将僧人分为三类④:"禅僧"、"讲僧"、"瑜伽僧"(教僧)。前两类属于教内划分:宗门与教门,这也是禅宗的说法:以自身为宗门,其余佛教宗派为教门。而"瑜伽僧"即"教僧"演佛利济众生之

---

① 《儒教与道教》,第 222 页。
② 同上,第 223 页。
③ 同上,第 226 页。
④ 明代洪武二十四年,朱元璋颁发《申明佛教榜册》,将僧人分为三类:即"禅僧""讲僧""瑜伽僧"。

法，专门从事祈福消灾、超度亡灵即专门应付世俗佛事需求而设。三类中，教僧最受重视，朱元璋在洪武七年的《御制玄教斋醮仪式文序》中说："朕观释道之教，各有二徒，……禅与全真务以修身养性，独为自己而已。教与正一专以超脱，特为孝子慈亲之设，益人伦，厚风俗，其功大矣哉！"，不仅佛道相提并论，更突显出佛教的入世民生实用的功能，而这之前本是道教的专长领域，而将佛教的觉悟解脱超世的宗旨弃置一边。而洪武二十四年颁布的《申明佛教榜册》中所列的条目，绝大部分是针对教僧的规定和要求，并禁止世俗仿教僧行瑜伽法事以及禁止禅、讲二宗僧侣赴应世俗佛事，迫使禅、讲僧离群索居，远离大众。唯有执行经忏礼仪的教僧与民众直接接触，这就使得民众对于佛教的理解日趋狭隘浅表化、实用世俗化，表面上是整顿、端正、纯洁佛教信仰，实则严格限制了社会整体对于佛教的理解水准，导致与正统信仰完全脱节，教僧别无他事，日常工作内容就是讨好愚夫愚妇，甚至坑蒙拐骗。为了迎合民众文化水准和信仰层次，必然将各种民间信仰迷信、道教巫术掺杂说教中，时间一久诞生出了种种和原本正宗佛教教义背道而驰，而日趋实用化、浅俗化、迷信化，以至于在普通民众心目中与道教拜醮科仪一般无二。当然，这样的作为也直接促进了上层社会居士佛教的兴盛。明朝的士大夫鲜有不依附某个高僧的居士群体。

而明王朝皇室甫立国就开始大肆用种种巫术迷信营造皇权的合法性。如朱元璋关于母孕出生、祖坟堪舆、紫衣人治病、梦遇三清神①；明太祖、明成祖极力征召和寻找传说中张三丰②；明成祖永乐初，遣胡忠安公巡行天下，以访邀遇张仙人即张三丰，为此派三十万军民大修武当山以待张三丰归隐，明成祖也自己认

---

① 王卡主编：《道教文化一百问》，东方出版社 2006 年版，第 44 页。
② 谈晟广：〈一件伪作何以改变历史—从《蓬莱仙奕图》看明代中后期江南文人的道教信仰〉（《艺术史研究》，2018 年 3 期）内容摘要："明初，出于政治宣传的需要，张三丰的'神仙'形象被皇家建构起来。明代中期的嘉靖初年，伪托'冷谦'画、'张三丰'跋的《蓬莱仙奕图》在江南横空出世，该画表现的是'蓬莱'与'仙奕'等道教意象明显的神仙题材，且冷、张二人均被附着了新的'仙化'传说。此伪本图、跋在明代中后期江南社会的流传过程中，更进一步强化了张三丰的形象建构和'仙化'观念的传播，并催生了多个'仇英'的摹本。《蓬莱仙奕图》与多个摹本的存在又进一步影响了世间凡人可成仙的观念，最终在万历八年发生的由诸多著名文人（以王世贞、王锡爵为代表）参与的昙阳子'仙化'事件中达到高潮，并直接影响明代末年多部画史乃至《明史》的修撰。'文中还论及：'而且现存王世贞文集中，数次提及这卷画，其中两次都谈到张凤翼要高价卖给他。……曾游武当山的王世贞，并作《玄岳太和山赋》，在当时大的时代背景之下，他也不太可能怀疑张三丰'仙化'的传说。"

为是北方真武大帝的化身①,金顶上的真武神像甚至按照他的形象塑造的。真武大帝的信仰为明代历代皇帝做特重。之后,则是有明一代最迷信道教的明世宗嘉靖皇帝。毕其一生都在孜孜不倦地求仙药、仙丹,崇信道教,任用道士,建斋设醮,求丹炼药,为数十年后明代灭亡种下祸根。他为采集"红铅"而虐待宫女,也直接导致堪称亘古奇闻的"壬寅宫变",差点没被宫女勒死。上行下效,帝王们的迷信道教的行为直接导致整个朝代迷之若狂,本文已例举多例。所以,昙阳子事件除追随弟子虔信外,在当时一般人都是将信将疑,甚至宁信其有不信其无。只是昙阳子事件太过离奇,加上昙阳子的特殊身份地位,有大文豪王世贞为首著名东南士大夫群体的这样的超级粉丝团加被,于是乎,形成了有明一代最为奇特的"昙阳子事件",以至于即使到了今天仍欲休还说,妙论纷纭。甚至当代国际学术界也有学者关注昙阳子事件:

20 世纪八十年代中期,美国明尼苏达大学历史系 Ann Waltnet 教授对昙阳子产生了浓厚兴趣,为探求昙阳子仙化之事,曾多次探访太仓,最后撰成〈昙阳子与王世贞:圣者与官僚〉②一文,该文认为王世贞对昙阳子的膜拜,有突破传统男女、家庭森严等级制的意义。2003 年又发表文章:〈昙阳子传略论〉③一文,通过对《昙阳大师传》的创作过程的甄别,发现此文乃是王世贞与王锡爵合作的产物。通过对传播与贬抑昙阳子传教的文章之爬梳,本文发现其弟子(包括其父亲)书写《昙阳大师传》意在控制攻击者对其诽谤。因为在此事件中,藏于闺内并不能使其名节得到益处。本文认为作为宗教教师要求昙阳子呈现于其信徒眼中并可以接触到。昙阳子的宗教活动表明在宗教传授过程中,她并未遵循通常的隐身于闺阁内的原则。另有马努辛撰写〈卓文君与昙阳子:思想的对抗〉一文发表《莫斯科大学学报 ·东方学》(1997,No. 4)④。

---

① 传说朱棣南征过程中得到真武大帝的多次护佑,甚至现出被发跣足的真形以助战阵。武当山传说是真武得道的本山,主峰紫霄峰上的金顶中供奉的真武大帝也是被发跣足但按照成祖相貌塑造的。

② Ann Waltnet,"T'an-yang-tzu and Wang Shih-chen:Visionary and Bureaucrat in the Late Ming",*Late Imperial China* 8,No. 1,1987.(转引自魏宏远文)。

③ "Telling the Story of Tanyangzi",载《欲掩弥彰:中国历史文化中的"私"与"情"——私情篇》(2003 年第 1 期,第 213—241 页)。

④ 魏宏远:〈附魅、祛魅和返魅:昙阳子传记形象的历史演变〉,《社会科学》,2014 年第 10 期。

近些年来,昙阳子现象研究更是国内学术界研究热点:

魏宏远:〈附魅、祛魅和返魅:昙阳子传记形象的历史演变〉(《社会科学》,2014 年 10 期)。

徐美洁:〈昙阳子的"升华"与晚明士大夫的宗教想象〉(《青岛大学师范学院学报》,2010 年 4 期)。

贺晏然(新加坡国立大学中文系)〈隐藏的佛性:明清才女传统中的成仙叙述〉,(《洛阳师范学院学报》,2014 年 7 期),该文认为"昙阳子宗教实践和记录的特点与从明中叶到清中叶逐渐成熟的才女宗教传统之间存在密切的联系。"作为女宗教师,她和吴江叶绍袁之女叶小鸾(1616—1632)成仙的传奇事件先后接续开辟了明清时期才女修仙参禅的宗教实践这种独特才女文化传统。

孟宁:"寻因昙阳子成名之路"(《西安欧亚学院学报》,2014 年 4 期)

更不用说在本文中频频引用的大陆、港、台三地的硕士、博士论文。在这些论文集中:研究明代中晚期的政治文明生态、文人集团结构;研究明朝历史经验得失、社会民众信仰;研究王世贞、汤显祖、屠隆等文人学士的文学思想、三教信仰;研究明代贵族女性的思想意识形态,这一方面可以是对明代女性婚姻观念、儒家节孝思想揭示与批判,一方面可以是涉及女性独立自觉意识的觉醒,与今天中国女权主义逐渐兴起而桴鼓相应。

吴伟业与独树一帜的"娄东诗派"

周庆贵

内容提要：吴伟业的诗歌被誉为"梅村体"，在文、情、篇章结构等方面皆有特色，取得了很高的艺术成就。文则才藻艳发、富于丽泽；情则与文相生，明清易代后的作品感情尤为厚重苍凉，展现出浓厚的"以诗存史"之寄托；篇章结构方面则婉转流丽，波澜起伏。究其成因，乃是诗人在明清易代、乾坤板荡之际的曲折的身世和心路历程的产物。吴伟业直接开创了"娄东诗派"，"太仓十子"是其突出代表，而许旭又是"太仓十子"中的佼佼者。从社会文化视角言之，吴伟业之"梅村体"及"娄东诗派"是在明清易代的大时代背景下汉族士人文化的一个缩影，具有相当的典型性。

关键词：吴伟业 梅村体 娄东诗派 明清易代

一、吴伟业的生平与心路历程

吴伟业（1609－1672），字骏公，其号"梅村"尤为世人所熟知，别号鹿樵生、灌隐主人等。明万历三十七年（1609），吴伟业生于江南太仓州（今江苏太仓市）。自幼颖发，成名甚早，十四岁能通《春秋》《史记》《汉书》，倚马千言，文思泉涌。稍长，拜入同乡张溥门下。张溥作为当时声望甚高的学者和政治活动家，尊为复社领袖。复社以江南士大夫为核心，有政治团体兼文学团体的双重属性，实际上是明代东林党的余响。吴伟业作为年轻一代的佼佼者，被推为复社"十哲"之一，声名益彰。盛名之下，吴伟业的科举之路亦显得颇为顺利，崇祯四年（1631）会试魁元，殿试一甲第二名，即授翰林院编修，制词云："陆机词赋，早年独步江东；苏轼文章，一日喧传天下"。其风华声誉可见一斑。不过由于正直敢言的秉性和行事风格,亦招至朝臣的忌恨,在仕途上逐渐遇到不少挫败。崇祯十三年(1640),升任南京国子监司业,上疏直谏惹怒崇祯皇帝,险些入狱。明末吏治严酷,多有良臣不得善终,吴伟业耳濡目染,并亲身经历其险恶,遂绝意仕途,还乡耕读隐居。甲申之变,明朝覆亡,南明朝廷苦苦支撑,正值用人之际,吴伟业亦复出期待有所作为,南明朝廷起用吴伟业补少詹事,但是马士英、阮大铖弄权,把持朝政,吴伟业领悟到大势已去,难有作为,只任职两个月而怀揣愤懑再次返回太仓隐居。

顺治十年(1653),吴伟业迎来了人生的转折点,亦成为其一生毁誉交错的焦点。是年,在大学士陈名夏、陈之遴的极力策动下,江南总督马国柱推荐,吴伟业无奈之下出仕清朝,授弘文院侍讲,转为国子监祭酒。虽然顺治十四年(1657),吴伟业以继母之丧为借口南下归里,此后没有复出,但是,四年仕清的履历使其成为"贰臣",影响着后世对他的整体评价。究其出仕之原由,乃是由于顺治十年,清朝入主中原,江山尚未鼎定,尤其在江南地区的各种反抗仍然此起彼伏,遗民群体形成庞大的网络,普遍采取与清朝不合作的态度,这些对于清朝统治而言无疑是潜在的巨大威胁。为此,清朝统治者亟需寻找影响力大的遗民加入新朝阵营,从而削弱、瓦解遗民群体的政治影响力。毫无疑问,当钱谦益身败名裂之后,吴伟业成为最适宜的人选。他是会元榜眼,曾位居宫詹学士,更是复社的领袖,且在明朝覆亡后的短暂归隐期间仍然活跃于明遗民群体中间,影响力有增无减。

例如,仕清之前,他即以名士、领袖的身份为存在门户之见而相互攻击的同声社、慎交社作调解,并于顺治十年春,在虎丘集会,数千人参与,成为继崇祯六年张溥虎丘大会之后最为盛大的一次。在此次大会上,吴伟业显然成为了主角,被推举为"宗主",主持两社结盟。该时期,清朝统治者已然着手禁止结社活动,吴梅村的身影自然更为凸显。对此,严迪昌先生早已明确指出,"从当时风云诡谲的政治背景看,他的仕清究其实质是'科场''通海''奏销'三大案狱之前清廷对江南士人的一次软性威劫,新朝意在力迫其出山,树起一个遗老而转化为'事二朝'的典型",实在是中肯之论。

出仕清朝,吴伟业成为"两截人",士大夫立身之本的气节自此丧失。对此,他本人有清醒的认识,所以其文集《家藏稿》之分为前后两集,即是以此作为分界线的。如果说在前集中多是脊梁挺拔的文士形象,那么在后集中则满是无奈、愧疚与羞辱了。例如,其《咏史》感叹"时命苟不佑,千载无完人",《送何省斋》亦云

“时命苟弗谐，贫贱安可冀”，将自己的沦落归咎于“时命”多舛。后集中的愧疚之情触目皆是。“君亲既有愧，身世将安托?”愧对君亲；“死生总负侯嬴诺，欲滴椒浆泪满樽”，辜负侠义气节；“人死偷生廿载余，而今罪孽怎消除?”罪孽感耿耿于怀，无法消解；“憔悴而今困于此，欲往从之愧青史”，考虑到生前身后事，念及身后骂名，形销骨立；直至“故人慷慨多奇节、为当年、沉吟不断，草间偷活。……脱屣妻孥非易事，竟一钱不值何须说”，则故人、家人、国破、兴亡，万种情绪交织，解脱莫名。正因此，后人对吴伟业给予了谅解，赵翼认为:“梅村当国亡时已退闲林下，其仕于我朝也，因荐而起，既不同于降表佥名，而自恨濡忍不死，跼天蹐地之意，没身不忘，则心与迹尚皆可谅”。[①] 这一观点很具有代表性。

正是在如此大起大落的遭际之下，吴伟业构建起复杂而鲜活的形象，同时发言为诗，创造了风格独树一帜的“梅村体”，为我国诗歌宝库增添了绚丽一笔。

二、“梅村体”的艺术价值和时代意义

吴伟业的诗集版本众多，最具代表性的是康熙九年刊刻的《梅村集》(40 卷)和清末才出现的《梅村家藏稿》，目前有《吴梅村全集》行世。梅村诗集刊刻后，相关笺注之作也随即出现，以成书于乾嘉时期的《吴诗集览》(靳荣潘著)、《梅村诗笺》(程穆衡著)、《梅村诗集笺注》(吴翌凤著)等几种最为有影响。

论及吴伟业诗歌创作，不能不首先关注其创作演变轨迹。正如上文中论述的，甲申之变、出仕清朝是两个节点，无论是题材还是风格，每一次皆有递进式的较大转变。我们不妨认为，甲申之变给其诗歌增添了忧愤，而出仕清朝则增添了悲哀与苍凉。历来多有学者就此发表见解。朱庭珍:“吴梅村祭酒诗，入手不过一艳才耳。迨国变后诸作，缠绵悱恻，凄丽苍凉，可泣可歌，哀感顽艳。以身际沧桑陵谷之变，其题多纪时事，关系兴亡，成就先生千秋之业，亦不幸之大幸也。”[②]更有人指出:“梅村甲申之前，无一忧危之辞见于豪牍。”(王曾祥《静便斋集》)虽然此类针对吴伟业甲申之变以前作品的评论不乏夸大之词，但是，持平而论，众多学者对于吴伟业早期诗风颇具负面的评价正是其强烈的风格特征所造成的必然映射。吴梅村确实在早期创作过一些关注社会现实的诗篇，诚如学者指出的，

① 赵翼:《赵翼全集》，南京:凤凰出版社 2009 年版，第 113 页。

② 朱庭珍:《筱园诗话》，《清诗话续编》，上海:上海古籍出版社 2016 年版，第 2229 页。

"梅村自青年时代,眼见国事日非,盱衡扼腕,写下了许多感时伤事的诗篇。著名的《临江参军》和《读杨参军悲钜鹿诗》,写于崇祯十二年,是钜鹿之败的忠实纪录,悲愤感激,溢满纸上。《洛阳行》《襄阳乐》《高丽行》等篇,痛切时局;《边思》《云中将》《墙子路》诸首,忧念边防。他如伤直谏被祸的'老臣自诣都诏狱,逐客新辞鸡鹊楼'(《殿上行》),'直道身何在,犹为天地伤'(《传右君以谏死其子持丧归临川》);愤宦官专权的'诸将自承中尉令,孤臣谁给羽林兵'(《怀杨机部军前》);疾迫害党人的'看碑太学伤钩党,置酒新亭望息兵'(《送左子直子兄弟还桐城》),何尝不都是'忧危之辞'?"①学者认为,"后人囿于见闻,主观臆断,也不足为奇"。同时恰好也说明了人们所接受的早年梅村诗的主要风格特征是"艳"。

著称于世的"梅村体",正得益于吴伟业前后两个时期风格的交融,形成了独特的诗歌风貌。事实上,将吴伟业的前半生和后半生相对照,我们不难发现"梅村体"是其生命历程的真实反映。"梅村体"主要是就吴伟业的长篇歌行作品而言,在文、情、篇章结构等方面皆有特色,取得了很高的艺术成就。概括来说,文则才藻艳发、富于丽泽;情则与文相生,明清易代后的作品感情尤为厚重苍凉,展现出浓厚的"以诗存史"之寄托;篇章结构方面则婉转流丽,波澜起伏。

王世贞评价"梅村体":"娄江源于元、白,工丽时或过之。"《四库全书总目》则评价称:"其中歌行一体,尤所擅长。格律本乎四杰,而情韵为深;叙述类乎香山,而风华为胜。韵协宫商,感均顽艳,一时尤称绝调。其流播词林,仰邀睿赏,非偶然也。"皆给予颇高评价。至于篇章结构之婉转流丽,波澜起伏,《梅村诗话》记录了吴梅村与友人的一次交谈,友人认为吴梅村的诗"绝似李颀"②,梅村默许之。通过以歌行体著称的唐代诗人李颀作为参照,对于理解"梅村体"在叙述铺排上的起承转合不无裨益。赵翼注意到"梅村体""别有往复回环之妙",关键在于"转韵","一转韵则通首筋脉,倍觉灵活。如《永和宫词》,方叙田妃薨逝,忽云:'头白宫娥暗觱篥,庸知朝露非为福? 宫草明年战血腥,当时莫向西陵哭。'又如《王郎曲》,方叙其少时在徐氏园中作歌伶,忽云:'十年芳草长洲绿,主人池馆空乔木。王郎三十长安城,老大伤心故园曲。'《雁门尚书行》,已叙其全家殉难,有幼子漏刃,其兄来秦携归,忽云:'回首潼关废垒高,知公于此葬蓬蒿。'益觉回顾苍

---

① 吴伟业:《吴梅村全集》,上海:上海古籍出版社 1990 年版,第 3 页。
② 丁福保辑:《清诗话》,上海:上海古籍出版社 2015 年版,第 71 页。

茫。"①赵翼此论,慧眼独具,指出了"梅村体"婉转流丽、波澜起伏艺术效果的生成机制。

同时我们也注意到,正如上文所提及的,后世文人多有对吴伟业诗歌"艳"的特征所不满者,在他们看来,过于"艳丽"成为"梅村体"的较为显著缺陷。彭士望在陈恭尹诗集所作序中即明确指出,"今人诗吾甚闵吴梅村。梅村抚今伤昔,俯仰留连,其忧惭悼悔之意,时时逗露,欲览者知其由来,而华美太尽,终不及杜"②,认为"梅村体"不及杜甫诗歌的一个重要原因就是"华美太尽"。

需要指出的是,"梅村体""以诗存史"的特征确立甚早,且不容撼动。程穆衡《娄东耆旧传》云:"其诗排比兴亡,搜扬掌故,篇无虚咏,近古罕俪焉。论曰:梅村之诗,指事传辞,兴亡具备,远踪少陵之《塞芦子》,而近媲弇州之《钦䲭行》,期以撼本返始,粗存王迹,同时诸子,虽云间、虞山犹未或识之,况悠悠百世欤。"认为"梅村体"可以上溯至杜甫的某些作品,而承续明朝"后七子"领袖王世贞的歌行体,是有一定道理的。对此,吴梅村在创作上已具有相当的自觉,例如,他在《梅村诗话》中论及《临江参军》一诗的创作背景,"《临江参军》一章,凡六十韵。余与机部相知最深,于其参军周旋最久,故于诗最真,论其诗最当。即谓之诗史,可勿愧。"③

严迪昌也认为,"指事传辞,兴亡具备"是"梅村体"长篇歌行最显著的特征。并援引清代赵翼的观点加以佐证。赵翼云:"梅村身阅鼎革,其所咏多有关于时事之大者。如《临江参军》《南厢园叟》《永和宫词》《洛阳行》《殿上行》《萧史青门曲》《松山哀》《雁门尚书行》《临淮老妓行》《楚两生行》《圆圆曲》《思陵长公主挽词》等作,皆极有关系。事本易传,则诗亦易传,梅村一眼觑定,遂用全力结撰此数十篇,为不朽计,此诗人慧眼,善于取题处。白香山《长恨歌》、元微之《连昌宫词》、韩昌黎《元和圣德诗》,同此意也。"他进而指出,"梅村体"大多包孕着时代巨变中的血泪印痕,实非元、白等作可简单比拟。④

以上就"梅村体"的特征做了梳理,《圆圆曲》历来被视为"梅村体"的代表之作,其风格颇可剖析印证,限于篇幅,兹不赘述。

---

① 赵翼:《赵翼全集》,南京:凤凰出版社 2009 年版,第 114 页。
② 陈恭尹:《陈恭尹集》,北京:人民文学出版社 2018 年版,第 2 页。
③ 丁福保辑:《清诗话》,上海:上海古籍出版社 2015 年版,第 72 页。
④ 严迪昌:《清诗史》(上),北京:人民文学出版社 2011 年版,第 354 页。

吴伟业对于文坛的强大影响力,不仅仅是"梅村体",其文学创作对于当时及后世有着广泛而深远的影响。以其《八幻诗》为例,这是一组别出心裁的咏物诗,分别吟咏茧虎、茄牛、鲞鹤、蝉猴、芦笔、桔灯、核桃船、莲蓬人等八物。据蒋寅统计勾勒,同时代及后世文人和着颇巨。尤侗的《西江月·梅村作物幻八诗颇极巧妙予谓其近于词为小调足之》,对吴伟业《八幻诗》风格有较为准确的判断,在文体形式上则认为其近似词体,遂以词调加以演绎。如果这是就吴伟业《八幻诗》的较为初步的关注、阐释和解读,那么众多的推衍之作则使得"幻诗"蔚然成风。陈奕禧作月钩、虹梁、烛泪、游丝……多达20题。"闺秀诗人徐德音与林亚清唱和,又称为咏物幻诗,赋梅魂、蝶梦、柳絮、莺梭等14题。"①尤其值得一提的是,清高宗亦作《八幻诗》,吟咏霜花、雨花、风花、浪花、灯花、酒花、笔花、心花,一时间文臣和者甚众。宗室敦敏作《全虚花十咏》,在清高宗所咏之外增加了冰花、雪花、剑花、镜花、茗花。夏垲有《幻花十律》,新咏石花、水花、烛花、昙花、唾花、泪花等。蒋寅指出:"这些题目本来也是日常生活中习见的内容,但由匠心加以艺术化的提炼,便超越其物质属性而变得空灵有味。尤其当它们被集中起来,更脱离原有的日常生活环境而凸显其玲珑的艺术品质……"②这是就该类题材的艺术品质予以相当的肯定。我们认为,这类题材书写以其新颖性,毫无疑问地适宜书写微妙的心理感受,虽然不无纤细屖弱之病。跳出技巧分析,我们则不能不充分肯定吴伟业精妙绝伦的艺术创造力和深远的影响力,这正是"诗人吴伟业"历来受到文人墨客景仰的重要原因之一。

另外,具体到词这一文体,吴伟业的小令芊绵婉丽,而长调则豪放中寄托感慨。以上我们了解了"梅村体"的特征,那么推而广之,则吴伟业的小令、长调之总和又颇有"梅村体"的意味了。这是很有意思的一点,在同一位作家的不同文学体裁中能够呈现其鲜明的风格组合。不过,目前学界尚未对这一问题作深入研究,尚有较大的开掘空间。

三、以"太仓十子"为代表的"娄东诗派"

"太仓十子"的称谓源自顺治十七年(1660)顾湄刊刻的《太仓十子诗选》,"十

---

① 蒋寅:《生活在别处——清诗的写作困境及其应对策略》,《文学评论》,2020 年第 5 期,第 139 页。

② 同上。

子"分别是:周肇子俶、王揆端士、许旭九曰、黄与坚庭表、王撰异公、王昊惟夏、王抃怿民、王曜升次谷、顾湄伊人、王摅虹友。"十子"年龄长幼并不整齐划一,当时最年长的是周肇(46岁),最年幼的是王摅(26岁)。"十子"的身份亦十分多元,有出仕新朝者,有遗民终身者,有游幕谋生者。可以说,这是一个跨越两代人的成员身份多元的诗歌群体。钱谦益《有学集》卷二〇《娄江十子诗序》:"娄江有十子者,英年华胄,含章秀发,相与磨砺为声诗,都人士望风却避。……今吾观十子之诗也,直而不倨,曲而不屈,抑之而奥,扬之而明,曲直繁瘠,廉肉节奏,非放心邪气所得而犯干也。其为人也,威仪庠序,发言有气,离经辨志,相观而善,非有意为谀闻动众者也。"对"十子"寄予厚望,"吾老矣,窃有厚望于诸子"。

据严迪昌《清诗史》所述,"十子"的简单情况如下:

周肇(1615—1683),字子俶,顺治十四年(1657)举人,官青浦教谕,卒于新淦知县任。著有《东冈集》诗一卷。

王揆(1619—1696),字端士,号芝廛。王时敏第二子。顺治十二年(1655)进士,授推官,不出。康熙十七年(1678)被荐博学鸿词科,辞不赴试。著有《芝廛集》。

许旭(1620—1689),字九曰。明诸生,入清未见应试,曾游幕福建总督范承谟幕府数年之久。著有《秋水集》十卷和《闽幕纪略》,后者详细记录了范承谟在浙江和福建期间的幕府史实,堪补史缺。

黄与坚(1620—1701),字庭表,号忍庵。顺治十六年(1659)进士,康熙十八年(1679)中博学鸿词科,授编修,历官赞善。著有《愿学斋集》四十卷。

王撰(1623—1709),字异公,号随庵。王时敏第三子。著有《三余集》《揖山集》等。

王昊(1627—1679),字惟夏,王世懋曾孙。康熙十八年(1679)中博学鸿词科,与邓汉仪、孙枝蔚同以"年老"特授内阁中书,旋殁。著有《硕园诗稿》三十五卷。

王抃(1628—1692),原字清尹,明亡后改字怿民,又改鹤尹,号巢松。王时敏第五子。著有《巢松集》六卷。

王曜升(生卒年不详),字次谷,王昊弟。诸生,暮年客死北京。著有《东皋集》。

顾湄(1633—1684),字伊人。诸生。本惠安令程新之子,幼育于顾梦麟(号织帘先生),遂为嗣。著有《水乡集》。

王撼(1635—1698),字虹友,号汲园,王时敏第七子。著有《芦中集》诗十卷。

"太仓十子"乃至"娄东诗派"的形成,乃是血缘与地缘双重作用力共同施加的产物。费孝通在《乡土中国》中提出了"血缘与地缘"的概念来进行社会分析,借之来阐释"娄东诗派"的形成同样是非常实用的一个视角。血缘包括两个维度,第一,"太仓十子"中来自同一家族的成员颇多,如王揆乃王时敏第二子,王撰乃王时敏第三子,王抃乃王时敏第五子,王撼乃王时敏第七子,王昊乃王世懋曾孙,王曜升乃王昊弟。以家族为基础形成的诗歌群落现象,古人已有注意,郑方坤在《国朝名家诗人小传》中介绍王撼族侄王吉武时指出:"祖孙父子兄弟人有集,而母吴夫人及三女咸工诗。"第二,以上诸人之王揆、王撰、王抃、王撼,是"太原王氏"的后裔,万历年间首辅重臣王锡爵是王时敏的祖父。王昊、王曜升则是明代"后七子"中王世懋的后裔,属于"琅玡王氏"。由于两族皆有深厚的文化积淀,这就使得他们的文化传承不仅具有生理上的血缘关系,更直接导致了文艺传统上的血缘迭代。不难发现,以上两王后裔已占据了"太仓十子"的十分之六,这为他们较为一致的文学书写风格的形成提供了先天条件。就地缘来说,太仓是郑和下西洋的始发港,向来经济雄厚,为文化兴盛提供了物质基础,所以文化渊薮,名家辈出。程邑《太仓十子诗叙》(见顺治刊本《太仓十子诗选》):"昔建安中,有王粲、刘桢辈,称建安七子;大历中,有卢纶、钱起辈,称大历十子;嘉靖中,有王、李、边、吴辈,称嘉靖七子;以至香山之九老、竹溪之六逸,各有诗篇,掩映今古。然生虽同时,产则异地。聚四方之英隽,成一代之国华,为力甚易,未有生同时、产同地,如太仓十子者也。"正是看到了"生同时、产同地"的"太仓十子"。

同时,程邑还指出了"十子"各异的才华气质:"十子之体格风韵,亦自不同。子俶沉骏,故兴踔而藻清;端士雅懿,故思深而裁密;九日淹茂,故气杰而音翔;庭表雄赡,故志博而味深;异公笃挚,故才果而趣昭;惟夏俶倜,故响矜而采烈;怪民赡逸,故言远而旨微;次谷静迈,故锋发而韵流;伊人淡荡,故情深而调远;虹友颖厚,故骨重而神寒。"虽然不同,但是他们都围绕在吴伟业周围,形成了"娄东诗派","抑娄江诗才,推梅村先生为领袖,十子晨夕奉教,故能各臻胜境,斯编亦其手订者。先生之诗,不独冠娄江,因不入十子之列,然则娄江信多才哉!"

"娄东诗派"除了"太仓十子"之外,还有许多知名诗人,势力方足构建起"诗派"之蔚然。兹略举如次。郁禾(1622—1678),字计登,著有《就正集》《云坊集》,

不赴博学鸿词科,不久卒。沈受宏(1645—1722),字台臣,名列吴伟业门墙,著有《白漊诗集》。王吉武(1645—1725),字宪尹,著有《冰庵诗钞》,乃王摅族侄。唐孙华(1634—1723),字实君,号东江,早年为"慎交社"主将,工制艺文,然而屡试不第,康熙二十七年(1688)以五十五岁高龄中进士,此后乃用力为诗,终于成为诗坛由清初向中期过渡期间"娄东诗派"的代表人物,著有《东江诗钞》十二卷。

吴伟业是"娄东诗派"的魁首自不待言,他为"娄东诗派"奠定了基调。如果将吴伟业置于文学发展史程中予以考量,则可以更为清晰地厘清"娄东诗派"的艺术神韵与文学史地位。钱锺书《谈艺录》认为:"清初诗家如天生、竹垞、翁山,手眼多承七子,即亭林、梅村亦无不然。"这是指出了清初诸如吴伟业等人的诗歌与明七子之间的承继关系。这一点直接影响着吴伟业周围的"太仓十子","瑰词雄响,瓣香弇州"①。事实上,"明七子"的影响十分巨大,不仅辐射至清初,"'娄东'一派实应视作'明七子'宗风延至清中叶沈氏(笔者注:沈德潜)师弟诗群之间的过渡中介环节。"②从整部诗歌发展史来看,"娄东诗派"自有其特色和重要的地位。

不可否认,明清易代之际的大变局时期确实出现了一大批优秀诗人,写出了不少优秀作品。此际的"太仓十子"既然延续的是"七子"遗风,那么就自然要回归文学创作的原命题上,不管艺术审美趋从何种流风,都无碍"真诗"的书写,正如严迪昌先生所指出的,"'七子'一派的瑰词宏响本身如同公安、竟陵的艺术追求一样,无所谓形式主义云云的,关键在于能否贯之以一己的真气韵、真情思、真意蕴"③。这在本文接下来的"太仓十子"的个案分析中将会作进一步的具体阐释。

四、"太仓十子"的代表——许旭

"太仓十子"以许旭、王摅二人的成就为最高,限于篇幅,兹仅就学术界研究较少的许旭及其作品作简要分析。

王昶《直隶太仓州志》(嘉庆)卷三十六"人物",记载许旭云:"许旭,字九日,

---

① 见《晚晴簃诗汇·诗话》。

② 严迪昌:《清诗史》(上),北京:人民文学出版社2011年版,第369页。

③ 同上,第376页。

国荣孙,年十二应童子试,时学使尽绌幼童,得旭卷奇之,补庠生。鼎革后,一意为诗古文词,与周肇、黄与坚等齐名。范承谟巡抚浙江,聘入幕,章奏皆出其手。及承谟以总督八闽,耿精忠将为变,诸所赞画,多天下大计。难作,承谟殉节,精忠怒旭等甚,执诸在幕者遍鞠之,必欲得旭而甘焉。"粗略记录了许旭的生平事迹。

许旭在"太仓十子"中地位较为特殊,虽然没有王氏家族的雄厚传统作为依托,但是仍然很早即展现出卓越的文学造诣,获得吴伟业的认可。不妨说,许旭早年成名和吴伟业的扬誉有着密切联系。王士禛《带经堂诗话》(卷八)载"吴梅村先生书一通"云:"江表多贤,正恐不鸣不跃者,或漏珊瑚之网,如吾友许旭兄,为寒斋二十年酬唱之友,十子才推第一,篇什流传,定蒙鉴赏。近诣益进,私心畏且服之,而独苦其食贫无依,即宿春办装,亦复不易,而出门求友之难也。今春坐梅花树下,读《阮亭集》,跃起狂叫曰:当吾世而不一谒王先生,谁知我者!"吴伟业极力向王士禛推荐许旭,不吝溢美之词,认为许旭在"太仓十子"中"才推第一"。正是在吴伟业的扬誉帮助下,许旭率先在江南树立了较高的文名。魏宪在其《枕江堂集》(卷七)《送许九日归娄东次见赠原韵》一诗云:"才名十子雄文苑,琴剑三生托钓舟。"诗中自注云:"九日与端士、惟夏、次谷诸公称太仓十子",承认了包括许旭在内的"太仓十子"在文苑的地位和声望。

通过上文所引吴伟业与王士禛的书信内容不难发现,许旭的经济生活异常困窘艰辛,"食贫无依,即宿春办装,亦复不易,而出门求友之难也",日常家居所需的生活资料都难以获得,何谈出门求友。正是出于这一经济因素的考量,许旭和那个时代的众多底层文人一样,加入到游幕的历史洪流中,将人生感慨寄托于幕府这一特殊的社会组织当中。基于早期积淀下的文名,许旭得到浙江巡抚范承谟的青睐,踏上了他游幕生涯的第一程。沈受宏在《送许九日赴浙抚幕序》一文中即指出,"九日以能诗名一时",所以当浙江巡抚范承谟广延人才,邀请许旭入幕,"走重使,具厚币,迎以为客"。此后,许旭跟随范承谟由浙江至福建,游幕数年之久,深得范承谟的信任,并且赢得了众幕僚的认可。当耿精忠叛乱前夕,许旭辞别范承谟及众幕僚,返回太仓,得以幸运地免于陷身叛乱。当范承谟及数十位幕府成员身陷囹圄,三年后被耿精忠残忍杀害,许旭则幸免于难。然而,范承谟遇害的消息传至太仓,许旭悲愤悔恨交加,重新返回福建,感时伤事,创作了许多怀念范承谟的作品。

许旭的作品主要有《秋水集》和《闽幕纪略》。前者是其诗集,后者虽然名为"闽幕",实则包括范承谟浙江巡抚幕府和福建总督幕府两个时期,对范承谟幕府的政治、经济、文化生活有颇为详细的记录,为我们了解许旭的幕府生活及其所处的时代背景皆有裨益。

程邑《太仓十子诗叙》称"九日淹茂,故气杰而音翔",主要是针对《秋水集》而言。又云:"十子者,或系出乌衣,或情闲白社,并以高才,吐兹伟韵。每当春花秋月,送远将归,曲燕浮觞,伤今吊古,莫不云诡于笔区,波谲于艺苑。故掇其华实,可以衔山川而拾香草;表其铿锵,足以变丝簧而感金石也。"虽然是就"十子"之总体艺术风格的概说,但是"送远将归""伤今吊古"确是许旭诗歌的重要内容。"华实"是指诗歌意象和境界而言,山川皆入笔底,有香草美人的寄托。"铿锵"是指声调,没有靡柔的弊端。考察许旭的《秋水集》,此论堪称平允。

顺治年间,满清政权入主中原尚未稳固,南明政权、郑成功海上军事力量的抵抗此起彼伏,其中顺治十六年(1659)五月郑成功武装取道崇明进入长江,连下数镇,围困南京,东南震动。然而,由于战略选择的失误,郑成功围城而不攻,清军赢得调集兵力反击的机会。据《研堂见闻杂记》记载:"海师之围江宁也,相持一月,不能乘锐崩之,而日纵酒作乐。七月二十三日,大破之。二十四日,又溃之,而海师遁。"[①]自此,郑氏集团再难组织起大规模的北伐战争。在此凄凉境地,复国无望的遗民群体纷纷抒写忧愤,许旭亦作《己亥秋日感兴》七律五首,将个人身世飘零之感融入兴衰无常的军事事件中,尤为感人,颇能代表其诗歌艺术特色。其一云:"破浪乘风几万师,长戈短槊卧多时。京江好酒真堪醉,铁瓮全城竟不支。早见千帆归绝岛,可怜一片竖降旗。山川满目还依旧,惆怅人生是乱离。"诗中对郑氏武装此役失败的原因做了思考,"早见千帆归绝岛,可怜一片竖降旗"一联,尤其深刻。尾联,面对一场徒劳无功的失败,诗人发出了"惆怅人生是乱离"的个体生命的嗟叹。其二,"胜势看先指上游,坐教挥泪说神州",对于失败的无奈,诗人只能挥泪来看故明江山。其三,"崖山变局重闻宋,田氏孤军尚建齐",用宋末崖山之役和战国时期田氏复兴齐国的典故,来表达对强大的郑氏力量失败的失望。其五,"蒜山一鼓成遗恨,瓜步千年见战场",面对千百年来的无休无止的征战,诗人不仅感到苦难实多的迷茫,而且对于战争带来的灾难亦不无

---

① 娄东佚名:《研堂见闻杂记》,上海:商务印书馆1927年版。

谴责,故而在该组七律的结尾发出"北来征雁遥空过,错望江南是异乡"的兴亡之慨。在艺术风格上,尤其值得注意的是,"许旭在'十子'中是唯一略带'宋调'的一个,气格宏敞而议论锋芒时见"①,这一特征在上面一组七律中已能管窥,兹不赘述。

由于"太仓十子"的概念只是在诗歌范畴中提出,所以许旭的《闽幕纪略》一书可不在议论范围,但是它作为许旭文学成就的至关重要的组成部分,堪与《秋水集》并驾齐驱,故在此略加介绍。目前笔者所见的就许旭《闽幕纪略》所展开的研讨著述,以朱丽霞教授《海上丝绸之路与十七世纪太仓文坛》一书最为详尽,该书第三章为〈太仓许旭游幕与闽总督开放海禁〉,特置"许旭《闽幕纪略》研究"一节。"幕府中许旭多参与范承谟的政治、军事行动的谋划,因此,除了代范承谟撰写了大量奏疏书牍外,许旭将在范承谟巡抚幕、总督幕的见闻记录下来,整理为《闽幕纪略》(又名《闽中纪略》)。……由于是幕僚亲身经历的记录,较之于后人所记史书更为真实可信,尤其可贵的是,《闽幕纪略》保存了大量的有关历史人物和许多历史事件的真实细节。……"②作者就"范承谟与耿精忠之关系""三藩乱中的闽海局势""范承谟幕府的经济运作""闽总督与开海禁"等历史问题在《闽幕纪略》中获得了较为充分的佐证,可见许旭的文学造诣是多方面的,不惟《秋水集》所能限囿。

总之,吴伟业是娄东地区孕育出的一代诗坛领袖,在他周围形成了以"娄东十子"为羽翼的"娄东诗派",呈现出鲜明的时代特征和区域特色。"娄东诗派"的创作,在丰富了我国诗歌宝库的同时,亦为民族精神的锻造贡献了力量,尤其是对明清易代之际汉族士人的生命历程和体悟作了真实而生动的记录和演绎,具有不可磨灭的"诗史"价值和艺术魅力。

---

① 严迪昌:《清诗史》(上),北京:人民文学出版社2011年版,第374页。
② 朱丽霞:《海上丝绸之路与十七世纪太仓文坛》,上海:上海三联书店2016年版,第195页。

太仓——士子运动的摇篮:复社与文人政党起源

陆岩军

摘　要:从规模、地域、影响来综合审视,晚明复社诚为中国古代第一大文人社团。复社高扬"兴复古学,务为有用"旗帜,接续东林党人传统,具有近代文人政党的部分特点,可谓是近代文人政党雏形。复社领袖"娄东二张"具有卓越的品格与杰出的组织才能。其创立复社的动机为合作治学,改善学风;净化世道,改善文风;增加力量,谋求改良。复社士人主动参与到晚明政治活动中,通过培养人才、培植正气、改良政治对明代政坛产生了不容忽视的影响。复社所昭示的重视知识分子的使命与担当、加强民间社团与激发国家活力、促进学术合作与交流的精神气象,具有重要的现代价值与意义。

关键词:晚明　张溥　复社　历程　意义

从规模、地域、影响来综合审视,晚明复社诚为中国古代第一大文人社团。复社高扬"兴复古学""务为有用"的旗帜,接续东林党人关注现实、重视道德、强调经史的传统,且又后来居上,更富有政治性色彩,组织形态严密,社团纲领明确,入会条件严格,已具有近代文人政党的部分特点,可谓是近代文人政党的雏形。其持续时间虽仅有十余年,但在晚明社会影响极大,"是传统社会历史上所不曾有过,可谓空前绝后"①,成为晚明社会史、政治史、学术史、文学史的重要一环。

---

① 朱子彦:《中国朋党史》,东方出版中心2016年版,第479页。

一、复社领袖：娄东二张

欲看一社之品格，先看领袖之品格。复社领袖首推"娄东二张"。陆世仪《复社纪略》云："复社声气遍天下，俱以两张为宗。"①

张溥（1602—1641），字天如，号西铭。因居太仓城西，人称西张先生。张采（1596—1648），字受先，号南郭。因居太仓城南，人称南张先生。二人共学齐名，交游最密，契合无间，志同道合，生死不渝，并称"娄东二张"②。

娄东二张于天启中期先共创应社，后于崇祯时期共同领导复社。尤其在崇祯后期，当复社备受攻讦、风雨如晦之时，二张并肩战斗，不畏强御。张溥病逝后，张采仍上疏为张溥泣血辩白，并义无反顾地承担起照顾其家人的重担。自万历四十八年暨泰昌元年（1620）订交，至崇祯十四年（1641）张溥去世，二张相交二十二年，情逾手足，"互推畏友"（《祭张天如文》）。③ 又有二度联姻之谊，互相托孤之义，患难与共，生死不渝，诚谓生死之交。

明人魏象枢《友箴》曾概括八种朋友类型："朋友之格八，有道德相亲而交者，有学问相成而交者，有气节相感而交者，有然诺相信而交者，有政治相助而交者，有才技相合而交者，有诗文相尚而交者，有山水相娱而交者。"④考之二张行实，既有道德相亲，又有学问相成；既有气节相感，又有然诺相信；既有政治互助，又有才技相合；既有诗文相尚，又有山水相娱。可谓八格兼具，至为难得。在世风日下，士风浇薄，奸佞弄权，士大夫逢迎溜须、互相攻讦的晚明，娄东二张的交谊颇为难得，也至为感人。

1. 二张订交。

张溥父张翼之为太学生，张溥生母金氏为第四房侧室，母子二人在家地位卑微，"不为宗党所重，（大伯）辅之家人遇之尤无礼"，欺凌之事不时发生（《复社纪略》）。万历四十五年（1617），张溥十六岁丧父，母子二人只得出居西郭。丧父之

---

① 陆世仪：《复社纪略》，见《东林本末》（外七种），北京古籍出版社 2002 年版，第 231 页。
② 张廷玉等撰：《明史》卷二百八十八《张溥传》，中华书局 1974 年版，第 7404 页。
③ 张采：《知畏堂文存》《四库禁毁书丛刊》集部第 81 册，第 661 页。
④ 魏象枢：《寒松堂集》，《丛书集成初编》本，第 330 页。

痛与世态炎凉,益使张溥发愤苦学,读书必七抄七焚[1],遂题其室名为"七录斋"。是年,张采亦不幸丧父(《庶常天如张公行状》)。

三年守制结束后,万历四十八年(1620),张溥补博士弟子,结交名贤,志为大儒,声闻籍甚(《庶常天如张公行状》)。所结交士人中,最志同道合者当属张采[2]。

2. 七录斋共读与"娄东二张"得名。

天启三年(1623),张溥邀张采、管士琬至七录斋共读,三位青年士子均为万历四十五年失怙者,同病相怜,相互激励,"期以显身遂志"(《张受先稿再序》)。一年后,管士琬有事先离去。二张继续在七录斋共读,直至天启七年(1627),前后凡五年。彼时二人皆为诸生,白天各赴学校,晚上则共聚七录斋,探讨学问,激励志气。张溥《张受先稿再序》《张受先稿序》、张采《祭张天如文》《庶常天如张公行状》对这五年"风雨寒暑""出入依倚""夜分角谈,称论道义""形影相依,声息相接,乐善规过,互推畏友""两人深相得,不能顷步离"的共学情景,都有生动的记载。

五年共学中,两人研经治史,切磋琢磨,"倡呼绝学,辨经术,立史绪"(《治娄文事序》),相得甚欢,声名鹊起,遂有"娄东二张"之称。万斯同《明史·张溥传》云:"及为诸生,召同里张采共学,益肆力经史,名籍甚,时号'娄东二张'。[3]

3. 结交周锺,切磋求益。

二张所处的娄东,在乡贤首辅王锡爵"昌大其事"及文坛领袖王世贞、王世懋兄弟"岳岳儒林间"(《王文肃课孙稿序》)"克大其猷"(《徐母王太君五十序》)的辉煌高峰之后,一时竟"文事不起"(《治娄文事序》),文风渐趋卑弱。二张志大才隽,年轻气盛,遂以共振娄风为己任,不顾里人讥嘲(《吴骏公稿再序》)。据张溥高弟吴伟业记载,张溥先采取矫枉过正之法,即取法于唐樊宗师、宋刘几的艰深渊博文风,拟以艰深渊博挽救卑俗,但这一尝试在岁试中以失败告终。正在困惑之际,听说周锺在金沙倡教,于是二张前去求教,经过长达一昼夜的讨论辩难,最

---

① 《明史·张溥传》:"所读书必手钞,钞已,朗诵一过,即焚之,又钞,如是者六七始已。"

② 陆世仪《复社纪略》:"时三吴文社,人人自炫,(张)溥一不之省,独与张采订交。"张采《祭张天如文》:"忆弟交兄,始庚申岁。"

③ 万斯同:《明史》卷二八六,《续修四库全书》史部第 329 册。

终为周锺所折服,欣然与之结盟。回来后,张溥放弃学习樊宗师、刘几,而是专攻经史,在岁试中一举夺冠。① 金沙访周实际标志着二张走出太仓,扩大交往,觅得同道,经过观点的碰撞切磋,达成了学术共识,适度调整了学术观,坚定了学术信念。此后三人"相励考古"(《行卷大小山序》),日有获益。

4. 拜访杨彝,共创应社。

二张通过结识周锺,体会到扩大交游、增加同道切磋教益的乐趣与益处。同时,受晚明士人热衷结社时风的影响,也开始筹划创立文社。天启四年(1624)冬,二张赴七十里外的常熟唐市镇,聚会于杨彝的凤基园,顾梦麟亦正设教馆于杨家。杨彝、顾梦麟此时已有相当影响,时称"杨顾"②,"行为士宗,学名经师"(《房书定本序》),门人众多。张溥目之为"天下之人"(《杨顾二子近言序》)。杨、顾二人经营文社亦已有一定规模。③ 于是二张与杨、顾欣然共举应社,确定社约,以年龄推杨彝为长。张采《杨子常四书稿序》对此有详细的记述:

> 甲子冬,始与张天如同过唐市,问子常庐,请见。唐市者,虞山北野镇,去娄可七十里,子常所居地也。子常方与麟士同业,宾主叙述如平生,因遂定应社约。约之词曰:"毋或不孝弟,犯乃黜。穷且守,守道古处,在官有名节。毋或坠,坠共谏。不听乃黜。洁清以将,日甚一日。"叙年子常长,登坛申约,诸兄弟曰诺。

应社以"志于尊经复古"(《五经征文序》)为职志,倡导"相励考古"(《行卷大小山序》)"度德考行""先与乎其人,后与乎其文""未尝一日忘古人"(《诗经应社序》)。其立社实质在于,超越士子仅热衷于以时文追求功名而无意学养与人格的狭小格局,重新接续经学传统,从大处着眼,从高处入手,以经学之堂堂之阵、正正之旗来一洗浅陋、低俗之学风。应社主张研治五经,其方法为人主一经,合治五经,通过应社定期集会交流,最终贯通五经;同时强调知行合一,注重德行,严于去取。张溥和张采分别主治《易》与《礼》。从现存材料来看,二张在应社的

---

① [日]小野和子:《明季党社考》,上海古籍出版社2006年版,第240页。
② 汪琬:《杨顾两先生传》,《尧峰文钞》卷三四,《四部丛刊初编》本。
③ 计东:《改亭文集》,《续修四库全书》集部第1408册,第196页。

建立中,尽责较多(《社籍序》)。应社成立后,江南应社也主要由二张等主持(《刘伯宗稿序》)。此期,二张经常向杨、顾请教经义,来往甚多,交情颇深(《顾麟士四书说约序》)。二张年轻气盛,常以义气激励杨、顾,共究君臣大节,社稷宏务(《杨顾二子近言序》)。因交情日深,由张溥提议,张采与杨彝结为儿女姻家,张采之女嫁于杨彝之子杨静(《杨生传略》)。

5. 义抚遗孤,首结姻家。

在创立应社的同时,二张还有一桩抚养友人沈承遗孤的义举,并由此首结姻家。

天启四年十月,张溥友人沈承病亡。次年十月,沈妻薄少君亦亡,"遗孤仅生五月,断乳且毙"(《庶常天如张公行状》)。张溥毅然收养亡友遗孤,起名张忱,以示纪念沈承之意。张采奋然赞其义举,以女许之张忱,与张溥结为姻家(《张殇童矿铭》)。

二张又与社友周锺及太仓训导张三光商议刊刻沈承遗稿,毛一鹭时任大中丞驻吴中,怜其早逝,遂亲手评点,并捐资以助刊刻。天启六年(1626),由毛一鹭、周锺、刘彦仲、张溥、陈组绶作序,张三光作《沈君烈轶事》,毛一鹭评选的《即山集》六卷出版。

二张收抚遗孤、协助刊刻遗稿的义举,颇具扶危济困、同道相助的道义色彩,是对应社重视道义德行的具体践行,可谓知行合一,率先垂范。张三光对此赞扬道:"君烈为畸人,少君为畸配,天如为畸友。"[①]其实,二张皆可谓"畸友"。不幸的是,崇祯二年张采女四岁夭于临川,崇祯五年张忱九岁夭于京师。二张对此痛惜不已。[②] 然而这一段抚孤义举,光耀千秋,彪炳史册,存于天壤之间。

二张以身示范,从治学及德行两方面为应社奠定了不一样的格局与境界。研治五经,表明重视学问本源,取法乎上;人治一经,合作治学,则显示士子既可独立治学,又可合作切磋。这表现出一种成熟深刻的学术眼光与博大包容的学术气魄。在德行方面,既高扬道义,又能当下担当。这是一种颇值得赞扬的敢于担当的道德勇气和知行合一的践行精神。从这样的角度来看,应社已与当时的载酒征歌、文学唱和、时文交流的一般文社有着很大的不同。

---

① 张三光:《沈君烈轶事》,见沈承:《即山集》,《四库禁毁丛书》本。
② 见张采《张殇童矿铭》《殇女矿铭》,《知畏堂文存》,张溥《哭苏太母文》。

6. 扶植正气,驱逐邪恶。

应社敢于担当的道德勇气和知行合一的践行精神,既表现在对同道的扶危济困上,也不可避免地表现在对奸佞权臣及爪牙的针锋相对、势不两立、毫不退让上。二张联手驱逐魏党爪牙顾秉谦即为明证。

天启七年秋,二张参加乡试,张采中举,张溥落榜。冬,魏党爪牙顾秉谦来娄,二张起草檄文,率诸生驱逐顾秉谦,极大地打击了魏党残余势力的气焰,郡中人士赞其豪举,立碑记录此事,二张一时名重天下,"由是天下咸重天如、受先两人"(《复社纪略》)。这一事件彰显了二张嫉恶如仇、不畏邪恶、扶植正气的气性,也体现了二张治学、交游、行事的一贯原则,即注重道德,崇尚气节,驱恶扬善。

驱顾之后,张采北上赶考,以老母托付张溥,张溥送于浒墅,二人洒泪而别。自此,二张七录斋五年共读时光暂告结束,进入了先后出仕的阶段。

7. 张采中式,张溥选贡。

崇祯元年春,张采中进士,授临川知县。张溥也以覃恩选贡入太学,四月到京师。二人在京相见,情如当初在七录斋时,"两人相得益章,名彻都下"①。二张又召集诸士人举行成均大会,并结燕台社(《复社纪略》)。不久,张溥离京先归,张采与徐汧等送至都门外,张采初未作诗,此时亦赋五言古体一章,分手之际,涕泣如雨。张溥自述入京、离京均与张采有关,其《张受先稿再序》云:"予之之燕也,以受先之在也;及予之归也,又以受先之即南也。"秋,张采回娄后,襄助张溥"偕同志扬扢社事","由是,海内同人翕然共宗天如矣"(《复社纪略》)。张采作为应社首位科考功名获得者,坚定了社友遵循应社治学路径的信心,在赴任之前几个月的社事活动颇具号召力,为嗣后复社的成立奠定了坚实的基础。十一月,张采携老母赴任江西临川,张溥送至钱塘江,洒泪而别(《张受先稿再序》)。

8. 共倡复社,互通声气。

与张采别后,张溥踽踽独归,颇不自聊,"又念友生若参昂,古学罔攸明,因集吴越间俊造,凡经明行修一辈,定规模,要计程课",遂组织复社(《庶常天如张公行状》)。张采此期虽然赴任临川,未能亲自组织和参与复社集会,但与张溥互通声气,遥相呼应,"闻复社之言,则怡然心开"(《国表序代张受先》)。复社时文选

① 万斯同:《明史》卷二八六,《续修四库全书》史部第329册。

集《国表》出版,张溥亦代张采作《国表序》。在临川,张采亦为复社积极奔走,联合陈际泰以遏制在选文上多次诟病张溥、周锺、陈子龙等人的老选家艾南英,着力张大复社。计东《上太仓吴祭酒书一》云:"受先宰临川,首结陈大士以稍杀艾氏之怒。故能化异同,以成声气。"①张采又组织临川合社,与复社唱和呼应(《合社序》)。张采又积极收集陈际泰、罗万藻的社稿,寄送给张溥以编成《七录斋评选皇明易会》(《易会序》)。后来有陆文声及托名徐怀丹者攻讦二张,至谓"溥、采为主盟,倡复社,乱天下""复社之主为张溥,佐为张采,下乱群情,上摇国是"②,其中"乱天下""下乱群情,上摇国是"近于罗织周纳,而共倡复社则是不争的事实。陆世仪云"复社声气遍天下,俱以两张为宗"(《复社纪略》),当是写实。

9. 张采辞官病归,张溥出仕旋归。

崇祯三年秋,张采因病自临川辞官归,途中得张溥乡捷喜信。四年春,张溥中进士,选翰林院庶吉士。二张先后中式,引起乡人的追慕效法,一时文风大变。张采《治娄文事序》云:"卯辰,予草草一第。午之役,天如、人抚、志衍、骏公辈出。至未,骏公弁天下,天如读中秘书,通邑争趋以为荣。乃取两人所著述,句栉字比。其上者寻求意义,次则规模形貌,惧失当。期年,风俗大变。"张溥中式后,张采护送张溥母金氏入京居住,一路上小心照顾,情同母子。而张采母因疏于照顾,七月病逝,张溥悲痛莫名,作《哭苏太母文》祭之,又有《寄张受先》诗以反复慰藉。

四年春至五年冬,张溥在翰林院备受排挤,于是以葬亲为由,乞假归乡。张采一语道出了其中的原因:"(张溥)及官翰林,思一有所表见,即口语不能无予夺;又性淳古,所不可,辄面赤不应,谗言遂孔张。"(《庶常天如张公行状》)又云"适官吉士,交游贤豪,遂欲有所发舒,即口语不能无上下,而赤狐黑乌,且逐逐其侧。张子曰:'君子几,不如舍。'于是将母归。"(《西铭近集序》)诚谓知音。

张溥回娄后,不复仕出。至此,二张在各自经历了二年多的官场生涯后辞官归乡,在历经六年(天启七年至崇祯五年)的各奔东西后,又一次共处娄地,直至终身。

---

① 计东:《上太仓吴祭酒书一》,《改亭文集》,《续修四库全书》集部第 1408 册,第 196 页。
② 杨彝:〈复社事实〉,转引自蒋逸雪:《张溥年谱》,齐鲁书社 1982 年版,第 44 页。

10. 并肩战斗,生死攸关。

二张辞官归乡后,交谊仍旧,因各自名声、治学计划、交游、健康等原因,二人的交游密度和所处境地虽与之前有许多不同,但在《绿牡丹》事件、《军储说》事件、陆文声事件、《复社十大罪檄》事件等一系列攻讦复社重要事件中,二张并肩战斗,不畏强御,备尝艰辛。随着奸小攻讦复社的加剧,二张的命运被紧密地联系在一起。

(1)《绿牡丹》事件

崇祯六年六月,周延儒罢归,温体仁为首辅。此时复社声势正隆,主事者张溥、张采、陈子龙、杨廷枢、周立勋等人"皆海内人望,文章为天下冠冕",严于去取,"所牢笼天下士,率取其魁杰。以故仰其盟者,如泰山北斗,而士一如登龙门。若纨绔子弟富家世裔不以文鸣者,虽费千金,莫能雁行。"①温育仁挟其兄温体仁为首辅之势欲入复社,竟遭复社严词拒绝。温育仁恼羞成怒,雇人作《绿牡丹传奇》以讥辱复社头目,"书中以管色为乌有亡是之辞,其实柳五柳、车尚公、范思诃,据《复社纪略》各有指斥。……而吴兴沈重者,以在朝则影黎愧庵、倪三兰,在野则影张天如、杨子常、周介生辈。"②此传奇在浙地梨园搬演后,当地社中士人引以为耻,写信告于张溥。得信后,二张极为愤慨,不畏首辅权势,即赴浙会晤学臣黎元宽,请毁刊本,并执温育仁家人下狱。一时人们"争诵两张夫子不畏强御"(《复社纪略》)。这一事件加剧了温体仁与二张及复社的矛盾,成为复社卷入政治斗争的一个导火索,也为后来周之夔、陆文声、徐怀丹等人的告讦埋下了伏笔。

(2)《军储说》事件

崇祯六年秋,太仓岁歉,太仓知州刘士斗向二张咨询救荒之策,张采作《军储说》,拟打破漕规以救荒,张溥作跋语赞之。苏理刑周之夔本为复社中人,因个人升迁未果,迁怨于二张及刘士斗,故以《军储说》上告,攻讦二张"悖违祖制,紊乱漕规"、刘士斗"行媚乡绅"(《复社纪略》)。次年三月,太仓知州刘士斗因此罢去。刘士斗平日治娄清廉,士民不愿其离去,二张尤为痛惜。二张约刘士斗游东郊,为之饯行。③ 二张以酒酹地,情绪异常激昂:"异日使贤父母独离地方者,有如此

① 佚名:《研堂见闻杂录》,上海书店 1982 年版,第 284 页。
② 张鉴:《书绿牡丹传奇后》,《冬青馆甲集》,《续修四库全书》集部第 1492 册,第 71 页。
③ 冯其庸、叶君远:《吴梅村年谱》,文化艺术出版社 2007 年版,第 54 页。

酒!"因此令门人制檄驱逐周之夔。周之夔自觉无路可走,于是又极力攻讦二张,并致信二张,与复社寻隙。张采义正词严回信予以反驳,周之夔理屈词穷,于是请病归养亲,朝廷不许(《复社纪略》)。八年七月,周之夔获准致仕,去任之际,心内愤愤不已,于是又作《复社或问》以泄愤,"于溥、采则危言丑诋,陷以不轨"[①],极力攻击复社。十年二月,周之夔在温体仁的授意下又上《复社首恶蠹乱漕规逐官杀弁朋党蔑旨疏》,矛头直指二张,二张"惴惴几蹈不测"。六月,随着温体仁致仕,周之夔的攻讦也告罢,形势稍稍缓和,二张略微展眉。

(3)陆文声事件

崇祯九年五月,里人陆文声攻讦复社,矛头再指二张。《明史·张溥传》云:"里人陆文声者,输赀为监生,求入社不许,采又尝以事挟之。文声诣阙言:'风俗之弊,皆原于士子。溥、采为主盟,倡复社,乱天下。'温体仁方枋国事,下所司。迁延久之,提学倪元珙、兵备参议冯元飏、太仓知州周仲琏言复社无可罪。三人皆贬斥,穷旨究不已。"在温体仁的授意和纵容下,"一时谗小得意,告讦四起"[②],"俱以附会时相,秒夸旦夕得大官矣"[③]。

面对奸人的四面告讦,二张日处危疑震惊中,处境极危。张采《祭张天如文》云:"方子丑间,两人如几上肉,弋人眈视,外传缇骑且至,一日数惊。"

(4)《复社十大罪檄》事件。

崇祯十三年,又有托名嘉定徐怀丹者作《复社十大罪檄》,用辞险恶,着意罗织,杀气腾腾,直指二张及复社,云:"复社之主为张溥,佐为张采,下乱群情,上摇国是,祸变日深,愚衷哀痛。"(《复社事实》)罗列二张十大罪:僭拟天王、妄称先圣、煽聚朋党、妨贤树权、招集匪人、伤风败俗、谤讪横议、污坏品行、窃位失节、召寇致灾。极尽中伤诬蔑之能事,条条都欲置二张于死地。朝廷下旨责二张回奏。此时,张溥刚去世,尸骨未寒,张采作《具陈复社本末疏》泣血辩白,读之令人酸楚:

> 及夏五月初八溥病身死,惟臣仅生。谓复社是臣事,则出处年月不符;谓复社非臣事,则溥实臣至交。生同砥砺,死避罗弋,负义图全,臣不出此。

---

① 同上,第603页。

② 文秉:《烈皇小识》,上海书店1982年版,第129页。

③ 陈子龙:《自撰年谱》,《陈子龙诗集》,上海古籍出版社1983年版,第654页。

窃惟文者昭代之所重,社者古义所不废。推广溥志,不过欲楷模文体,羽翼经传耳,未尝有一毫出位跃冶之思也。至于《或问》及《罪檄》,此忌溥者罗织虚无,假名巧诋,不惟臣生者不闻,亦溥死者不知。若使徐怀丹果有其人,臣愿剖心与质;倘其人乌有,则事必诬构。独念溥日夜解经论史,矢心报称,曾未一日服官,怀忠入地。即今严纶之下,并不得泣血自明,良足哀悼。臣虽与世隔越,孤立杜门,而兢兢勉学,颇知省察,不欲一字自欺,岂敢一字欺皇上?谨据实回奏,臣无任战兢待罪之至。

此事又经首辅周延儒、御史刘熙祚、给事中姜垛的极力回护,最后才解。

《诗·小雅·伐木》云:"嘤其鸣矣,求其友声。相彼鸟矣,犹求友声;矧伊人矣,不求友生?"二张重视友道,"出入进退不能离,穷愁祸患不能舍"(《广应社再序》),自弱冠结谊,至死不渝,福祸相依,荣辱与共。二张虽性格、为文、学术主张不尽相同,然皆重尚名节气概,切磋激励,相互称许,彼此了解颇深(《张受先稿序》)。张溥称许张采云:"受先之为高于时,宁文焉已哉。……盖其人文信之矣。"(《张受先稿再序》)张采褒扬张溥云:"天如赋性忠义,志笃孝友,其孜孜善类,护持正人,与引迪后进,几于饥不及餐。"(《祭张天如文》)二人可谓乐善知人。

二张平居时志同道合,治学结社,扶危济困;患难时并肩战斗,不畏强御,弘扬正气。更令人称道的是,张溥逝后,张采不避罗网,泣血为其辩白,并为其处理后事,写祭文,作行状,抚养孤寡,辅立子嗣,代为聘女。又为其董理刊行《七录斋近集》、补充修订《春秋三书》。诚谓生死患难之交,不负二人"二十年来交道"(《祭张天如文》)。在前有魏忠贤屠杀东林,荼毒善类,生祠遍地,趋炎附势盛行,后有温体仁问罪复社,罗织罪行,攻讦四起,礼义廉耻扫地,"士节沦丧,人心世道深用隐忧"的晚明[1],复社领袖二张的交谊、人品和气节体现了以二张为代表的复社士人的品格和风骨,显得尤为可贵,放诸管鲍、俞钟之交中,亦毫不逊色。

二、复社的兴起与发展

1. 张溥创立复社的动机。

张溥创立复社的动机盖有三点:合作治学,改善学风;改善文风,净化世道;

[1] 张继:《序》,张荫梧:《颜习斋先生之精神生活》,提拔书店 1940 年版,第 1 页。

增加力量,谋求社会改良。

(1)合作治学,改善学风。

《礼记》云:"独学而无友,则孤陋寡闻。"张溥出身低微,对此更有切身体会。万历四十五年(1617)其父病逝后,张溥与生母搬离大家庭,移居太仓西郊。其所治学方式,颇与时风不同,受到俗士之嘲笑。加之彼时之学风大坏,亦亟待改善。张溥为之大声疾呼:"自世教衰,士子不通经术,但剽耳绘目,几幸弋获于有司。登明堂不能致君,长郡邑不知泽民,人材日下,吏治日偷,皆由于此。"(《复社纪略》)在此内外交困之处境下,结识同道,合作治学,成为张溥摆脱困境、提升学业的不二选择。

张溥的合作治学,起始于天启元年春夏,与王家颖、何南春、蔡申诸子立社研治《周易》、四书,中间经过与张采天启三年(1623)至天启七年(1627)七录斋五年共学,并经过与杨彝、顾梦麟、周锺的不时探讨。在此基础上,与张采、杨彝、顾梦麟、周锺等十人创立应社,并以之为基础创立复社,"兴复古学、务为有用",改善学风,厚殖学问,所谓"贫富不漦资财,漦于学问"(《贺黄裳稿序》)。张溥自述"弟恒语之同人,江南软地,幸有应社诸人不劣诚合,分班量资,宣究四籍"(《答许子治书》)亦道明此点。而合作治学从合治五经切入,同时辅以史学,意在穷经通史,立体适用,"穷经则王道明,通史则王事著。明王道者,可与立体;著王事者,可与适用"(《论略题辞》)。

(2)净化世道,改善文风。

周敦颐《通书·文辞》:"文所以载道也。"文以载道为要,士以天下为己任。然时值晚明,文风与世道日下。张溥为此感慨不已:"当今经业堙颓,士鲜实学,世所号为魁然者,咸取径时体,掇其不伦之辞,自名诡特。此种实未梦见诸子,何有六经?"(《答周勒卣》)

当时士子热衷时文,"当夫时文一趋,士人之志日以荒下,诸子之说,耳目不近,未知天下之有书,作书之有其人,况乎五经之极深也"(《房稿表经序》),遂使"古道衰绝"(《曹穋殳稿序》)。士子既无担当,又寡廉耻,庸俗不堪,"盖吾郡之不文者,类多治容服,好戏谑,而无廉耻之思。见人之美则深刺忌,以肆其恶"(《徐朱二子合刻序》)。

面对此种局面,或随波逐流,蝇营狗苟,谋求分羹;或迎难而上,净化世道,挽救时艰。这是一个重大的现实课题,亟待破解。否则,文风、士风、世风必然全面恶化坍塌,国家难免未灭而先亡。每一时代皆有其时代问题与困局,唯有士人毅然担负起解决这些问题和困局的重任,才能在精神层面有助于引领社会群体来共同提升人格素养与思想层次。作为一位有担当、重名节、性倔强、欲作为之年轻气盛的士子,张溥毅然选择后者,在明代喜立诗社、文社时风下,以极大的魄力创立应社、复社,通过群体的共建与自我救赎,以谋求最大程度改善文风,进而改善士风,净化世道。

(3)增加力量,谋求改良。

复社,号称"小东林"。顾宪成东林书院所弘扬的重视学问、培植人才、弘扬正气、关注时政的精神特征为张溥创立之应社与复社所继承,二者的精神底色是一脉相承的。顾宪成云:"为官不在君父、百姓上,为学不在世道上,为君子所不齿。"黄宗羲对此予以同情之理解与同道之首肯:"先生(顾宪成)论学,与世为体。尝言官辇毂,念头不在君父上;官封疆,念头不在百姓上;至于水间林下,三三两两,相与讲求性命,切磨德义,念头不在世道上,即有他美,君子不齿也。故会中亦多裁量人物,訾议国政,亦冀执政者闻而药之也。天下君子以清议归于东林,庙堂亦有畏忌。"①顾宪成所云及黄宗羲所述道出了士人为学、为官的现实关怀和价值导向。东林书院大门对联更加形象地强调了这一点:"风声雨声读书声,声声入耳;家事国事天下事,事事关心。"对联鲜明生动地表现出士人应有的担当与责任:在风雨如晦之时代重视读书治学,在国事不可为之衰微之际更须关注家国天下大事。显然,这是对那些"两耳不闻窗外事,一心只读圣贤书"仅热衷于时文、以博取功名为人生最高追求的士人的棒喝。

尽管明初朱元璋下令,生员不得妄议时政,"军民一切利病,并不许生员建言"②,但以"修身齐家治国平天下"为理想抱负,在孔子"天下有道,则庶人不议"的指导思想下,在"天下者,非一人之天下"(姜尚《六韬·武韬·顺启》)"天下乃天下之天下,非一人之天下也"(《汉书·谷永传》)等思想传统下,作为应时而生的应社,作为"兴复古学、务为有用"以继承东林精神相标榜的复社,作为有良知、有担当的士人,怎能不关注时政,怎能不惩恶扬善,怎能不谋求改良呢?

---

① 黄宗羲著,沈芝盈点校,《明儒学案》卷五十八《东林学案一·端文顾泾阳先生宪成》,中华书局 2008 年版,第 1377 页。

② 刘泽民、李玉明主编,张金科、姚锦玉、邢爱勤分册主编:《三晋石刻大全 临汾市浮山县卷·下编·佚失石刻·御制卧碑》,三晋出版社 2012 年版,第 617 页。

而要增加改良的力量，仅靠个人或小团体是无济于事的，而明代士人热衷于结社的风气，推动了应社、复社应运而生。应社、复社也因其增加改良力量、扩大在朝和在野影响的内在需求下，而不断合并、壮大，直至成为朝野注目、在朝野斗争中一股不可忽视的力量。

需要指出的是，受时代所限，这种改良主要表现在自身群体的改良以及对奸佞权宦的反抗斗争上。

2.张溥创立复社的过程。

复社在晚明的影响与成就，绝非一蹴而就。张溥自创立应社至统合众社于复社，无论是从扩大社团地域，还是明确治学路向，无论是从丰富组织架构，还是社会参与、现实担当，每一发展阶段都对文社有着重要的提升。

张溥自初入文社至创立全国性的复社，历经五个阶段：

第一阶段，初入文社。

天启元年春夏，同邑王家颖、何南春、蔡申诸子立社，专请张溥作社文。此社主研《周易》，兼读四书。这是张溥加入文社之始，地域在同邑，规模较为有限。这为三年后，张溥等创立应社奠定了基础，尤其是人主一经的治学方法是应社人主一经、合治五经的滥觞。张溥在应社中主治《周易》亦与这一段文社经历颇有关系。

第二阶段，创立应社。

天启三年冬，受周锺影响，并经过热烈讨论后达成共识，从而更坚定了研治五经的治学方向。古人治经，往往皓首穷一经，若欲研治五经，唯有人专一经、合治五经一途。而晚明兴起的众多文社，为合作治学提供了组织保障和成员保障。因此，天启四年冬，张溥、张采与杨廷枢、杨彝、顾梦麟、朱隗、王启荣、周铨、周钟、吴昌时、钱枬等十一人建立应社，"分主五经文字之选"，而富有财力热心社事的孙淳负责联络奔走。

应社可谓应时而生。以内因而言，人专一经、合治五经的想法得到了二张、周钟、周铨、杨彝、顾梦麟、杨廷枢、朱隗、王启荣、吴昌时、钱枬等核心成员的认同，接下来就是创立文社、付诸实践了。以外因而言，应社的创立也是对当时一系列朝政事件的积极反应。天启四年六月，左副都御史杨涟劾魏忠贤二十四大罪，被责，群臣激愤。黄尊素抗疏继之。七月，工部郎中万燝上疏弹劾魏忠贤，被廷杖，四日后卒。十月，吏部尚书赵南星、左都御史高攀龙被罢。十一月，吏部侍郎陈于廷、副都御史杨涟、金都御史左光斗被削籍。至此，"朝宁之上，善类摈斥一空"(《明史·高攀龙传》)，东林势衰，天下权柄归于魏阉一党。在这样一种背景下，应社以"守道""名节"相期许而成立，体现了关注时势、反对权阉的意图。

应社取名，首先来自杨彝的园名"应亭"。顾湄《顾梦麟墓志铭》说杨彝"与三吴名士为文社，就所居之园名应亭，因曰应社"。①张溥对此又做了深入阐述，为之赋予深意。《广应社再序》云："是以社名之立，义本《周官》，而今之文士，取以为号。择而后交，在久不渝，四海之大，有同并之风焉，斯又王道之所存也。"张溥特意强调："应"义本《周官》。《周官》见《古文尚书》，《书序》云《周官》乃周成王所作。李民、王健指出：《周官》"记录了周成王向百官阐述周王朝设官、分职、居官的法则"②。而《周礼》在王莽改制前亦名《周官》。那张溥文中的《周官》是否指《周礼》呢？我们认为，张溥所指应为《尚书·周官》。理由有二：其一，《尚书·周官》更为凝练，作为应社的立社理念更具指导性和明确性，而若是指《周礼》，则应明指某篇某则，否则泛而无归。其二，《尚书·周官》与《周礼》一脉相承，是其精神的推衍。明代梅鷟《尚书考异》卷四云："盖《周官》一篇，全是约《周礼》一书而成。"翟奎凤进一步指出："周公致政前'制礼作乐'，作《周礼》；天下稳定后，巩固平静成王执政据《周礼》的纲要向群臣宣告说明，遂有《尚书·周官》。"③

可见，张溥等命名文社为"应"，义本《周官》。《周官》的主旨是对官员的职责和道德的要求，勉励其尽职尽责、以德理政。其中有几点需注意。其一，重视人才，强调任得其人，注重推贤让能，所谓"明王立政，不惟其官，惟其人""推贤让能""举能其官"。其二，官员各尽其责，佐成王治，所谓"阜成兆民""永康兆民""以佑乃辟"。其三，重视道德学问，所谓"以公灭私""功崇惟志，业广惟勤""恭俭为劳""作德心逸日休""居宠思危"，"学古入官""不学墙面，莅事惟烦"。

张溥等人以此为立社之宗旨，以"有官君子"自期，这对于广大青年士子颇有号召力。这种号召既有道德学问期许，亦有功名官责的高标，显然比"书中自有颜如玉，书中自有黄金屋，书中自有千钟粟"的功利诱惑更提升了一个层次。这是张溥在立社之初的注重点，值得我们特别注意。

---

① 倪赐：《唐市征献录》，归庄：《归庄集》年谱所引，中华书局1962年版，第530页。
② 李民、王健：《尚书译注》，上海古籍出版社2004年版，第357页。
③ 翟奎凤：《〈尚书·周官〉与〈周礼〉关系考论——兼谈西周的公卿官学与孔子儒学〉，《太原理工大学学报(社会科学版)》，2006年第2期，第24—28页。

　　张溥在《广应社序》又进一步强调,"应"有"龙德",为应龙之应。应龙,古代传说中善兴云作雨之神。《论衡·寒温篇》亦云:"虎啸而谷风至,龙兴而景云起,同气共类,动相召致。故曰以形逐影,以龙致雨。雨应龙而来,影应形而去,天地之性,自然之道也。"班固《宾戏》说:"泥蟠而天飞者,应龙之神也。"应社据此命名,含有"与古应"、与时代相应、与同人相应、改革时弊、促进王化之深意。故张溥进一步强调"是乃社之本称近而之远者也"(《广应社序》)。

　　据此可知,张溥对应社命名的阐释,寄寓着应社同人的价值追求和奋斗目标。应社肇始于常熟唐市,发起者十一人分处苏州、太仓、常熟、镇江、嘉善等地。并以此辐射扩展开来,逐渐又形成娄东应社、吴郡应社①,随后应社又有江南应社、江北应社、河北应社之分;二张与周锺、杨廷枢等人主持江南应社;万应隆、刘城、沈寿民等主持江北应社;张溥与杨伯祥游京师时,又与从游者数十人结河北应社。② 后来随着声望日隆,人员益多。于是在吴昌时、钱栴的建议下,张溥、周锺等顺应形势发展,转主广大,匡社也加入应社,于是天启七年成立广应社③,一时声名闻于天下。《广应社再序》云:"是故介生发扬其大,而予复兢兢焉。盖即来之(吴昌时)、彦林(钱栴)推广之意而加详之,所以明有亲也。"朱彝尊《静志居诗话》复云:"当其(应社)始,取友尚隘,而来之、彦林等谋推大之,迄于四海,于是有广应社。"

　　应社至此由"吴中社事之雄"④而成为闻名天下的大社,与江西陈际泰、罗万藻、章世纯等组织的豫章大社和山东宋玫兄弟组织的莱阳社鼎足而立。可以看出,应社从思想上、目标上、组织形式上已为日后的大复社的成立奠定了良好的基础。换言之,应社可视为大复社之雏形。

　　应社成立后,除了合作治学、讨论时文、编选社文、吟诗作文外,积极参与时事,表现出应社士子关注社会、呵护正义、不畏权势、嫉恶如仇的一面。

---

　　① 计东:《上吴祭酒书》:"娄东有应社十子,吴郡有应社十三子。"王应奎《柳南随笔》卷三云:"而太仓自二张外,在社中者又有八人,为应社十子;吴门自维斗外,在社中者又有十二人,为应社十三子。"

　　② 见张溥:《刘伯宗稿序》《江北应社序》,计东:《上吴祭酒书》。谢国桢《明清之际党社运动考》(第115页):"应社可分为三部分,第一是江南的应社,第二是江北的应社,第三是河北的应社。……要是仅分南北二类还不能包括应社的完备。"

　　③ 参廖可斌:《明代文学复古运动研究》,上海古籍出版社1994年版,第353页。

　　④ 蒋逸雪:《张溥年谱》,第10页。

如天启五年(1625),魏忠贤肆意报复弹劾者,捕中书舍人汪文言下狱,命自诬及诬杨涟等受前辽东经略熊廷弼贿,汪文言拒之,备受五毒而死。镇抚司许显纯手作供词上奏,于是斩熊廷弼,传首九边,严旨追赃。又捕杨涟、太仆少卿周朝瑞、左佥都御史左光斗、陕西按察副使顾大章、河南道御史袁化中、吏科给事中魏大中等,下镇抚司狱,累累跪阶前,裸体箠辱,复加拷掠,众不能堪,皆荷枷平卧堂下,一一诬服。复行追赃,三日一比,先后拷死①。史称"六君子之狱"。张溥为此作《祭魏廓园先生文》(崇祯元年十二月作)祭奠魏大中。文中充满对忠臣义士的赞扬和惋惜,对逆臣贼子的怒斥,对正邪相战的感慨。

继六君子之狱后,魏忠贤又继续酿成了"七君子之狱"。七君子即高攀龙、周宗建、缪昌期、李应昇、周顺昌、周起元等七个正直官吏。天启六年(1626)三月,原左都御史高攀龙在里得缇骑捕讯,投水死,年六十五②。张溥作《吊高景逸先生诗四首》。除高攀龙投水而死外,其余六君子均被捕,惨死狱中。在逮捕周顺昌时,在苏州发生了"开读之变"。此年三月十八日,苏州地方官以魏阉命,捕周顺昌解北京,文震亨、杨廷枢等请保释,不许,激起民变,殴死魏忠贤所遣差官。地方官遂兴大狱,颜佩韦、马杰、沈扬、杨念如、周文光等五义士为保护当地群众,自系入狱,于此年十月被杀害于苏州。五位义士"临刑相顾笑别,延颈以受"③、"意气阳阳,呼中丞之名而詈之,谈笑而死。断头置城上,颜色不少变"(《五人墓碑记》)。五位义士的壮举极大地激发了士人抗击逆阉的士气。安徽吴应箕作《苏州行》、太仓李继贞作《五人咏》《义士行》、吴江周永年、长洲朱隗各作《击官旗》长诗,歌赞五人死义事。④ 当地人士感五人之义,将他们合葬于虎丘之侧。一年后,魏忠贤伏法自缢。于是吴默、文震孟、姚希孟等人进奏,请以魏忠贤废祠之址来重葬五人,墓门立碑,题"五人之墓",以表旌其义行。崇祯二年,张溥与应社同人有感于五义士"激昂大义,蹈死不顾"的英雄气概及"哀斯墓之徒有其石",又为之作记,名《五人墓记》。文中将五位义士的高风亮节与当时士大夫普遍丧失气节相对比,极大地弘扬了正气,贬斥了那些居高位而气节低劣者。文末提出

---

① 柏杨:《中国历史年表》,湖南出版社2006年,第672页。

② 高攀龙名入《东林点将录》为"掌管机密军师"之"天闲星入云龙左都御史高攀龙"。见文秉《先拨志始》卷上,上海书店1982年版,第154页。

③ 《周忠介公烬余集》卷四《五人传》,见《丛书集成新编》第68册,第321页。

④ 张慧剑编著:《明清江苏文人年表》,上海古籍出版社1986年版,第475页。

了"死生之大,匹夫之有重于社稷"的响亮口号,与顾炎武"天下兴亡,匹夫有责"的主张前后辉映。张溥又作《吊五人墓二首》,其一云:"豺狼从此收牙吻,不愧吴中君子军。"高度肯定了五人义行所产生的斗争效果。[1] 应社成员也加入这次斗争中来。《五人墓碑记》云:"丁卯(按,应为丙寅)三月之望,吾社行为士先者,为之声义,敛赀财以送其行。"如杨廷枢、徐汧等人积极筹措营救周顺昌。小野和子指出:"从应社到复社,从文学性的结社到政治性的结社转换,不能不说'开读之变'有着极大的意义。"[2]

可以说,在国家多事之际,应社士人们或凭一腔正义,或凭手中之笔,关注和参与着国家社会大事。诚如谢国桢先生所言:在魏忠贤残害诸君子时,"无耻的士大夫早投降到魏党的旗帜底下了。说一两句公道话,想替诸君子帮忙的只有几个书呆子,还有几个老百姓。"[3]"几个书呆子"指应社士子,"几个老百姓"则指"开读之变"中献身的五人。

第三阶段,创立复社。

天启七年八月,明熹宗朱由校卒,弟思宗朱由检嗣位。十一月,魏忠贤死,诏磔其尸。奉圣夫人客氏全家斩于市。

朱由检即位后,勤于政事,重实才,改革用人制度,不贪女色,崇尚节俭,实施了一系列新政。在崇祯新政的刺激下,社会上正气高扬,颂正气骂逆阉的声音此起彼伏。当时的书坊也迅速推出了一批贬斥魏忠贤的书,如《玉镜新谭》《皇明忠烈传》《颂天胪笔》等。[4]

在经历了长期的万历怠政、天启乱政后,崇祯新政给时人带来了一股振兴之气,一切欣欣向荣,惩恶扬善,发奋有为,成为一时的社会基调。

恰在此时,张采乡试中捷,张溥选恩贡,可谓捷报频传。崇祯清算阉党,二张借科场得利之势,又顺势起草檄文,率诸生驱除致仕后来娄的魏党头目顾秉谦离娄,郡中人士立碑记录此事,二张一时名重天下。

天启七年腊月,张采北上应会试,张溥送别于浒墅(《祭天如兄文》)。自此,二张七录斋五年共读时光暂告结束,进入了先后出仕的阶段。

---

① 《明史·周顺昌传》亦云:"自是缇骑不出国门矣。"
② 小野和子:《明季党社考》,第238页。
③ 谢国桢:《明清之际党社运动考》,第51页。
④ 同上,第109页。

崇祯元年春,张溥以覃恩选贡入太学,奔赴京师。此时张采刚中进士,二人在京相见,欢喜之情无予言表,张溥寓于张采邸中,一如往昔在七录斋时,"两人相得益章,名彻都下"(万斯同《明史·张溥传》)。此时会试中,张采、徐汧、蒋德璟等皆告捷,张溥在廷对中又得高等,于是"诸贡士入太学者俱愿交欢溥,争识颜面,因集诸多士为成均大会。是时宇内名卿硕儒,前为崔魏摧折,投荒削逐者,崇祯新政,后先起用。闻溥名,皆愿折节订交。骚坛文酒,笈笥车骑,日不暇给,由是名满京都"(《复社纪略》)。此时徐汧、周钟、蒋德璟、黎左严、复允彝、杜麟征、王崇简、杨廷枢、罗万藻、艾南英、章世纯、朱健、朱徽、宋征璧等皆在京。崇祯新政、阉党失势的政治气候,极大地振奋了这些士人。于是诸子举行成均大会,并结燕台社。

此时组织燕台社,已超越了一般文社的载酒征歌、聚会论文,而是带有打击阉党余孽,弘扬正气,尊经复古,针救时弊的意义。郭绍虞《明代文人集团》云:"燕台社组织之动机,已是对于污浊政治之反抗;此后牵涉政治问题,无宁谓为当然。"可以说,"燕台之盟在性质上带有反阉党联合的特点,现在看来在组织上它对复社的正式成立也是极为重要的。"[①]不难看出,燕台社所倡导的"尊遗经、砭俗学",与应社所主张的尊经复古一脉相通。燕台社其实是应社影响的进一步扩大。张溥也由此"声气已通海内"[②],"名在天下"(《祭天如兄文》)。陈际泰《复张天如书》说"天如才情,准可上下千古,纵横万里",非尽为溢美之词。

在京期间,张溥又与严渡定交。严渡为严调御(张溥曾为其作传)之子,调御与弟武顺、叔伯立小筑社,时称三严。其后小筑社广而为读书社,黄宗羲《郑玄子先生述》云:"崇祯间,武林有读书社,以文章风节相期许,如张秀初(歧年)之力学,江道闇(浩)之洁净,虞大赤(宗玫)仲镐(虞仲瑶)之孝友,冯俨公(惊)之深沉,郑玄子(铉)之卓荦;而前此小筑杜之闻子将(启祥)严印持(调御)亦合并其间。"[③]后一年,读书社并入复社,乃严渡之功(蒋逸雪《张溥年谱》)。可见,张溥在这次短暂的京师之旅中已开始为联合诸社而奔波。好友张受先在此年冬赴任临川后,也在积极奔走,求同存异,联结陈大士以遏制艾南英。计东《上太仓吴祭酒书一》云:"受先宰临川,首结陈大士以稍杀艾氏之怒。故能化异同,以成

---

① 何宗美:《明末清初文人结社研究》,第 177 页。
② 王志庆:《祭张天如文》:"忆自戊辰岁,得交天如,时天如声气已通海内。"
③ 黄宗羲:《黄宗羲全集》第十册,浙江古籍出版社 2005 年版,第 566—567 页。

声气。"

此年秋,张溥提前回娄准备为张采赴任临川送行,张采随后亦回娄,二张又与"同志扬扢社事"。十一月,张采带老母往临川赴任知县,张溥约娄地附近同社六百余人为之送行。别后,张溥继续领导社事,"海内同人翕然共宗天如"(《复社纪略》)。

崇祯元年(1628),熊开元从崇明调任吴江知县,慕张溥之名,多与其交游。当地巨室吴氏、沈氏子弟皆随张溥学习(《复社纪略》)。研习诗文之余,张溥属意社事。

吴江知县熊开元喜好文章,亦热衷社事①,遂极力支持吴翻、孙淳、吕云孚、吴允夏、沈应瑞等诸生建立了复社。复者,"义取剥穷而复也"②。计东《上吴祭酒书》云:"复社者,社之后起者也。始庚午(按,应为戊辰)之冬,因鱼山熊先生自崇明调宰我邑,最喜社事,孙孟朴乃与我妇翁(吴翻)及吕石香数辈人始创复社。"朱彝尊《静志居诗话》亦云:"崇祯之初,嘉鱼熊开元宰吴江,进诸生而讲艺,于时孙淳孟朴结吴翻扶九、吴允夏去盈、沈应瑞圣符等肇举复社。"综合《复社纪事》《复社纪略》《静志居诗话》等记载来看,复社之成立,实际组织者为吴翻、孙淳、吕云孚、吴允夏、沈应瑞等人,而谋划、领导者为熊开元、张溥。复社成立后,即展开了社事活动。《吴镇朴先生六十序》云:"复社已兴,岁月有会,道里之间,日相逮也。"吴伟业《复社纪事》记录更为详明:

> (熊开元)换知吴江县事,以文章饰吏治。知人下世,喜从先生(张溥)游。吴江大姓吴氏、沈氏洁馆舍,庇饮食于其郊,以待四方之造请者。推先生高弟子吕石香云孚为都讲。石香好作古文奇字,浙东西多闻其声。而湖州有孙孟朴淳锐身为往来绍介。于是奥味翕习,远自楚之蕲、黄,豫之梁、宋、上江之宣城、宁国,浙东之山阴、四明,轮蹄日至;秦、晋、闽、广间,多有以其文邮致者。先生丹铅上下,人人各尽其意,高举隆洽,沾丐远近矣。③

---

① 张溥《国表序》:"鱼山(熊开元)先生以政事之暇加意今文,所谓应制之涂、同人之义出其中矣。"

② 杨凤苞《秋室集》卷五《吴孝靖纪略》云:"翻(吴翻)与同志孙淳等四人创为复社,义取剥穷而复也。"见《续修四库全书》本。

③ 吴伟业:《复社纪事》,《吴伟业全集》,第600页。

第四阶段，合并应社于复社。

因张溥日益扩大的影响及组织号召力，再加上地方官员的支持与地方大姓富室的财力襄助，复社甫一成立即格局阔大、影响颇巨。应社虽已成立五年，但成员主要为生员，明显处于势单力薄、无法相提并论的境地。除张溥外，复社中人与应社原有一些交往，如孙淳曾为应社征文奔走出过大力。[1] 但当孙淳多次主动向应社领袖杨廷枢示好时，却遭到了杨的冷淡回应。二社之间的关系较为紧张尴尬。[2] 受熊开元和孙淳等的请托支持，富有组织社事经验且身兼二社主盟的张溥成为统合二社的最佳人选。张溥于是极力说服应社领袖杨廷枢、周锺等人，竟将已闻名天下的应社合并到后起的复社之中，可以想见这其中张溥是做了大量动员说服工作的。[3] 张溥的组织领导能力由此略窥一斑。当然在这一过程中，熊开元作为地方政权的影响，孙淳的四处奔走，吴翿的财力支持也起了很大作用，如吴氏"在复社设立当初之际，捐资白金 20 镒（480 两），谷物 200 石，援助其组织活动。"[4]

第五阶段，合并众社于复社。

将应社合并到复社中，这仅仅是一小步。张溥等人正在积极谋划将更多志同道合之文社也统合于复社之中。

当时的政治环境也有力地促进着这种统合。崇祯二年（1629）正月，诏定逆案。[5] 这标志着魏党与东林党势力发生翻转，形势朝着有利于东林党的一面发展。《四库全书总目·东林列传》云："至崇祯初，权阉既殛，公论始明。"张溥之所

---

① 计东《上太仓吴祭酒书一》："孟朴但为应社五经征文之人尔。"朱彝尊《静志居诗话》卷二十一："而效奔走以襄厥事者，嘉兴府学生孙淳孟朴也。"

② 计东《改亭文集·上吴祭酒书》："始庚午之冬，因鱼山熊先生自崇明调宰我邑，最喜社事，孙孟朴乃与我妇翁（吴翿）及吕石香数辈人始创复社，颇为吴门杨维斗先生所不快。孟朴尝怀刺谒杨先生，再往不得见，呵之曰：'我社中未尝见此人。'我社者应社也。盖应社之兴久矣，时天下但知应社耳。……当时纷纷社集文字，若《南彦》《天下善》《人文聚》诸书，与复社之《国表》一集、三集、四集颇相龃龉。"见续修四库全书本。

③ 计东《改亭文集·上吴祭酒书》："独西铭先生一人，大公无我，汲引后起，且推鱼山先生主持复社之意，故能合应、复两社之人为前矛后劲之势。"王应奎《柳南随笔》："赖天如先生调剂其间，而两社始合为一。"杨凤苞《秋室集》卷五："翿（吴翿）与同志孙淳等四人创为复社，义取剥穷而复也。太仓张溥举应社以合之。"

④ 转引自小野和子：《明季党社考》，第 263 页。

⑤ 夏燮：《明通鉴》，岳麓书社 1991 年，第 2254 页。

以能成功地在此年统合诸社于复社正是建立在此政治背景上,并顺应了这种时代要求。

概言之,复社合并应社后,在熊开元地方政权的极力支持、孙淳等联络头目的四处活动、吴翻财团的大力襄助、张溥作为富有才华和影响力的新起士人领袖在社团间的积极协调统筹①以及东林之后群龙无首迫切需要一个像东林党一样的领头社团的现实需要的共同作用下,促成了张溥统合十七文社于复社的壮举。

崇祯二年,张溥在吴江举行尹山大会上,统合江北南社、中州端社、松江几社、莱阳邑社、浙东超社、浙西庄社、闻社、黄州质社、云间几社、江西则社、历亭席社、昆阳云簪社、吴门羽朋社、匡社、武林读书社、山左大社、江南应社等十五个地区的十七家社团于复社②,声势倾动朝野。当然,以上所提及的这十七家文社也仅就主要者来说,实际上"从尹山大会名录和《复社姓氏录》来看,当时除与阉党有关的极少数社团外,其他文人社团没有不加入复社的。"③

复社在成立后的短短两年内,经过二次合并,迅速成为一个具有全国性的文人社团。这在中国古代社团史上是空前的。何宗美指出:"张溥主盟复社,标志着全国性文人社团正式形成""这种结社,其人数之众,分布区域之广,持续时间之长,活动声势之浩大,在中国古代历史上是绝无仅有的。"④复社当之无愧地成了中国古代第一大文社,其在地域、规模、影响上都是首屈一指的。从地域上来看,复社成员分布于明代十三个省级行政区、六十余府、八十多个县。⑤ 从规模上来看蒋逸雪《复社姓氏考订》统计有姓氏可考的复社成员为三千二十五人,日本学者井上井《复社姓氏校录》统计为三千四十三人。⑥ 实际上,这仅是其中一部分,据《复社纪略》《复社纪事》,复社成员当不下于一万人,可谓规模是庞大,

---

① 蒋逸雪《张溥年谱》:"孙氏效力,吴氏输财,均有功于复社,不容隐没;然苟无溥之通才硕望,又何足以感召之耶?"

② 按:在合并的过程中,出现了种种困难,有些社(如几社)最初并不愿意合并到复社中,怕树大招风,仍愿自立一名。《社事始末》云:"两社对峙,皆起于己巳(崇祯二年,1629)之岁,……娄东、金沙两公之意,主于广大,欲我之声教,不讫于四裔不止。先君与会稽先生之意,主于简严,唯恐汉、宋祸苗,以我身亲之,故不欲并称复社,自立一名。尽取友会文之实事,几字之义,于是寓焉。"

③ 何宗美:《明末清初文人结社研究》,第170页。

④ 同上,第139、147页。

⑤ 同上,第147页。

⑥ 转引自小野和子:《明季党社考》,第258页。

"汉、唐而下,迄于明季,党社成员之众,而又班班可考,殆无有逾于复社者矣。"
(蒋逸雪《张溥年谱》)

三、复社与明代政坛

有学者指出:"结社成为江南士人日常生活的一部分,既是江南士人的一种文化生存方式,也是江南士人政治与文化活动的一个平台,为明清之际风云变化的历史增添了一笔丰厚的政治与文化遗产。"①复社正是这一现象的典型代表。

新统一后的大复社以兴复继绝、上嗣东林为号召,人们亦将之目为"小东林"。② 东林此时已成为正义君子的代表,极富号召力和凝聚力。"魏阉既败,东林名益高,人乃以附东林为荣。是实顾高诸贤讲学之始,所不及料矣。"③复社也正以上继东林的姿态而将诸社统合于复社之下。应该看到,复社公开主张继承东林遗风,除了当时政治形势和东林在知识界的巨大影响外,同时也是由于其领袖主盟中不乏东林党人及其后裔的原因。如钱谦益、黄道周、范景文、倪元璐、冯元飚、成德、徐汧、马世奇、刘同升、陈子壮、史可法、黄淳耀、华允诚、张国维、姜埰等人既名列东林又参加复社;而顾杲、黄宗羲、周茂兰、周茂藻、顾玉书、文乘、魏学濂、高永清、周廷祚、吴昌时、侯方域、侯方夏、侯方来、姜垓、姜植、陈贞慧、马世名、方以智、顾苓、侯峒曾、侯岐曾、姚瀚、刘汋、钱栴、钱棻、王与朋、王与敕等七十来人分别是东林人物的兄弟、子孙、女婿、弟子等。④ 而复社"务为有用"的主张也与东林党人主张一脉相同。如"顾宪成'论学以世为体',反对'相与讲求性命,切磨德义',主张念头要'在世道上'(黄宗羲《明儒学案》卷五《东林学案》一)。高攀龙提出了'学问通不得百姓日用,便不是学问'的观点,提倡'治国平天下'的'有用之学'(《高子遗书》卷五《东林会语》)。"⑤

因此,无论从复社宗旨,还是承继东林遗风,无论是在朝,还是在野,复社士人都主动参与到晚明政治活动中,对明代政坛产生了不容忽视的影响。其表现

---

① 朱子彦:《中国朋党史》,第 482 页。

② 《明史·张溥传》:"诸奔走附丽者,辄自矜曰:吾以嗣东林也。"

③ 柳诒徵:《江苏书院志初稿》,见赵所生、薛正兴主编:《中国历代书院志》,江苏教育出版社,第 1 册,第 29 页。

④ 参阅何宗美:《明末清初文人结社研究》,第 164—165 页。

⑤ 郭英德等主编:《中国文学史》(下),四川人民出版社 2003 年版,第 365 页。

尤巨者,约为三端:

其一,培养人才,影响科举选拔。

在人才培养选拔方面,复社的规模和影响日益扩大,对明廷的科举选拔产生了极大的影响。凭藉复社的影响,士子一旦加入复社则功名有了几分保障,若再能得到张溥等人的月旦品评,则几至中捷。[①]《明史》本传云:"溥亦倾身结纳,交游日广,声气通朝右。所品题甲乙,颇能为荣辱。"品题之后,张溥等又通过公荐、转荐、独荐等形式积极向主考官推荐人才,至发榜时竟"十不失一",故"为弟子者争欲入社,为父兄者亦莫不乐其子弟入社"(《复社纪略》)。社友吴应箕亦云:"吾党自庚午(1630)后,汇聚之士,半为升用,其本末固已见于天下矣。"[②]朱子彦具体统计了复社士人在崇祯时期科考中捷人数,"至少有 193 人中进士,215 人中举人"[③]。日本学者井上井对复社士人科考中捷率亦作了详细统计,认为会试的场合,五科有 35%,乡试的场合有 15—18%的高比例。[④]复社培养和推荐的士人竟占朝廷整个科举录取数的 15—35%,足见复社在当时的影响之大。

可以说,复社团结、培养、奖掖了一大批士人,这些士人在明清之际的舞台上扮演着显赫的角色。如钱谦益、周延儒、黄道周、吴伟业、陈子龙、夏允彝、夏完淳、黄宗羲、顾炎武、张采、杨廷枢、吴应箕、顾杲、陈贞慧、侯方域、冒襄、倪元璐、冯元飚、冯元飏、徐汧、马世奇、张国维、姜埰、姜垓、吴昌时、魏学洢、陈际泰、文震孟、熊开元、杨彝、谭元礼、张泽、周锺、周镳、方以智等。其中钱谦益与张溥为通家之好,吴伟业为张溥高弟,钱、吴名列"江左三大家"中。周延儒与张溥有师友之谊,其东山再起与张溥甚有关系。黄道周与张溥为生死之交。陈子龙、夏允彝为几社领袖,夏完淳是张溥弟子。黄宗羲为张溥好友,顾炎武为复社后进,张溥曾为其文稿作序,二人名列清初三大思想。方以智、陈贞慧、侯方域、冒襄是复社中的后起之秀,并称为复社四公子。谭元礼、张泽为张溥好友,是竟陵派主要作家。张溥团结的这一大批优秀士人,在科举入仕后,于改善明末吏治方面起了一定的积极作用,并与在野复社士人遥相呼应,进一步扩大了复社的影响,遂有"复社声气遍天下"(《复社纪略》)之说。乃至在朝权贵对复社亦有所忌惮,"在廷宰

---

① 《复社纪略》卷二:"远近谓士子出天如门者必速售,大江南北争以为然。"

② 吴应箕:《国门广业序》,《楼山堂集》卷一七,《续修四库全书》本。

③ 朱子彦:《中国朋党史》,第 493 页。

④ 转引自小野和子:《明季党社考》,第 275 页。

辅,往往畏忌社中之人,惟恐得罪清议,甚至京师坐次有复社相公,竟席不敢言天下事。"①而在野极有势力的豪绅也极想加入复社,却并不一定能轻易加入,如时相温体仁的弟弟温育仁欲加入复社结果却遭拒,竟作《燕子笺》以泄愤。

其二,培植正气,与阉党权臣展开斗争。

在政治斗争方面,复社士人与阉党权奸展开激烈斗争,显示出士人高度的责任感、正义感和节操,其敦风厚俗、激励士气、感召人心的作用不容忽视。在复社领袖张溥看来,这种正义之行正"足以明吾党之无负于朝廷矣"(《房稿遵业序》)。

邓实指出:"士君子生值衰时,目睹朝政之昏乱、金人之弄权得志,举世混浊,不得不以昭昭之行自洁。……然其霜雪正气,郁为国光。其于一代之人心风俗,深有所感,常收其效于易代之后。历代专制之极,君昏于上,率兽食人,而民不至相食于下,以人于禽兽者,实赖二三正类匡救扶持之力。"②作为复社领袖,张溥尤为崇尚气节,积极投身于与"进声色,罗货利,结党复仇,隳三百年之帝基"之阉党权奸的斗争中,③显示出一介士人的良知、正义感和古君子之风。

明代阉祸流毒甚巨,尤以晚明为烈。《四库全书总目·明史》云:"盖貂珰之祸,虽汉唐以下皆有,而士大夫趋势附膻,则惟明人为最多,其流毒天下亦至酷。"《四库全书总目·明宫史》复云:"盖历代奄寺之权,惟明为最重;历代奄寺之祸,亦惟明为最深。二百余年之中,盗持魁柄,浊乱朝纲,卒至于宗社丘墟,生灵涂炭,实为汉唐宋元所未有。"明末时期,正人与阉党权奸间的冲突日益激烈。整个社会弥漫着同情忠臣义士、怨恨阉党权奸的气氛。如魏大中、黄尊素被阉党杀害后,在两浙地区"虽樵夫牧竖,皂隶庸丐,语及忠臣义士,靡不嗟咨涕洟,如不获见其人也;语及于阉儿媪子,靡不呼号骂詈,恨不得食其肉也。"④有鉴于此,张溥在复社定社之初,宣布秉承东林遗风,崇尚气节,主张"兴复古学""务为有用",这里的"有用"含有培养人才、学以致用的用意,这样的目标在热衷于结社和科举的晚明,必然只能通过结社和科举入仕来完成。一旦复社中人通过科举入仕后,必然要与朝廷中的阉党群小发生冲突展开斗争,在野的复社中人也必然响应和参与。

---

① 《复社姓氏》,转引自谢国桢《增订晚明史籍考》,上海古籍出版社 1981 年版,第 227 页。
② 邓实:《复社纪略跋》,《东林本末》(外七种),北京古籍出版社 2002 年版,第 287 页。
③ 孔尚任:《桃花扇小识》,见《桃花扇》,人民文学出版社 1959 年版,第 3 页。
④ 钱谦益:《山东道监察御史赠太仆寺卿黄公墓志铭》,《牧斋初学集》卷五十,上海古籍出版社 1985 年版,第 1282 页。

故以张溥为领袖的复社及其前身应社均与阉党权奸展开了不屈不挠的斗争。如天启六年苏州"开读之变"中,应社中"行为士先者,为之声义"(《五人墓碑记》)。张溥密切关注此事,作《五人墓碑记》来表彰此事。天启七年,张溥与张采起草檄文,率诸生驱除魏党头目顾秉谦离娄,郡中人士立碑记之,一时士气大振。同时张溥在当时不避阉党忌讳,公然祭奠高攀龙、魏大中等人,可谓"文章气节,足动一时"。崇祯四年,张溥中进士后又与权奸温体仁、蔡奕琛展开了针锋相对的斗争,前后相持数年,最后以温体仁的下台而告终。崇祯十一年,复社后起之秀顾杲、黄宗羲等一百四十二人联名作《留都防乱公揭》驱逐魏阉余党阮大铖。可见,复社诸人无论是在野还是在朝,都与阉党权奸展开了不屈不挠的斗争。在大多数士大夫苟且偷生,屈服于阉党淫威之时,包括复社同人在内的广大士人、平民百姓却掀起了置生死于不顾、激烈反对阉党的浪潮,极大地弘扬了正气,打击了邪恶势力的气焰。颜佩韦、马杰、沈扬、杨念如、周文光等五义士"激昂大义,蹈死不顾"的气节,正是复社所追求和弘扬的。

如此看来,复社由最初以文会友的文社走向影响朝廷政局的政治集团,这与张溥等人为复社所定宗旨紧密相关,也反映出士人极强的责任感、正义感和崇高节操。故谢国桢认为"吾国民族不挠的精神却表现于结社"。① 不仅如此,吾国民族不屈不挠的精神更表现在广大士人通过结社借助群体力量来与阉党权奸展开可歌可泣的斗争上。这对于弘扬正气、引导舆论产生了深远的影响。故在此大无畏斗争精神的感召下,"弘扬忠义、鞭挞奸邪,便成为整个时代的最强音。"②

张溥组织复社与阉竖进行斗争的意义,得到了研究者的褒扬,张宪博先生指出:"作为一个政治活动家,张溥领导复社进行斗争所做出的历史贡献,已经远远超过了他的学术成就。"③张溥及其社友反对阉党统治及异族入侵的反抗精神对后代文社产生了一定积极影响,如南社即受到复社的较大影响,"成员有一千一百余人,以诗文鼓吹反清革命,主要活动于当年复社、几社举社的上海、苏州,其声势与性质皆与复社有相似处"。④

---

① 谢国桢:《明清之际党社运动考·自序》,第1页。

② 何宗美:《明末清初文人结社研究》,第191页。

③ 张宪博:〈东林党、复社与晚明政治〉,万明主编《晚明社会变迁问题与研究》,商务印书馆2005年版,第546页。

④ 何宗美:《明末清初文人结社研究》,第425页。

其三,改良政治,运作周延儒复任首辅。

在经过持续不断的攻讦事件后,张溥担心祸患将及,杜登春《社事始末》云:"西铭之心已隐然大伤,虑乎祸患将及,无可解免,虽门弟子日进,而社局之盟会,寝以少息。"同时,复社处境日益艰难,人人自危,出现不敢齿及复社之势。当时"三吴子弟,各自一宗,不敢齿及复社二字者数年。然原原本本,无一非复社之子弟也,无一非娄东之及门与其门人小子也。"(《社事始末》)为改良政治,应对奸小对复社的不断攻讦,复社领袖张溥与社中魁目吴昌时、钱谦益等人策划周延儒复出,以缓和复社局势,并极力鼓动周延儒谋救黄道周:"救黄漳浦是为朝廷存一直臣,非救漳浦也。今国家事莫大于此者,愿公任之!"[①]通过周密运作,最后竟让周延儒成功复任首辅。复社对晚明政局的影响由此可见一斑。故陆世仪《复社纪略》云:"天如虽以庶常在籍,骎骎负公辅之望。"刘城《祭张天如文》云张溥"虽不作相,有相之功"。今人容肇祖也感叹道:"这样看来,张溥真不愧是一个在野的政党首领了。"[②]

关于周延儒复出的细节各书记载不一,《明史·周延儒传》云张溥与吴昌时交结内侍,恰逢薛国观败后,皇帝亦牵念周延儒,故周因是复出。杜登春《社事始末》则云此乃张溥与钱谦益、项煜、徐汧等人密谋后,派仆人王成传密信于吴昌时而成,情节颇详。吴伟业《复社纪事》则云此乃吴昌时与张溥、周钟、盛顺等人所谋。文秉《烈皇小识》则云此乃张溥与吴昌时、冯铨、侯恂、阮大铖共同出资而成。计六奇《明季北略》则云此乃贺顺、侯恂、吴昌时、内侍谋划而成。周同谷《霜猨集》则于周延儒再起亦有诗三首,皆涉及张溥。语近传奇,事在可信可不信之间。

综合以上材料,周延儒能够成功复出,东山再起,事涉复杂,绝非张溥一人所定,但亦与张溥有莫大关系,这足见张溥作为复社领袖,其影响力与运作能力非同小可。后人对张溥谋起周延儒及周延儒初起时新政,给予了正面评价。至于后来周延儒乱政,名入奸臣,则认为这也是由于张溥已逝,周延儒不复闻正言之故。蒋平阶《东林始末》早已指出这一点:

---

① 黄道周:《黄石斋先生文集》卷十一《张天如墓志》。

② 容肇祖:《明代思想史》,齐鲁书社 1992 年版,第 344 页。

初延儒再召，时庶吉士张溥、马世奇以公论感动之，故其所举措，尽反前事，向之所排，更援而进之。上亦虚己以听。溥既殁，世奇远权势，不入都，延儒左右皆昌时辈，以至于败。①

周延儒的复出，在某种意义上来说，是复社力量和意愿在朝政上的反映。复社由立社之初明确宣布"毋以辩言乱政，毋干进丧乃身"到发展到后期有组织、有规模、有纲领地自觉深度参与晚明政治，在一定程度上表明了复社实际上已具备了近代文人政党的雏形，可以视之为中国近代文人政党的起源。而限于时代，在晚明强大的皇权面前，复社作为文人政党雏形其影响力实际颇为有限，抑或是弱小和不足的。周延儒内阁的垮台"与其说是周延儒个人的，还不如说反映出了让他居于首辅之位、又占据了政府各个要职却没能将此支撑住的东林、复社，作为组织的弱小和政治力量的不足。"②

四、复社士子运动的价值与意义

晚明复社士子运动已成过往，但其所昭示的现代价值与意义，仍具有不可忽视的导向与启迪意义。

1. 知识分子的使命与担当

孔子云："士志于道。"复社士子通过自身的行动，向后世昭示了，代表社会良知的士子不应仅是"两耳不闻窗外事，一心只读圣贤书"，也不应仅是追求功名利禄，只知"书中自有颜如玉，书中自有千钟粟，书中自有黄金屋"，更不应丧失良知，阿附奸佞，随波逐流，助纣为虐。

士以天下为己任，所谓天下兴亡，匹夫有责。正如余英时《士与中国文化自序》所言："如果根据西方的标准，士作为一个承担着文化使命的特殊阶层，自始便在中国史上发挥着'知识分子'的功用。"中国士人自古自觉地肩负修身齐家治国平天下的历史使命和"为天地立心，为生民立命，为往圣继绝学，为万世开太平"的文化担当。作为文化传承者和文化守夜人，士人的担当与情怀代表着一个社会的良知。士人不仅关注自身所处时代与政治，更强烈关注着社会与人类的

---

① 蒋平阶：《东林始末》，《东林本末》（外七种）本，北京古籍出版社 2002 年版，第 67 页。

② 小野和子：《明季党社考》，第 303 页。

根本问题即世道人心。对世道兴衰、人心善恶,尤负有批评、建言、引领的不可推卸之责。

于谦《石灰吟》云:"粉骨碎身浑不怕,要留清白在人间。"士人的使命与担当,决定了其超越于自身安危之上的更大的精神和价值追求。每当社会危难之时,正直士人便以杀身成仁、舍生取义为其精神归宿。

由此可见,知识分子是道义与良知的守护者与代言人。知识分子所赖以安身立命者,正在于家国天下、悠悠万世。农民,尽力于土地之所出,以温饱为追求;士人,则尽力于心灵、精神之所出,以正义、良知为追求。孔子主张君子谋道不谋食、君子忧道不忧贫。孔子强调:"人能弘道,非道弘人。"曾子与之呼应:"士不可以不弘毅,任重而道远。仁以为己任,不亦重乎?死而后已,不亦远乎?"可谓是对知识分子的使命与担当的精当概括。

"士当先天下之忧而忧。"复社士人的道德担当与社会实践,为当下知识分子树立了榜样,提供了启示。受此感召,当下知识分子应该自觉地承担其使命与担当,做出无愧于这一时代之贡献。

2. 民间社团与国家活力

士人历来重视气节精神,代表着社会的良知。洪应明《菜根谭》云:"事业文章随身销毁,而精神万古常新;功名富贵逐世转移,而气节千载一日。君子信不当以彼易此也。"士人社团代表着国家的元气与活力。

国家元气存在于所弘扬之价值观、所追求之道义担当、所深虑之人类命运,而士人正是此价值观的践行者与追求者。士人固然也有一己之利益追求,但更以道义良知为其最高精神追求。

国家活力在于百花齐放,百家争鸣。以复社为代表的士人团体,在政治、文化、教育、经济、民生、军事等各个方面进行了积极的探讨,发表了富有实效性、针对性的深度意见,表现出对国家治理、民生改善的深度思考。知识分子的这些思考,对于呵护国家的良好健康运行,对于促进国家的活力,都起到了应有的作用。

历史上另一种声音也一直不绝于耳,"清谈误国"论者一度尘嚣甚上。这既有维护皇权权威的现实考量,也有不愿或不敢直面王朝灭亡真正原因而归咎于士人的隐蔽意图。复社士子运动启迪我们:一个健康的社会,不能只有一种声音;一个有活力的社会,也不能没有对社会予以观察、分析、建言的知识分子社团。

3.学术合作与交流

复社也开启了近世知识分子学术合作与交流的序幕。在此之前，士人重视师承，以师承不同自然形成各种学派。当然有才大力雄者亦曾打破师承，表现出融合学术的努力，如汉郑玄打破今古文的界限。也有自唐代已降的诸多书院进行各种学术会讲与交流。但大规模的公开的学术合作与交流当始于晚明复社。

发展至近世，有两大交流与合作现象颇值得关注与重视。其一，以复社为代表的经学的合作、交流，其目的在于融合群经的基础上真正精通一经，并以一种融通的视野来审视国家的治理。其二，以徐光启与西方传教士交流为代表的中西文化的交融与合作，其目的在于吸收西方的先进科学技术，以弥补中国文化重人文科学而轻自然科学的先天不足。

今天，全球学术的交流与合作已成为国际共识与主流。以今日之眼光来审视，复社士人的学术合作与交流，虽然限于经学与科举，但其精神与理念自可视作是当今国内及国际学术交流与合作的雏形。

玉山雅集与太仓关系探论

黄小珠

引言

> 夫主客交并,文酒宴赏,代有之矣。而称美于世者,仅山阴之兰亭、洛阳之西园耳。金谷、龙山而次,弗论也。然而兰亭过于清则隘,西园过于华则靡。清而不隘也,华而不靡也,若今玉山之集者非欤?①

中国文士素有以文会友的风雅传统,承载着文士们思想、艺术交流的雅集现象成为中国文化史上一道独特风景。在元末诞生的玉山雅集以其浩大的规模、绵长的历程以及繁复的文艺创作,被誉为与东晋兰亭雅集、北宋西园雅集并称的中国古代三大雅集之一。正如上文所言,玉山雅集因其"清而不隘也,华而不靡"而为人称道,为后世留下了宝贵丰富的文化遗产。

玉山雅集的倡导者顾瑛(1310—1369),又名顾阿瑛、顾德辉,字仲瑛,号金粟道人。顾瑛出生于诗礼富赡之家,其家族世居吴中,相传为晋代名臣顾野王后裔。《故武略将军、钱塘县男顾府君瑛墓志铭》载:"君讳德辉,字仲瑛,别名阿瑛,姓顾氏,世为苏之昆山人,盖四姓之旧也。曾大父宗恺,宋武翼郎。大父闻传,元卫辉、怀孟路总管。父伯寿,晦德弗炫,号玉山处士,母陶氏。"②据此可知,顾瑛曾祖父仕宋,祖父仕元,父亲不仕隐居。顾瑛自作《金粟道人顾君瑛墓志铭》对此也有交代:"金粟道人姓顾名德辉,一名阿瑛,字仲瑛,世居吴,谱传野王裔,未必

---

① 杨维桢:《雅集志》,(元)顾瑛等著,杨镰、叶爱欣整理:《玉山名胜集》卷上,中华书局2008年版,第47页。
② (元)殷奎:《强斋集》卷四,文渊阁《四库全书》本。

然否也。大父以上,皆宋衣冠。大父仕皇元为卫辉、怀孟路总管,始居昆山之朱塘里。父玉山处士,隐德不仕,在养。"①除此之外,顾瑛在这篇墓志铭中自述生平云:

> 予幼喜读书,年十六干父之蛊,而遂废学焉。性好结客,常乘肥衣轻,驰逐于少年之场,故达官时贵,靡不交识,然不坠于家声。三十而弃所习,复读旧书,日与文人儒士为诗酒友,又颇鉴古玩好。年逾四十,田业悉付子婿,于旧地之西偏垒石为小山,筑草堂于其址,左右亭馆若干所,旁植杂花木,以梧竹相应带,总命之为玉山佳处。②

玉山雅集活动主要在顾瑛所建别业"玉山佳处"进行,正如上述顾瑛《墓志铭》所云,"玉山佳处"即玉山草堂和其他园林建筑的总称。杨维祯《玉山佳处记》云:

> 昆隐君顾仲瑛氏,其世家在昆之西界溪之上,既与其仲为东西第,又稍为园池、别墅,治屋庐其中。名其前之轩曰"钓月",中之室曰"芝云",东曰"可诗斋",西曰"读书舍"。后累石为山,山前之亭曰"种玉",登山而住憩者曰"小蓬莱",山边之楼曰"小游仙",最后之堂曰"碧梧翠竹",又有"湖光山色"之楼。过浣花之溪,而"草堂"在焉。所谓"柳塘春""渔庄"者,又其东偏之景也。临池之轩曰"金粟影",此虎头之尤痴绝者。合而称之则曰"玉山佳处"也。③

从至正八年(1348)开始的十数年间,顾瑛于玉山佳处广招文人雅客,共举办多达数十余次的诗酒宴会活动。当时文坛上具有重要影响力的一批名贤巨匠,如杨维桢、柯九思、陈基、郑元祐、虞集、倪瓒、张雨、袁华、王冕、黄公望、张渥等悉聚集于此,进行诗酒唱和、赏画泼墨、品鉴古玩等雅集活动,蔚为大观。

---

① 顾瑛:《金粟道人顾君墓志铭》,鲍廷博辑录《玉山逸稿》附录,中华书局1985年版,第77页。

② 同上,第77页。

③ (元)顾瑛等著,杨镰、叶爱欣整理:《玉山名胜集》卷上,中华书局2008年版,第39页。

玉山雅集活动诞生出众多的以之为主题的文学艺术作品。顾瑛除了自编诗集《玉山璞稿》之外，还编辑了《玉山名胜集》《玉山名胜外集》《玉山倡和》《草堂雅集》。此外，还有袁华编辑的《玉山纪游》以及未署编者的《玉山遗什》。这些作品集，"除《玉山璞稿》仅存二卷，其他均流传至今"。① 它们不仅为后人探视顾瑛主持的雅集活动提供真实可靠的文献资料，而且也以其丰富的内涵、独特的艺术魅力在元代文学史、书画史上占有极其重要的一席之地，四库馆臣赞为"文采风流、映照一世"。

目前，学界已经从不同的角度对玉山雅集展开较为全面的研究，并取得丰硕的成果。本文鉴于顾瑛与太仓之间独特的地缘关系，试图从顾瑛与太仓之关系、太仓文人对玉山雅集的推进以及雅集活动与娄东文化的"互成"三个方面，对玉山雅集与太仓关系略述己见。

一、从州治的视角看顾瑛与太仓之关系

顾瑛生平事迹以及相关诗文作品从不同侧面彰显出雅集活动与太仓之间密切关系。而欲对这一问题做出全局的观照，首先须了解太仓在当时文化地理上的重要性。

太仓属古娄地，亦称娄东、娄城，历史源远流长。早在新石器时代既有人类活动。周代始称娄邑，属吴国。《吴中水利全书》卷二十五云："太仓古娄邑，东境襟带沧海，为三吴圉，故无城，逮伪周诚王始城之。"②其后，随着王朝历史几经更替，其名称、隶属也随之改变。至北宋开国年间太仓属于苏州昆山县。熙宁三年（1070），有"太仓"之名。宋范成大《吴郡志》载："今昆山之东，地名太仓。"③政和三年（1113年），苏州升为平江府，太仓属平江府昆山县。据宋濂《元史》记载，元至元十二年（1275），宋平江府降元，至元十三年（1276）改平江路，下设昆山、常熟、吴江、嘉定诸县，太仓属昆山县。元贞元年（1295年）升昆山县为州，太仓属平江路昆山州。皇庆二年（1314年），州治于太仓。至正十六年（1356年），张士

---

① 参见杨镰：〈顾瑛与玉山雅集〉，《西南民族大学学报》（人文社科版）2008年第9期，第137页。

② （明）张国维：《吴中水利全书》卷二十五，文渊阁《四库全书》本。

③ （宋）范成大《吴郡志》卷十九，台湾成文出版社1970版，第530页。

诚陷平江路,改隆平府,隶属随改。次年,张士诚降元,隆平府复名平江路,昆山州治迁马鞍山。元至正二十七年、明太祖吴元年(1367年),改平江路为苏州府,太仓属苏州府昆山州。

由此历史沿革可知,从玉山雅集正式开始至张士诚陷城,昆山县的治所始终在太仓。太仓在政治、地理上得天独厚的优越性必然对顾瑛及其雅集活动起到潜移默化的影响。

虽然顾瑛《墓志铭》自述"不学干禄,欲谢尘事",但其生平与政治并非完全绝缘,其家族更是与元末达官时贵关系密切。因此其立身行事自然而然与作为昆山州治中心的太仓有千丝万缕的关联。

至正十年(1350)顾瑛响应官府号召出资修建太仓城隍庙,成就一段风雅乡绅助力公益事业的美谈。玉山雅集重要成员陈基(1314—1370)作《昆山州重建城隍庙记》载其事:"江南既入职方,而昆山实吴壮邑。元贞初,县升为州,皇庆中,徙治太仓,而城煌之神寓祠于兴德庙……而州人顾瑛以衣冠故族耕隐界溪之阳,人以长者称之,闻侠之意,则欣然以庙事为己任。"①顾瑛"以庙事为己任",既体现其豪侠慷慨个性,同时也反映出他与昆山州治所在地——太仓之间的密切关系。

从顾瑛生平资料可见,他在主持玉山雅集的同时,也与某些太仓州治的官员保持某种互动。从文人雅集的召集者这个身份来看,顾瑛与太仓官员的互动关系就不仅仅停留于个人层面,而是具有更加广泛的文化意义。比如玉山雅集的重要成员秦约(1316—?)《昆山州修维政绩序》载:

> 昆山田多淤下,赋实繁多,尝时修围之,官往往不过奉行典故而已,岂知斯民根本之所在也?今通守郜侯尤以军食民命为急,跋履川原,冲冒风雨,故其劝勉程督民皆欣欣然……吾友玉山顾君仲瑛书来宾馆俾予序次其事,若其能守官箴励志操,此特士君子平昔所当为者。②

至正十二年(1352),昆山通守郜侯尤不辞辛苦,为民请命,尽心竭力完成昆

---

① (元)陈基:《夷白斋稿》卷二十三,《四部丛刊三编》本。
② (明)张国维:《吴中水利全书》卷二十三,文渊阁《四库全书》本。

山州的堤防修缮工作。从秦约之序可见,顾瑛对通守邰侯尤恤民之事颇为感念,固有召集文士嘉美其事之举。由此可见,顾瑛在主持玉山雅集之际,也与当时州治所在地的太仓官府之间保持密切的联系。

其实,不屑仕进的顾瑛也有过短暂地在太仓为官的经历,其《墓志铭》云:

> 又五年(按:至正十四年)水军都府以布衣起,佐治军务,受知董侯拊膺,时侯以江浙参政除水军副万户,开府于娄上。①

至正十四年,董传霄任水军副都万户,开府于昆山州娄江(即太仓),顾瑛被任命佐治军务。顾瑛此次出仕虽然时间短暂,但却大大丰富他的人生体验:一方面,协助官府平定海寇、协助官粮顺利抵达大都,立下不少战功;另一方面,真切的为官经历也促使他清醒地认识到元末官场、边疆、民生的诸多患害和矛盾。顾瑛在太仓为官期间复杂的入仕经历,真实地体现在其诗歌创作中。这时期的诗作,既有歌颂战功的《饶歌十章》《官籴粮》等,也有《长歌寄孟天暐都事》《舟泊山塘雨中口号》《予以官守系身七十日,闻草堂松菊积雨半荒,马上口占一律》等一些反映民生多艰、家国忧患以及个人仕隐矛盾的作品。基于真实的官场体验,这些作品能较真实地反映他的心境,不仅以其充实的内涵、真切的情感大大开拓顾瑛诗歌的艺术表现领域,而且也为研究元末边防、海运留下珍贵的史料。比如《官籴粮》。此诗序云:

> 《官籴粮》美山东赵公伯坚也。公以江西行省检校官,来浙右籴米十万石赈饥,至是吴民苦于官籴,公一无所扰,而官亦不劳而集,瑛虽不才,敢效白居易体。作是谣,使吴民歌以饯其行。②

赵伯坚此行虽为官府籴粮,但不同于以往籴粮官"输钱索物要酒浆,磨牙吮血如虎狼"③的恶劣行径,他一路不扰民、不劳官,"微服民间身作商,指廪发粟酬

---

① 顾瑛:《金粟道人顾君墓志铭》,鲍廷博辑录《玉山逸稿》附录,中华书局1985年版,第77页。

② (元)顾瑛著,杨镰整理:《玉山璞稿》,中华书局2008年版,第5页。

③ 同上,第5页。

其偿"①,使吴民难得在官籴粮中少受盘剥之苦。顾瑛对赵伯坚的歌颂,也从侧面反映出他在太仓为官期间关心民瘼、以民为本的为政理想。

二、太仓文人对玉山雅集的推动

顾瑛举办玉山雅集既是他个人的选择,也与吴中地区具有丰富悠久的雅集传统有直接密切的关联。从太仓的地域文化视角来看,当时娄东地区的文人雅会对顾瑛举办玉山雅集起到潜移默化的影响。其中重要的一位是娄东(今太仓)文人姚文奂。姚文奂生卒年不详,又称姚娄东、姚野航。顾瑛《草堂雅集》卷十:"姚文奂,字子章,聪敏好学,过目即成诵,博涉经史,搢绅先生极推重,辟浙东帅阃掾,虽公事,旁午不废吟咏,把酒论诗,意气豁如,每过予草堂,必有新作,故所录尤多。家有书声斋、野航亭,自号娄东生。"②顾瑛早年既与诗人张翥(字仲举,1287—1368)赴姚文奂宴集,并在宴会上与著名画家柯九思(字敬仲,1290—1343)相识。在这次宴会上,柯九思为姚文奂《平台寒林图》题诗,云:"古木寒林欲断魂,家山落日近黄昏。相从便问桃源路,绝顶人行何处村?"③此外,柯九思《余旧为顾长卿作〈梅竹图〉,明年其弟仲瑛于姚子章席上索题,遂成口号》也交代了顾瑛参加此次宴会的事实。④张翥也于席上作《摸鱼儿》一词,其序曰:"元夕吴门姚子章席上同柯敬仲赋,敬仲以虞学士书《风入松》于罗帕作轴,故末语及之楚芳、吴兰二妓名。"⑤从这些资料可见,太仓文人姚文奂主持的这次宴会是一场集题画、鉴赏、作词、歌舞于一体的雅集活动。

随后,顾瑛作《招柯敬仲、姚娄东过小隐》:"溪上东风杨柳丝,浅红初上海棠枝。截取山公同一醉,风流不减习家池"⑥,邀请柯九思与姚文奂过其住所。"山公"指西晋名士山简(253—312 年)。山简,字季伦,司徒山涛(205－283 年)之子,性嗜酒,时人称之"山公"。《世说新语·任诞》:"山季伦为荆州,时出酣畅,人

① 同上,第 5 页。
② (明)方鹏:《昆山人物志》卷三,明嘉靖刻本。
③ (元)柯九思:《题姚娄东所藏平台寒林图》,(元)柯九思《丹丘生集》卷三,清光绪十三年柯逢时刻本。
④ 同上。
⑤ (元)张翥:《蜕岩词》卷上,《彊村丛书》本。
⑥ (元)顾瑛:《玉山逸稿》卷一,《丛书集成初编》本,第 6 页。

为之歌曰:'山公时一醉,径造高阳池。'"①刘孝标注引《襄阳记》曰:"汉侍中习郁,于岘山南,依范蠡养鱼法作鱼池。池边有高堤,种竹及长楸,芙蓉、菱茨浮水,是游燕名处也。山简每临此池,未尝不大醉而还,曰:'此是我高阳池也。'"②"山公醉""习家池"后来成为文人们歌咏名园宴游的常用典故,如孟浩然《高阳池送朱二》"当昔襄阳雄盛时,山公常醉习家池。"顾瑛此诗同样以"山公醉"与"习家池"来形容自己与姚文奂、柯九思之间风流宴雅的生活。

从时间来看,姚文奂与顾瑛互为东道主的这两次雅集活动大致发生于柯九思被弹劾回吴地的至顺三年(1331)至元统年间。彼时的顾瑛还未完全弃商从文,也未动工构筑"玉山佳处",至多仅是流连于文士雅集的风雅富商。不难想象,以姚文奂为首的太仓文人,他们优雅的宴游环境以及文采映照的艺术风采,深深契合顾瑛内心对悠游娴雅文艺生活的追求,对顾瑛后来集中精力举办雅集活动有很重要的推动作用。

对玉山雅集起到重要推动作用的太仓文人还有上文提及的秦约(1316—?)。秦约,字文仲,人称秦淮海。秦玉之子。《昆山人物志·秦玉》载:"元秦玉,字德卿,其先居崇明,父庚从方蛟峰学隐,德不仕,徙娄东家焉……所著有《诗经纂例》《〈大学〉〈中庸〉探说》《宋三朝摘要》《斋居杂录》并诗文若干卷……子约,见文学。"③从这条资料可见,秦约出生于诗礼明德之家,自其祖父秦庚以来其家族就定居娄东(今太仓)。秦约博闻强识,工诗擅文。《昆山人物志》载:"(秦)约文章务求理胜,而诗尤工,所著有《樵海集》《师友话言》《樵史补遗》《孝节录》《诗话旧闻》《崇明志》。"④

秦约与顾瑛交好,是玉山草堂的常客,对玉山佳处文化底蕴的营造以及诗酒宴乐活动的顺利举办有很大的功劳。比如顾瑛筑"澹香亭"欲得赵孟頫(谥号文敏)"淡香"二字以助其境,秦约即以所藏墨宝欣然相赠。《玉山名胜集》"澹香亭"下附秦约书简一通,其书云:

> 近闻龙门山开士,水竹居主者咸集玉山草堂,想日有歌咏之乐也,不胜

---

① (南朝·宋)刘义庆著,朱奇志校注:《世说新语校注》,岳麓书社2007年版,第403页。
② 同上,第403页。
③ (明)方鹏:《昆山人物志》卷六,明嘉靖刻本。
④ (明)方鹏:《昆山人物志》卷三,明嘉靖刻本。

悬悬。良贵来，闻欲得赵文敏所篆"淡香"二字，区区得之外家久矣，但未有一亭一台以称其颜，遂欣然归之玉山，益以验是物之有所遭也。他日更当率吾侪赋之未晚。辰下秋高，万惟善自加爱，为斯文珍重。①

这则书信交代了秦约赠顾瑛墨宝之始末，由此可见秦约的慷慨豪情，其佳举对玉山"澹香亭"有玉成之功，对雅集文化活动有推进作用。顾瑛得赵孟頫翰墨也成为一个风雅典事进入玉山雅集的歌咏中，如郭翼《澹香亭》：

> 别馆闲将掷菓车，淡香亭下赏春华。
> 东阑恰好清明节，千树都开烂漫花。
> 绮席霏霏吹雪暖，霓裳叠叠舞风斜。
> 魏公翰墨秦家得，一字千金未足夸。②

此诗歌咏澹香亭清明时节千树花开胜雪，霓裳叠舞风斜的旖旎风光。末联的"魏公翰墨秦家得"指顾瑛获得赵孟頫墨迹一事，"一字千金未足夸"既体现赵孟頫高妙的书法造诣，也反映顾瑛的珍视之情。

顾瑛与秦约交情甚好，二人皆以诗书为能事，各互推重，留下一段文坛佳话。今存世的《玉山璞稿》中，留下一段顾瑛对秦约的评价："文仲性嗜酒，有书迁，娄江人称为太迁先生。"③虽为谐谑之语，亦可见其推重之情。

秦约多次参加顾瑛主持的雅集活动，并留下数量可观的诗文作品。根据杨镰、叶爱欣整理的《玉山名胜集》统计，其中收录秦约诗 27 首、文 3 篇、辞赋 2 篇，这些作品或叙嘉宴、或咏亭林、或勘书图、或赏古玩，从各个方面真切展现出玉山雅集活动的丰富面貌、社会背景及与会文人的不同心态。如《嘉宴序》云：

> 至正龙集壬辰秋二十有二日，玉山顾君仲瑛张筵合乐于灵云堂上。时从子元佐以武功平贼，由昆山节判而归。良用亦由京师漕运千户而至。蝉

---

① （元）顾瑛等著，杨镰、叶爱欣整理：《玉山名胜集》卷下，中华书局 2008 年版，第 317 页。

② 同上，第 317—318 页。

③ （元）顾瑛著，杨镰整理：《玉山璞稿》，中华书局 2008 年版，第 68 页。

联簪组,交辉迭映,乡间宗党莫不夸诩顾氏之盛焉。而仲瑛则慨念门第之既兴,积累不易,于是会其宗族朋友,燕饮而娱悦之,一以敦亲戚爱敬之情,一以申诚饬劝勉之辞。曰乐曰和,不亵不狎,深得古人饮酒行礼之意焉。而约亦预献酬之列,酒既平,乃扬斝起而言曰:"先王制,为饮食以通上下之情。粤自周礼沦坠,古道益远。逮乎秦汉,虽公卿之间,其平居暇日或得一燕会者,非酺令之开,则莫之敢。而况生熙洽之世,际文明之运,出无跋涉之劳,居有宴赏之适。从容言笑,樽俎款洽,日得以享亲戚故旧者,不其幸乎?诸君抱瑰异之才,羽仪天朝,勠力王室,且有日矣,宁不各奋力焉。《礼》曰'于旅也语',其是之谓乎?"坐客有匡庐于彦成、义兴岳季坚、汝阳袁子英、河南陆良贵,皆即席赋诗,以纪斯会。仲瑛俾予诠次其端,复俾良用绘为图。故不辞而为之序焉。淮海秦约书于玉山草堂。①

这篇序文清晰地记录顾瑛举办这次雅集活动的具体事件背景:顾瑛从子元佐以平海寇有功,良用亦由京师漕运千户而至,二子衣锦还乡,名显一时,顾瑛大喜过望,故召集众多亲族友朋于灵云堂张筵庆祝。从这则资料我们也可看出,玉山雅集不仅仅是单纯的文人集会,其与太仓海运文化的兴盛也有密切的关系。

三、玉山雅集是娄东文化的缩影

与传统文人隐士集会的私密、排他性质不同,玉山雅集体现出更加包容、多元的文化特性。正如杨镰先生所云:"从后至元、至正之际开始(从摈弃旧习,折节读书开始),长达三十年间,顾瑛几乎与同时期在吴中活动的文人都有交往,曾与他唱和的,多达百人以上。其中有本地文人,有流寓、游学、仕宦、路经吴中的南北人士,也有蒙古人、色目人。出入玉山草堂者,除了释、道,还有也里可温(家世有基督教背景者)与答失蛮(家世有伊斯兰教背景者)。诗文家、书画家、散曲家、词人,宾至如归。"②

玉山雅集的包容性得益于娄东地区自古以来开放、开拓的区域文化积淀。

---

① (元)顾瑛等著,杨镰、叶爱欣整理:《玉山名胜集》卷上,中华书局2008年版,第115—116页。

② 杨镰:〈顾瑛与玉山雅集〉,《西南民族大学学报》,2008年第9期,第137页。

太仓位于娄水之东,处江海交汇之处,奔腾的长江和浩瀚的大海造就了娄东开放、包容的文化特性。元代"重农不抑商",大量的商品交易皆需要发达的水路交通,而天然的港口优越性使太仓成为当时河运、海运的枢纽中心。举足轻重的地理优势,使得元代太仓交通便利、商贾云集,在当时享有"天下之良港""天下第一码头"的称誉。港口城市的形成,使得太仓形成海纳百川、兼容并包、义利兼顾的文化特质。

玉山雅集规模宏大、人员庞杂的特性与太仓包容开放的港口城市特征不谋而合,顾瑛主持的玉山雅集可以说是兼容并包的江海文化的一种体现。不仅如此,元代太仓繁华的漕运、海运还在实际层面影响雅集活动的进行。顾瑛虽无意仕进,但顾氏家族中出仕者众多,与当时官场有千丝万缕的联系。比如顾瑛之子顾元臣担任水军千户之职的同时,也在积极参与玉山诗会,是顾瑛举办雅集活动的得力助手。杨维桢《雅集志》记录下李龙眠《玉山雅集图》描绘的顾元臣形象:"美衣巾,束带而立,颐指仆从治酒者,玉山之子元臣也。"①据袁华《嘉会序》记载,至正乙未秋九月,顾元臣以功升水军都府副都万户,"玉山翁嘉子之归,乃置酒会友朋于可诗斋。宁海君(按:指顾元臣)彩衣金符照映左右,奉觞行酒,侃侃愉愉……座客皆能赋者,遂以'客从远方来,遗我双鲤鱼'以平声字循次分韵。予得从字,敬序其端。"②除此之外,还有上述的顾元佐、顾良用的例子。顾氏三子能文能武、风流儒雅,分别在海运、漕运上担任要职,三子衣锦而归不仅成为雅集歌咏的主题,而且他们显耀的官员身份也必然对雅集活动顺利举办起到一定的庇护和支持作用。

元代东南沿海地区商业发达,太仓滨海有天然的地理优越性,顾氏家族在当时商场占有举足轻重的地位。玉山雅集研究专家杨镰先生甚至认为,顾氏家族是"宋元之际较早面向海洋的、新型的航海世家。"③顾瑛在主持玉山雅集之前就接手其家族产业,并以精明能干、广结名流著称。可以想见,如果没有前期在生意场上丰厚的经营积累,顾瑛很难挥斥巨资建造名园佳林,逍遥于诗酒宴会之间。"对花时复得诗句,爱客每能挥酒钱"④——玉山雅集得以顺利举行并长时

① (元)顾瑛等著,杨镰、叶爱欣整理:《玉山名胜集》卷上,中华书局2008年版,第46页。
② 同上,第139页。
③ 杨镰:〈顾瑛与玉山雅集〉,《西南民族大学学报》,2008年第9期,第139页。
④ (元)顾瑛等著,杨镰、叶爱欣整理:《玉山名胜集》卷上,中华书局2008年版,第27页。

间延续,这和元代太仓港口海运繁荣、经济富庶有莫大的关系。

顾瑛主持的玉山雅集既是娄东文化的产物,同时玉山雅集也以其浩大的声势和文坛影响力进一步推动娄东文化的繁荣发展。其中最典型的例子是雅集活推进娄东戏曲艺术(以昆山腔为主)发展。顾瑛在玉山园林蓄养家班声伎,吸引四方来客。顾瑛的碧梧翠竹堂雅集《分题诗》云:"为君燕座列绮席,吴歌赵舞双娉婷";谢应芳的书画舫雅集《分韵诗》云:"主人长歌客度腔,翕然钟鼓相击撞。"①根据吴新雷《昆山腔形成期的顾坚与顾瑛》一文考证,顾瑛家乐中的伶人歌女有天香秀、丁香秀、南枝秀、小琼英、小琼华等等。②此外,顾瑛还和杭州女伶桂天香、京城朱帘秀有所交往。此外,根据顾心毅稿本《顾氏重汇宗谱》中的《五十二世祖孟颙公传》云:

> 讳观,字孟颙。……乃自刘家河至南薰关,筑长堤三十余里,建"怀远寅宾、春云秋月、歌风咏德"十四楼,集四方名姝珠帘秀、桂天香、白惜惜、玉交枝等,贮于楼下,往来侠客名公,及荒徼归化者,饮酒其中,笙歌达旦,故海商挟货而来者,争先恐后。

刘家河即元代刘家港口,今太仓市浏河镇,此地为元代漕运出海港口,商船云集,热闹非凡。根据这条资料可知,朱帘秀、桂天香等人曾联袂到太仓港演出。无疑,这些名伶汇集的演出曾经轰动一时,引来侠客、名公、海商等人争先恐后驻足其间。通过玉山雅集的媒介作用,以太仓港为舞台的这一场场演出,必然对南北曲艺的交流融合起到潜在的推进作用,也成为戏曲研究史上不可忽视的重要环节。

顾瑛主持的玉山雅集不仅在元末文坛声誉甚隆,而且也对明清太仓文人产生一定的影响,成为后世太仓文人心中的先贤典范。比如明代大儒王世贞在《艺苑卮言》云:"吾昆山顾瑛、无锡倪元镇,俱以猗、卓之资,更挟才藻,风流豪赏,为东南之冠。"③王世贞为明苏州府太仓州人,这里所谓的"吾昆山"当是以前代州

---

① (元)顾瑛等著,杨镰、叶爱欣整理:《玉山名胜集》卷下,中华书局 2008 年版,第 181、269 页。

② 吴新雷:〈昆山腔形成期的顾坚与顾瑛〉,《文化艺术研究》,2012 年第 5 期。

③ 《艺苑卮言》卷六。

治之名指称太仓。在这段话中,王世贞不仅以战国时代擅长陶朱之术的猗顿、卓氏赞誉顾瑛经商能力,而且更是肯定其风流文采与豪赏个性,将之与倪瓒并称为"东南之冠"。此外,明末清初另一外太仓籍的才子、娄东诗派的开创者吴伟业在《太仓十子诗序》对以顾瑛为代表的太仓文人予以高度赞誉:

> 吾州固昆山分也。当至正之季,顾仲瑛筑玉山草堂招诸名士以倡和,而熊梦祥、卢昭、秦约、文质、袁华十数君子,所居在雅村、鹤市之间,考之定为吾州人。盖其时法令稀简,民人宽乐,城南为海漕市舶之所,帆樯灯火歌舞之音不绝,虾须三尺,海人七寸,至以形诸篇什⋯⋯呜呼,抑何其盛也。[①]

顾瑛及其主持的玉山雅集是太仓人文兴盛的代表,而海漕市舶、帆樯灯火则象征着太仓经济繁华富庶,二者交织在一起,成为吴伟业书写"吾乡之盛"的重要方面。

当然,通过玉山雅集来书写太仓之盛并不局限于王世贞、吴伟业等明清文人的追忆,它也构成顾瑛及其周围文人群体的一种生活体验,试看玉山雅集的常客陈基(1314—1370)的诗歌《娄江即事二首简郭羲仲、瞿惠夫、秦文仲、陆良贵兼寄顾玉山》:

> 娄江江上楼居好,沧海海头城邑新。蛮郎打鼓争起柂,鲛客捧珠来售人。风灯照人不数点,霜月涌波才一轮。人生会合岂易得,看剑引杯宁厌频。
>
> 秋风已过菊花期,笑把娄东酒一卮。徘徊月色楼中满,颠倒天光水底移。梦熟已知鳌背稳,诗成偏忆虎头痴。明朝又鼓吴淞柂,应采芙蓉寄所思。[②]

这组诗歌描绘出娄江江畔、沧海海头的城邑——太仓城一派欣欣繁茂的景象。这里既有海潮江浪、花间月色的自然风光,又有城邑楼居、风灯照人的人事

---

① 《吴梅村全集》卷三十。

② (元)顾瑛等著,杨镰、叶爱欣整理:《玉山名胜集》卷上,中华书局 2008 年版,第 676 页。

景象;有在外打鼓起桅的弄潮儿、捧珠来售的鲛客,也有在楼中把酒言诗的文人雅士,这些繁复的意象与诗人的人生会合之感、岁月易逝之叹交汇在一起,为太仓城市风光增添了更加隽永的人文气息。

作为元末文坛最具规模和影响力的文人唱和活动,玉山雅集的出现与太仓港口城市的经济支撑有紧密的关系,而雅集活动所体现的包容、多元的文化特性也与太仓地区开拓进取的城市品格有关。从这个意义上可以说,玉山雅集是太仓文化的缩影,是太仓文化在元代催生出的一场文坛盛宴。

陆世仪、毕沅致用思想与娄东文化

刘思亮

摘 要:明清数百年间,娄东地区文教不绝,英才代出,其读书修礼、经世致用等思想绵延至今,形成娄东文化中特有的内涵。陆世仪与毕沅同为娄东先贤,虽所处时代、社会境况、政治氛围、个人履历等皆不同,但同作为娄东读书人,他们都有着强烈的社会抱负、家国情怀,皆以斥黜虚浮、恪求实用为人生信条。他们无论生逢乱世,或者恰处盛世,皆能始终保持读书人读书治学的良好习惯,并在治学过程中努力贯行"求实""致用"的精神,这种精神是娄东文化中一个比较重要的内核,甚至对晚清以来实业家的思想都有一定启迪作用。

关键词:陆世仪 毕沅 娄东文化 致用

一、陆世仪生平与早年交游

太仓平原是长江入海口长期泥沙冲积而成,自古不仅有"东南之富城""天下之良港"诸美誉,更是才俊荟萃,耆旧归养之地,所以学脉绵长,德音不绝,并因此形成了独具特色的地方文化内核。在娄东诸多名流贤哲之中,明末陆世仪和清中晚期毕沅二人,尤其璀璨夺目,二人境遇和仕途虽判然有别,但在某些理念和思想上,却有着较强的相似性。地方文化历来有着较强的感染性和高度的稳定性,陆世仪与毕沅生活时代虽相距一百余年,但某些共同的理念和思想却能超越时间,始终相续,与娄东文化的熏染与滋养有着或多或少的联系。

陆世仪是明清之际名声显赫的理学大家、儒学大师,一生著述颇丰,勤于讲学,又淹贯群籍,精于技艺,无论在文学、史学、哲学、农学、军事、水利等方面,都颇有造诣。陆世仪生于 1611 年,卒于 1672 年,陈瑚《尊道先生行状》称:"君讳世仪,别自号刚斋,晚又号桴亭,人称曰'桴亭先生'。世先居太仓,曾祖考讳某,祖考讳某,考讳某,号振吾,皆有隐德,不仕。振吾先生居乡,性谦谨,口出气若恐伤人。"①其父曾做过王太常、顾东明家塾师,口碑极佳。然则陆世仪出身世家,祖上皆"隐德君子",父亲陆振吾恭谦温谨,是典型的江浙文人,其父为陆世仪成长创造了较好的家庭教育环境。家学对其日后的学术思想影响深远,陆世仪少年好友盛敬即曾说过:"桴亭性通明,气识高远,其于圣人之道,盖童年已笃好之,出乎天性,非有先生长者耳提而面命之也。"②

在性格方面,陆世仪耿介方刚,与其父谦卑温谨的个性判若两人。陆世仪之子陆允正《府君行实》中称:"府君天性孝介,刚方耿介,步趋先民,不结权贵,不慕势利,不习时趋,不畏强御,自少发愤,以著书讲学为事。"③其性格的养成,与娄东少年好友们的熏染分不开。少年时的陆世仪广交太仓俊贤,与陈瑚等交好,常游学其中,相与论学。此时的陆世仪、陈瑚等娄东青年,虽不出仕,但也并未消极避世,反而常兴实学、行义举,发起赈灾、筑堤等行为,十分热心桑梓事业。当时娄东一带有一批青年常聚一起,用实际行动努力修身行善,严格要求自身,陆世仪是这类群体中间的核心力量。十四岁时的陆世仪、陈瑚、江士韶等便"相商读书之为善之法""约为体用之学",十七岁时相约成立了文会,以"立科条,设监史,严赏罚,虽治举子业,以道义相成廪如也",仿照袁了凡《功过格》的实践来修身。又特别注重奉行修身日记,认为奉行这种日记"精者究极于身心性命,粗者用心于务本力农",通过对每日善、过的记录,帮助自己砥行修身,从而迁过行善。④血气方刚的陆世仪、陈瑚等年轻人同样好兵,曾一起拜同乡石敬严将军为师,习得各种武艺和阵法,这些对以后陆世仪的军事、武备思想有一定影响。可以说早年的陆世仪在交往之中多受好友熏染,很早就萌生出致用的思想,并在桑梓间努力践行。因为常造福乡里,所以陆世仪与早年好友陈瑚、江士韶、盛敬四人,号称"太仓四先生",后之感念者甚至建祠供奉,称为"四先生祠",四人身上都透闪着太仓文化福泽桑梓,热心实业的文化精髓。

---

① 陈瑚撰:《尊道先生行状》,转引自《中华大典》编纂委员会编纂:《中华大典·文学典·明清文学分典》,凤凰出版社 2005 年版,第 203 页。

② 盛敬:《思辨录辑要·序》,载李桓《国朝耆献类征》(第 17 册),江苏广陵古籍刻印社1990 年版,第 172 页下。

③ 陆允正:《府君行实》,载北京图书馆编:《北京图书馆藏珍本年谱丛刊》第 69 册,北京图书馆出版社 1998 年版,第 729 页。

④ 吴震:《明末清初劝善运动思想研究》,上海人民出版社 2016 年版,第 288—291 页。

二、陆世仪"致用"思想的特点

当然,士人的成长往往与社会发展密不可分。陆世仪生逢明、清两朝交替之际,战乱是当时的时代主题。面对晚明朝廷的腐朽堕落,北方农民起义纷纷响应,席卷整个山东、山西、陕西、河南、湖北等地;而南方则由于清军的不断南下,剃发令、圈地运动等的推行,使得满、汉矛盾激化,抗清运动此起彼伏,史可法、张煌言、瞿式耜、陈子龙、顾炎武、黄宗羲等抗清人士,成为江南一带士人心目中共同敬仰的英雄。尤其顾炎武、黄宗羲等人,与陆世仪年纪相仿佛,又皆在松江、浙东抗清,其慷慨激昂的事迹和当时所谓的"民族气节",对陆世仪影响深远,直接导致了陆世仪一生不仕的人生选择,宁愿在著书立说和辗转讲学中践行自己的理想和抱负。而陆世仪的经学思想,也无可避免地带上了时代的印记。

自汉"通经致用"理念贯彻以来,中国士人便成了"社会良知"的代表,正如余英时所言:"宋代儒家复兴,范仲淹所倡导的'以天下为己任'和'先天下之忧而忧,后天下之乐而乐'的风范,成为此后'士'的新标准。这一新风范不仅是原始儒教的复苏,而且也涵摄了佛教的积极精神,北宋云门宗的一位禅师说:'一切圣贤,出生入死,成就无边众生行。愿不满,不名满足。'一直到近代的梁启超,我们还能在他的'世界有穷愿无尽'的诗句中感到这一精神的跃动。"①陆世仪的社会担当虽然并未体现在暴力抗争的组织中,但是在其著作和讲学中随处可见。面对当时社会的动荡,士人或积极组织暴力斗争,如黄宗羲、王夫之、史可法等;或至死不仕,退隐讲学者,如吕留良、陆世仪等;又有先暴力抵抗,后退隐著述者,如顾炎武等。无论哪种人,都是以各自的方式,努力践行着读书人的社会担当,时刻展现其强烈的历史责任感,"以天下为己任"的理念在当时士人心目中尤其浓烈。如何拯救时代之弊,匡正社会风气,成为士人激烈讨论的话题。总体而言,大家多归罪于当时以"王学"为代表的学术的空疏和虚妄,纷纷呼吁"崇正黜邪",推崇躬行的理念,回归"朱学""理学"的旧有传统。如明末清初人张伯行就对"王学"和"理学"如此评论:"朱子之学,主敬以立其本,穷理以致其知,反躬以践其实,为功切实可循。但学者畏其艰苦难入。自姚江之徒,以不检饬为自然,以无忌惮为圆妙,以恣情纵欲、同流合污为神化,以灭理败常、毁经弃法为超脱。凡一

---

① 余英时:《士与中国文化》,上海人民出版社1987年版,第10页。

切闲荡逾检之事,皆不得正法,天下有此便宜事,谁不去做,而圣学之藩篱决矣。即姚江亦不意其流弊至此,然作俑者谁? 按律当分首从,其罪亦何所逃于天地间乎!"①张氏对"王学"的这种痛切批评,代表了当时绝大部分士人的态度,他们把当时社会颓败、风气败坏的直接原因皆归咎于"王学"。葛荣晋、王俊才也论到:"在政治上,他们把批判矛头集中于一点,就是'王学'使'纲常名教为之扫地','尽变天下之学术,尽坏天下之人心',遂酿成寇盗、朋党之祸,导致明王朝的覆亡。在学术上,他们把矛头集中于一点,即认为'王学'是'禅'而不是'儒',从道统上将'王学'排除于儒教之外,视为异端之学。"②

个体的学术成长,很难脱离时代的影响,鉴于当时学术思潮的转向,陆世仪的理学思想也无可厚非地彰显着"宗朱黜王"的印记。只不过陆氏所宗之"朱"又并非原原本本的"朱学",而是修正和改造以后的朱学。中国读书人善于总结前代王朝覆灭的原因,并且经常将亡国的原因归咎于当时的学术思潮,南宋的亡国是士人所熟知的事,所以在明末读书人看来,"朱学"既是南宋的显学,又是亡国之学,其中必有需要修正的成分,当然不能全盘继承,需要发扬和继承的只是其中于时代有所匡救的理念和思想,而针对当时学尚虚浮,空疏虚妄的特点,陆氏等人自然力倡"朱学"中"格物""达用","知行合一"等理念,重申经学中的致用理念。正如葛荣晋、王俊才所言:"清初实学的高潮,呈现出五彩缤纷的历史画面,在哲学上,不但涌现出以黄宗羲、王夫之为代表的气实体论哲学,认为通天地、亘古今,'无非一气而已',指斥宋儒空谈本体是'通国皆醉,共说醉话',而且以陆世仪、张履祥、吕留良为代表的朱学修正派和以孙奇逢、李颙为代表的朱陆调和派,也都重在发挥宋明理学体系中的实学思想,大力提倡'明体达用'之学,即主张'明道存心以为体,经世宰物以为用',并把'格物致知'之说推广到礼乐、兵刑、河渠、天文、地理、赋税、屯兵,以及'西学'等实用学问上去。这是清初实学思想在理学中的曲折反映。"③

但凡乱世之中,士人最需要的往往是务实精神,空疏玄奥的清谈清议自然不合时宜,经历了早年各种社会实践和自修运动锤炼的陆世仪渐渐形成自己的思想,尤其是在致用思想上较前人有较多改进。宋儒提倡"知行合一",王阳明亦提

---

① 张伯行:《困学录集粹》,《丛书集成初编》第 675 册,商务印书馆 1936 年版,第 25 页。
② 葛荣晋、王俊才:《陆世仪评传》,南京大学出版社 1996 年版,第 7—8 页。
③ 同上,第 11 页。

倡"知行观",陆世仪在前人的基础上提出了"知行说",这种观念尤其注重实践性质较强的"行",甚至认为"行"具有先导性,很多"知"都是在"行"的过程中体悟和总结出来的。陆氏强调:"学问从致知得者浅,从力行得者较深。"鼓励学生躬身实践,在践行中悟道,这对斥排空谈,匡救时弊大有裨益,务实之风也成了娄东文化中较为重要的一个编码。当然,陆世仪不仅只是在学术上摇旗呐喊,而确实是通过实际行动去践行自己的学术主张。

陆世仪虽不在庙堂,但却关心时政,心系苍生,其社会责任感较之"肉食者"有过之而无不及,一生学问也多围绕社会热点和民生问题展开,做的多是"切于世用"的致世之学。面对晚明墨吏为害,上下欺瞒,贵族贪婪,疯狂敛财的衰败局面,陆世仪对当时政治建设提出了自己的规划,在其《思辨录辑要·治平类》及《治乡三约》等著作中,陆世仪提出了对当世政体改革,对基层治理的思考。他认为地方应该享有相对独立的行政、司法等权力,中央应该适当放权,因为中央一旦集权过甚,如果不逢贤主就容易造成奸佞专权,荼毒天下的局面。陆世仪主张黜庸进贤,希望能在一定程度上变更勋爵的世袭制度,通过选贤任能的方式竞争上岗。他认为:"封建、郡县大约皆有得失。封建之得,在于分数明,事权一,历年久,礼乐刑政易施,诸侯贤明,可以自立,无掣肘之患。封建之失,在于子孙世守,赏罚难行,公族蔓延,疏远之贤不得进用。郡县之得,在于力小易制,无尾大不掉之虞,官吏得其人则易治,非其人亦易去。郡县之失,在于防制太密,权位太轻,迁转太数,小人得售其奸,君子不得行其志。……善治天下者,当去两短,集两长,循今郡县之制,复古诸侯之爵,重其事权,宽其防制,久其禄位。有封建之实,无封建之名,有封建之利,无封建之害。"①对于人才的选拔与使用,陆世仪认为:"用人循资格,最是大弊,人才不同,各有所宜。有宜大者,有宜小者,有小大无不宜者。圣人之才也,或宜大或宜小,贤人之才也,求才于今之世,其为贤人者寡矣。而朝廷用人,不问其才之大小与否,概以资格迁升之,是以圣人望一切也,奚可哉?""人才极是难得,善用人者,必审定其才之所宜,授之以职而终生任之,务使竭尽其才。"②针对当时战争频发,社会动荡,流民数目众多等现象,陆世仪提出"约正三长",注重基层治理,希望循下而上,依靠稳固乡里而稳固社会,甚至提

---

① 陆世仪:《思辨录辑要》卷十八,《丛书集成初编》第 668 册,商务印书馆 1936 年版,第 183—184 页。

② 陆世仪:《思辨录辑要》卷十二,同上,第 125 页。

出建设"养济院"等公益机构,借助民力收容难民的方针。可见,陆世仪虽"处江湖之远",但却非遁世逸情的隐士,也非牢骚满腹的遗民,他始终秉持读书人"博施仁于天下"的情怀,从实际情况出发,通过著述立说,设筵讲学等方式,传播"致世"之学,匡救时弊,真正践行"通经致用"读书理念。

如上所言,陆世仪认为人才"有宜大者,有宜小者,有小大无不宜者",而他自身就是"小大无不宜者"的通才,他不仅于理学、道学上展开讨论,有关于人性、道统、天理等命题探讨,又有针对桑梓琐事、贫民生计方面的关注。为此,他的友人曾批评他:"若是乎,子之迂也。士君子以天下为己任,先忧后乐,乃为大耳。今天下事变旁午,国步孔艰,不忧天下而忧一邑,何子之迂!"他则回答道:"子之言,所谓嫠妇不恤其纬,而忧宗周之陨也……而室庐坟墓不及谋,而父母妻子不及顾,安得宴然谈天下事乎?"①娄东地处长江入海口,历来商品多聚散于此,财贿流通四方,漕运发达,商贸繁荣。但陆世仪生逢乱世,墨吏滋生,兵祸不断,娄东漕运艰难,民众赋役繁重,为了减轻民众负担,陆世仪于康熙年间主动上书《苏松浮粮考》之策。他通过查阅旧籍,实地调研等方法,系统梳理了苏州、松江一带自南北朝以来的赋税征收情况,认为两地民众的征税政策因袭旧明而未改,且历史上呈逐朝增长的态势,征收税额过高,要求减免当地百姓税额。"他又通过横向比较得出:在明朝,苏赋一倍于常(州),两倍于(镇)江,而 20 倍于淮;苏州府一州七县的田赋,与湖广通省(地域为今湖南、湖北两省)十五府十九州 110 个县的田赋等额。故而陆世仪站在吴地广大民众一边,喊出了:'岂天下之平哉!'"②陆氏虽不侍二君,拒绝出仕,但却从未忘记民生,能把君与民、国与家分别对待,这种气节对后之来者影响也很深远。

陆氏眼界广阔,思想开放,兼收并蓄。他所处的时代,正是"西学东渐"的时代,利玛窦等带来的"泰西之学"已在中国文化中扎下根脉,当时大部分士人对这种舶来的学问仍抱有蔑视,甚至是敌对的态度,斥为异端邪说、奇技淫巧。但陆氏能将其中有裨于民生的"名物度数"之学很好地运用到交通、水利、农耕等方面,并鼓励门人也要努力去学。比如对勾股法的评判,就十分可观公允:"西学有几何用法,《崇祯历书》中有之,盖详论勾股之法也。勾股法,《九章》算中有之,然

---

① 葛荣晋、王俊才:《陆世仪评传》,南京大学出版社 1996 年版,第 182 页。
② 陆德文、陆铮编:《吴郡陆氏春秋》,上海科学普及出版社 2009 年版,第 386 页。

未若西学之精。"①又认为："欲识水平，必须有法，盖地形高卑在咫尺尤易辨，若一里二里，以至数十百里，非有法何山辨乎？《武经总要》载水平法，先为水平池置本处，更以一人持度竿照版，向彼处照之，即可辨高下。递移递进，无为不可识。详载本书，但其图未详。予尝与登善兄论正，未若勾股算法为便也。"②他的这些举动不仅先进，且十分彰显胸怀。

他又善于总结前人种艺技术，"虽然陆世仪不曾像同时代的理学家张履祥那样，因补湖州沈某《农书》，而编成《补农书》，以农学家闻名后世，但是他立足家乡的生产条件、生产水平，总结传统，引进先进，结合实践，提出某些切实可行的改革建议，确有着重要的指导意义。"③面对江南多水患的状况，他又积极总结治水经验，探索水势控制的方法，还主要池泽的蓄、泄、堤坝、水闸兴修等，细及民生的各个方面。此外对于历算、天文、教育、武备等，陆氏也多有讨论，随着聚徒讲学规模越来越大，其学问也渐渐播及四方，形成了所谓的"桴亭学派"。

可以说陆世仪一生内外兼修，躬身践行，真正将学问做到实处，虽为理学大师，却一扫理学空疏的成分，始终以"学以致用"为信条，为国家谋大治，为人面谋大安，心系桑梓，周护贫苦，有强烈的社会责任感。正如他自己所言："六艺古法虽不传，然今人所当学者，正不止六艺，如天文、地理、河渠、兵法之类，皆切于用世，不可不讲。"④陆氏的这种品格和精神，对后之学者影响深远，娄东士子将其奉为标榜，纷纷效法。其所开创的"桴亭学派"虽然随着有清一代"汉学"的兴盛而渐渐走向衰落，但其"经世致用"、注重实践等精神却经久不衰，伴随着娄东文化绵延至今。

文化的内核一旦形成，它就总能超越人事的代谢，自我顽强地传播下去。距离陆世仪辞世 58 年后，娄东地区另一位追求实证，注重实用的贤人诞生，他就是晚清名儒毕沅。

---

① 陆世仪：《思辨录辑要》卷十五，同上，第 151 页。
② 同上，第 151 页。
③ 葛荣晋、王俊才：《陆世仪评传》，同上，第 199 页。
④ 中国学术名著提要编委会编：《中国学术名著提要》（合订本）第 5 卷《清代编》（下），复旦大学出版社 2019 年版，第 1289 页。

三、毕沅生平与早年交游

有关毕沅的生平，散见于《清史稿》《清史列传》《清代名人轶事》《清代轶闻》《满汉名臣传》《国朝先正事略》诸书中。毕沅字纕蘅，小字秋帆，自号"灵岩山人"，江南镇洋县（今江苏省太仓市）人。他生于雍正八年（1730年），卒于嘉庆二年（1797），享年68岁，主要生活在乾隆一朝。毕沅生活的年代，恰逢清朝最繁荣的时代，与陆世仪生逢乱世截然有别。繁荣的经济、安定的社会环境，为学者们提供了优渥的学术氛围。此时"汉学"、朴学鼎盛，学者们埋首旧籍，利用文字、音韵、训诂等学问董理典谟，考证名物，这种学问又称为"旧学""小学""考据学"等，学风朴实而简洁，因鼎盛于乾隆、嘉靖二朝，故这一学派又被称为"钱嘉学派"。毕沅一生也涉猎广泛，遍读经典，涉及经学、史学、诸子学等，又擅诗文。其精力与才识过人，为政期间，延揽幕府，广校经典，徐鑅庆《哭毕尚书》云："生前幕府三千士，死后名山万卷书"便是真实写照。他不仅官运亨通，更勤于文校，又较好的旧学功底，故又被称为"钱嘉学术护法"。①

娄东文教兴盛，诗礼传家者甚众，年轻人锐意进取，诵声不绝。"太仓自古为文化之乡，明清时期，更是文人辈出。王世贞兴文，吴伟业兴诗，张溥兴社，陆世仪兴学，还有'四王'（王时敏、王鉴、王翚、王原祁）兴画，使太仓文化得到全面发展，民间读书成风。太仓丰厚的文化底蕴培育了一批又一批士子。据《太仓历代进士名录》统计，从宋初至清末，太仓所出文进士共有268个，在经济发达、人文荟萃之乡，毕沅自少年即得到很好的人文环境的熏陶。"②同陆世仪一样，毕沅也从小受家学熏染，尤其受大父毕礼、母亲张藻的影响较多。据毕沅自己回忆称："大父嗜经籍，晚岁贡成均。中复业计然，辛苦侪齐民。经营五十载，家计幸苟完。"③其大父虽嗜经籍，因迫于家计而放弃应试的追求，但对毕沅鼓励较多。其父多病，学业皆由其母张藻督促，毕父叮嘱其母曰："异日亢吾宗者，必此子也。吾多病，不能自课，君娴文事，宜严督之。"④毕母张藻是当世才女，号称"西泠十

① 梁启超著、夏晓红点校：《清代学术概论》，中国人民大学出版社2004年版，第135页。

② 李金华：《毕沅及其幕府的史学成就》，南开大学博士研究生论文，2010年，第22页。

③ 毕沅：《四十生朝自述三首》之一，《灵岩山人诗集》卷二十四，嘉庆四年经训堂刻本。

④ 史善长：《弇山毕公年谱》"雍正十三年乙卯六岁"条，同治十一年镇洋毕长庆重刊本。

子"之一,娴于诗书,精于文墨。毕沅幼承母教,6 岁便读《毛诗》《离骚》,10 岁由其母亲授其《毛诗》声韵之学,后又遍览秦汉唐宋诸家之文,为日后博学鸿词打下扎实的基础。随后,其父毕镛辞世,其母张藻又把毕沅送到苏州灵岩山,拜著名学者沈德潜和经学大师惠栋为师,为进一步拓宽视野做好了准备,此后毕沅学术渐登高峰。其母不仅教他读书,还授以大义。毕沅进士及第,离京任职之时,其母专门作 270 言长诗《训子诗》相赠:"读书裕经纶,学古法政治。功业与文章,斯道非有二。汝宦久秦中,淸膴封圻寄。仰沐圣主慈,宠命九重贲。日夕为汝祈,冰渊慎剔励。"①其母叮嘱毕沅要牢记圣恩,切心国是,凡行事需谨慎小心。张藻对毕沅的影响至深,张藻病故后,乾隆特赐御书"经训克家"四字,以示褒扬。毕沅为了铭记母亲和皇帝的恩典,特将其室名作"经训堂",将自己的诗文集名为《经训堂集》。

与陆世仪一样,早年的毕沅常游学于诸生之间,每与王昶、王鸣盛、钱大昕等吴中士子诗酒唱和,后又往游京师,与前辈学者谈诗酒、结雅集。在这段时间内,毕沅多与友人酬风饮乐,悠游放情,作品也主要以诗集为主。直到乾隆二十年(1755)年,因家叔毕谊因病乞归,毕沅得补内阁中书,入直军机处,才开启了他宦海浮沉的政治生涯。其学问基础也是在年轻时候奠定的,正如他在《经典文字辨正序》中所言:"余少居乡里,长历大都,凡遇通儒,皆征硕学。初识故元和惠征君栋,得悉其世业。继今与嘉定钱詹事大昕、故休宁戴编修震交,过从绪论,辄以众文多诬,纠辨为先。既能审厥时讹,必当绍其绝诣。"②但即便宦海沉浮数十年,学问也未曾间断,卷不离手,正如袁枚所赞:"吴中诗学,娄东为盛,二百年来,前有凤洲,继有梅村,今继之者,其弇山尚书乎? ……然两公仅有文学,而无功勋,则尚书过之远矣! 尚书虽拥节钺,勤王事,未尝一日释书不观,手批口诵,刻苦过于诸生。"③

---

① 史善长:《弇山毕公年谱》"乾隆三十九年甲午四十五岁"条,同治十一年镇洋毕长庆重刊本。

② 毕沅:《经典文字辨正序》,嘉庆四年经训堂刻本。

③ 袁枚:《随园诗话》,载王英志编校《袁枚全集新编》第九册,浙江古籍出版社 2015 年版,第 399—400 页。

四、毕沅"致用"思想特点

由于清政府在文化方面实施高压政策,文字狱等较为严苛,清中后期以来,士人交相言政的局面不复存在,读书人多埋首典籍,醉心卷帙之中,辨正文字,董理旧章成为当时学术常态。受钱嘉学派"无信不征""实事求是"的学风熏染,毕沅在典籍考证方面颇有建树,尤其在经、史、子学方面,成绩斐然。

乾隆一朝是清朝经济发展至顶峰的时候,号称"十全老人"的乾隆为了标榜文治武功,并希望通过文教笼络天下人,所以十分热衷于修书事业,认为修书是名山事业,能标榜万世。章学诚在《答沈枫墀论学》中即曾论到:"今天子右文稽古,三通四库诸馆依次而开,词臣多由编辑超迁,而寒士挟策依人,亦精于校做,辄得优馆,甚且资以进身。"①上行下效,私人修书事业也尤其隆盛。毕沅既为政府官员,又为学者,所以从任山西布政使职事以来,即延揽宾客,网罗俊贤,收在门下,以辅佐自己编辑典册。门下宾客如钱坫、孙星衍、洪亮吉、严长明、吴绍昱等,皆为当时名士,出现"江左人才半归幕府"的盛况。罗澍伟即评论到:"钱嘉时期社会经济的相对稳定,统治阶级的'右文'政策,加上他本身对于传统中国学术的酷爱,在宦海生活之余,不仅使他得以手握丹铅、辛勤伏案,成一家之言,而且有条件网罗名士、集思广益,完成'众擎易举'的事业,从而在中国文化史上做出一定的贡献。"②比如毕氏不惜毕二十年之功,组织当时一大批优秀的读书人,于乾隆五十七年(1792年)修成《续资治通鉴》一书,是书上起自宋建隆元年,下终于元顺帝至政二十八年,共载宋辽金元四朝四百余年的历史。毕氏编写该书的目的,也是秉持"以史为鉴"的目的,在撰写的过程中,也一秉"实事求是"的态度,要求"据事直书,善恶自见"。

此外,毕沅热衷于地理考实和方志撰修方面的工作,并能将地理研究当作是一件"有益于实学实事"之事情。毕沅一生中,在陕甘任职时间较长,在官事之暇,常亲自踏勘河川,寻访路障,曾为了考察地理,不惜远至玉门、函谷等地,并把亲身所历的考察,作为辨正地理的材料。如毕沅花五年时间完成《山海经新校

---

① 章学诚:《答沈枫墀论学》,载《章氏遗书》卷九,清嘉业堂刻本。
② 罗澍伟:《毕沅评传》,载陈清泉等编:《中国史学家评传》中册,中州古籍出版社1985年版,第1029页。

正》,是书为其一生中较为得意的著作之一。是书在当世并不为鸿儒所重,被斥为"百家不雅驯之言",甚至被当成饕飧之谈的小说家言,而毕沅却偏要挑选这么一本书去考证其中地理信息,其"致用""求实"思想尤其凸显。毕氏对于其中《西山经》《北山经》中的地理考察,部分就来自毕沅任职陕甘期间的亲身考察,所以往往能发覆前人旧误,订正前人之失。他于《山海经新校正·序》中言到:"《西山经》,其山率多可考,其水有河、有渭、有汉、有洛、有泾、有符禺、有灌、有竹、有丹、有楚、有洋、有弱、有洱、有辱、有诸次、有端、有生、有滥,是皆雍、梁二州之水见于经传,其川流沿注,至今质明可信者也。"①这种自信,更多就来自于任职陕甘期间的亲自考察和实地勘探。毕沅还特别注重金石与历史的考证,善于用"二重证据"辨正经史。任职陕西期间,他看到很多旧刻散处榛莽之间,任凭风雨侵蚀,痛心不已,于是立即着手整顿。修茸堂庑,收集碑刻,荟萃砖瓦,留心钟鼎。其所作《关中金石记》和《中州金石记》即是分别在任职陕西和河南二处所作。

毕沅公事之余,趣在治学,治学之道,又坚持"务实"精神,凡辑佚补缺,校勘考释颇为精当。其中如《释名疏证》《经典文字辨正书》《说文旧音》《老子道德经考异》《晏子春秋注》《吕氏春秋注》《墨子注》等,都颇见功力。

毕沅一生虽不像陆世仪那样,在"道学"上提出过宏观认知,但所治皆实学,不慕空疏玄奥,又在任上积极修撰方志,亲自考察河川,这种"达用"的思想确是与陆世仪一致的。毕沅凭借自己的政治地位和身份,延揽宾客,编著典籍,传播文教,而非私聚朋党,蓄养势力,秉持了一位娄东读书人的纯粹品格。毕沅虽在理政方面疏失较多,尤其镇压白莲教及湖南苗民起义不利,获"滥支军饷""贻误地方"等罪,主要在于用人不当,对下属失于钳制和管束,因此在为官上稍有瑕疵,但他仍不失为一位优秀的学者。尤其他留给后人的著作、他所保护的石刻等,至今仍具有很高的学术价值。

五、小结

总之明清数百年间,娄东地区文教不绝,英才代出,其读书修礼、经世致用等思想绵延至今,形成娄东文化中特有的内涵。陆世仪、毕沅等人,作为娄东先贤中的代表,都不可避免地受到了娄东文化的熏染,陆世仪、毕沅等均是在年轻时

---

① 毕沅:《山海经新校正·序》,第二、三页,光绪三年浙江书局据靈巖山馆刻本。

候就基本奠定了学术基础,并且都曾深受当时乡贤、俊才的影响。无论身处乱世如陆世仪,或是身逢盛世如毕沅,读书致用,"知行合一"的理念与他们始终相一。清末民初,中国遭逢数千年未有之变革,陆世仪、毕沅等实用思想更是激励了一批志士,为国为民积极图存,如晚清的"实业"精神便于陆、毕等人致用思想并无二致。同为江苏人的晚清实业家张謇即在《与金子义分转》的书信中,援引陆世仪年轻时候的论说激励自己,其言道:"昔陆桴亭先生有言:'士生斯世,不能致君,亦当泽民。水火之中,望救正切。'走下不自揆度,尝奉斯旨矣!"①可见晚清实业家张謇是将陆世仪"泽民""救民"的事业精神始终当作人生信条。这种思想竟能穿越数百年,在民族最需要的时候迸溅出火花,焕发出力量,这或许就是娄东文化绵延至今的内因,是中华民族生生不息的动力所在。

---

① 张謇撰,李明勋、尤世玮编:《张謇日记》,上海辞书出版社,2017 年,第 416 页。

参考文献

（宋）陈善：《扪虱新话》，明刻本。

（元）柯九思：《丹丘生集》，清光绪十三年柯逢时刻本。

（元）张翥：《蜕岩词》，民国《疆村丛书》本。

（明）胡应麟：《少室山房笔丛》，明万历刻本。

（明）刘诚：《峄桐诗集》，清光绪十九年养云山庄刻本。

（明）焦竑：《国史经籍志》，明徐象橒刻本。

（明）王鏊：正德《姑苏志》，明正德刊本。

（明）周婴：《卮林》，文渊阁《四库全书》本。

（明）徐枋：《居易堂集》，清康熙刻本。

（明）方以智：《通雅》，清光绪十一年刻本。

（明）黄宗羲：《明文海》，清涵芬楼抄本。

（明）王锡爵：《王文肃公文集》，明刻本。

（明）王士骐：《王凤洲先生行状》，明刻本。

（明）屠隆：《栖真馆集》，明刻本。

（明）吴国伦：《甔甀洞稿》，清刻本。

（明）尹守衡：《皇明史窃》，明刻本。

（明）何乔远：《名山藏》，明刻本。

（明）宗臣：《宗子相先生集》，明刻本。

（明）李绍文：《皇明世说新语》，明刻本。

（明）吴士奇：《皇明副书》，上海图书馆藏清钞本。

（明）谢榛：《四溟山人全集》，明刻本。

（明）徐渭：《徐文长三集》，明刻本。

（明）王廷相：《王氏家藏集》，明嘉靖刻本。

（明）王世贞：《明史评》，明刻本。

（明）王世贞：《弇州山人四部稿》，万历五年世经堂刻本。

（明）王世贞：《弇州续稿》，明万历刻本。

（明）张大复：《昆山人物传》，雍正二年刻本。

（明）李攀龙：《沧溟先生集》，明刻本。

（明）陈继儒：《见闻录》，清刻本。

（明）陈继儒：《白石樵真稿》，明刻本。

（明）方鹏：《昆山人物志》，明嘉靖刻本。

（明）董其昌：《画禅室随笔》，清乾隆三十三年戏鸿堂刊本。

（清）吴伟业编：《太仓十子诗选》，清康熙刊本。

（清）查继佐：《罪惟录》，清刻本。

（清）贺长龄：《皇朝经世文编》，清刻本。

（清）吴乔：《围炉诗话》，明刻本。

（清）汪学金辑：《娄东诗派二十八卷》，清刻本。

（清）刘青芝：《拟明代人物志》，清刻本。

（清）程穆衡：《娄东耆旧传》，清抄本。

（清）王昶：嘉庆《直隶太仓州志》，清刊本。

（清）章学诚：《章氏遗书》，清嘉业堂刻本。

（清）史善长：《弇山毕公年谱》，清同治十一年镇洋毕长庆重刊本。

（清）毕沅：《经典文字辨正序》，清嘉庆四年经训堂刻本。

（清）毕沅：《灵岩山人诗集》卷二十四，清嘉庆四年经训堂刻本。

（西汉）司马迁：《史记》，中华书局 2013 年版。

（东汉）班固：《汉书》，中华书局 1962 年版。

（晋）陈寿：《三国志》，中华书局 1959 年版。

（唐）李延寿：《南史》，中华书局 1975 年版。

（宋）欧阳修等：《新唐书》，中华书局 1975 年版。

（明）宋濂等：《元史》，中华书局 1976 年版。

（清）张廷玉等：《明史》，中华书局 1974 年版。

（近）赵尔巽等：《清史稿》，中华书局 1977 年版。

（东汉）赵晔：《吴越春秋》，《四部丛刊初编》影印明刊本，上海书店出版社 1989 年版。

（唐）李白：《李太白全集》，中华书局 1977 年版。

（南宋）陆游：《渭南文集》，《陆游集》，中华书局 1976 年版。

（南宋）高斯得：《耻堂存稿》，文渊阁《四库全书》本，上海古籍出版社 1990 年版。

（南朝·宋）刘义庆著，朱奇志校注：《世说新语校注》，岳麓书社 2007 年版。

（唐）柳宗元：《柳河东全集》，中国书店 1991 年版。

（唐）道宣：《续高僧传》，中华书局 2014 年版。

（南宋）龚明之：《中吴纪闻》，上海古籍出版社 2012 年版。

（南宋）范成大：《吴郡志》，台湾成文出版社 1970 年版。

（南宋）李心传：《建炎以来系年要录》，文渊阁《四库全书》本，上海古籍出版社 1990 年版。

（元）顾瑛等著，杨镰、叶爱欣整理：《玉山名胜集》，中华书局 2008 年版。

（元）顾瑛著，杨镰整理：《玉山璞稿》，中华书局 2008 年版。

（元）杨譓：《昆山郡志》，《宛委别藏》本，江苏古籍出版社 1998 年版。

（明）沈德符：《万历野获编》，中华书局 1959 年版。

（明）顾炎武：《顾亭林诗文集》，中华书局 1982 年版。

（明）顾炎武：《日知录》，上海古籍出版社 2006 年版。

（明）王世贞：《弇州四部续稿》，上海古籍出版社 1987 年版。

（明）王世贞：《弇山堂别集》，上海古籍出版社 2017 年版。

（明）胡应麟：《少室山房集》，上海古籍出版社 1993 年版。

（明）胡应麟：《诗薮》，中华书局 1958 年版。

（明）焦竑：《玉堂丛语》，中华书局 1981 年版。

（明）焦竑：《澹园集》，中华书局 1999 年版。

（明）焦竑：《焦氏笔乘》，中华书局 2008 年版。

（明）陈子龙：《陈子龙诗集》，上海古籍出版社 2006 年版。

（明）谢榛：《谢榛全集》，齐鲁书社 2000 年版。

（明）吴讷，徐师曾：《文章辨体序说·文体明辨序说》，人民文学出版社 1962 年版

（明）兰陵笑笑生：《金瓶梅词话》，人民文学出版社 1985 年版。

（明）文秉：《烈皇小识》，上海书店 1982 年版。

（明）陈子龙：《陈子龙诗集》，上海古籍出版社 1983 年版。

（明）黄宗羲著，沈芝盈点校：《明儒学案》，中华书局 2008 年版。

（明）归庄:《归庄集》,中华书局 1962 年版。

（明）文秉:《先拨志始》卷上,上海书店 1982 年版。

（明）黄宗羲:《黄宗羲全集》,浙江古籍出版社 2005 年版。

（明）吴应箕:《东林本末》,北京古籍出版社 2002 年版。

（明）钱谷编:《吴都文粹续集》,文渊阁《四库全书》本,上海古籍出版社 1990年版。

（明）桑悦:弘治《太仓州志》,《日本藏中国罕见地方志丛刊续编》,北京图书馆出版社 2003 年版。

（明）卢熊:《苏州府志》,《中国方志丛书》影印明洪武十一年钞本,(台北)成文出版社有限公司 1983 年版。

（清）高士奇:《左传纪事本末》,文渊阁《四库全书》本,上海古籍出版社 1990年版。

（清）徐崧、张大纯纂:《百城烟水》,江苏古籍出版社 1999 年版。

（清）永瑢:《四库全书总目》,中华书局 1965 年版。

（清）赵翼:《赵翼全集》,凤凰出版社,2009 年版。

（清）吴伟业:《吴梅村全集》,上海古籍出版社,1990 年版。

（清）陈恭尹:《陈恭尹集》,人民文学出版社,2018 年版。

（清）夏燮:《明通鉴》,岳麓书社 1991 年版。

（清）孔尚任:《桃花扇》,人民文学出版社 1959 年版。

（清）钱谦益:《牧斋初学集》,上海古籍出版社 1985 年版。

（清）鲍廷博辑录:《玉山逸稿》,中华书局 1985 年版。

（清）李桓:《国朝耆献类征》,江苏广陵古籍刻印社 1990 年版。

（清）袁枚著,王英志编校:《袁枚全集新编》,浙江古籍出版社 2015 年版。

（清）张睿撰,李明勋、尤世玮编:《张睿日记》,上海辞书出版社 2017 年版。

（清）钱谦益:《列朝诗集小传》,古典文学出版社 1957 年版。

（清）朱彝尊:《静志居诗话》,人民文学出版社 1990 年版。

（清）洪昇:《长生殿》,人民文学出版社 1983 年版。

（清）章学诚著,仓修良编注:《文史通义新编新注》,商务印书馆 2017 年版。

（清）张廷玉等:《明史》,中华书局 1974 年版。

（清）姚鼐:《古文辞类纂》,岳麓书社 1988 年版。

（清）吴伟业：《吴伟业全集》，上海古籍出版社1999年版。

《丛书集成初编》，商务印书馆1936年版。

《丛书集成续编》，上海书店1999年版。

《景印文渊阁四库全书》，台湾商务印书馆1982年版。

《四库全书存目丛书》，齐鲁书社1997年版。

《续修四库全书》，上海古籍出版社2002年版。

《四库禁毁书丛刊》，北京出版社1998年版。

《续修四库全书》，上海古籍出版社2002年版。

《四库未收书丛刊》，北京出版社1997年版。

黄人、沈粹芬编：《清文汇》，北京出版社1995年版。

中国戏曲研究院编：《中国古典戏曲论著集成》，中国戏剧出版社1959年版。

吴毓华编：《中国古代戏曲序跋集》，中国戏剧出版社1990年版。

佚名：《研堂见闻杂录》，上海书店1982年版。

沈曾植：《海日楼札丛》，中华书局1962年版。

王国维：《宋元戏曲史》，上海古籍出版社1998年版。

王运熙、周锋：《文心雕龙译注》，上海古籍出版社1998年版。

章太炎：《国故论衡》，上海古籍出版社2003年版。

钱锺书：《管锥编》，中华书局1986年第2版。

张荫梧：《颜习斋先生之精神生活》，提拔书店1940年版。

朱星：《金瓶梅考证》，百花文艺出版社1980年版。

祖保泉：《司空图诗品解说》，安徽人民出版社1980年版。

谢国桢：《增订晚明史籍考》，上海古籍出版社1981年版。

中国社会科学院历史研究所明史研究室编：《明史资料丛刊》，江苏人民出版社1982年版。

中国社会科学院历史研究所明史研究室编：《明史研究论丛》，江苏人民出版社1983年。

《复旦学报》编辑部编：《金瓶梅研究》，复旦大学出版社1984年版。

陈清泉等编：《中国史学家评传》，中州古籍出版社1985年版。

张慧剑编著：《明清江苏文人年表》，上海古籍出版社1986年版。

章巽：《我国古代的海上交通》，复旦大学出版社2015年版。

余英时:《士与中国文化》,上海人民出版社 1987 年版。

廖可斌:《明代文学复古运动研究》,上海古籍出版社 1994 年版。

赵所生、薛正兴主编:《中国历代书院志》,江苏教育出版社 1995 年版。

葛荣晋、王俊才:《陆世仪评传》,南京大学出版社 1996 年版。

北京图书馆编《北京图书馆藏珍本年谱丛刊》,北京图书馆出版社 1998 年版。

许建平:《金学考论》,河北教育出版社 1999 年版。

吴承学:《中国古代文体形态研究》,中山大学出版社 2000 年版。

郭英德等主编:《中国文学史》,四川人民出版社 2003 年版。

梁启超著,夏晓红点校:《清代学术概论》,中国人民大学出版社 2004 年版。

李民、王健译注:《尚书译注》上海古籍出版社 2004 年版。

沈松勤:《南宋文人与党争》,人民出版社 2005 年版。

《中华大典》编纂委员会编纂:《中华大典·文学典·明清文学分典》,凤凰出版社 2005 年版。

万明主编:《晚明社会变迁问题与研究》,商务印书馆 2005 年版。

王卡主编:《道教文化一百问》,东方出版社 2006 版

柏杨:《中国历史年表》,湖南出版社 2006 年版。

冯其庸、叶君远:《吴梅村年谱》,文化艺术出版社 2007 年版。

毛远明:《碑刻文献学通论》,中华书局 2009 年版。

陆德文、陆铮编:《吴郡陆氏春秋》,上海科学普及出版社 2009 年版。

傅勤家:《中国道教史》,商务印书馆 2011 年版。

严迪昌:《清诗史》,人民文学出版社,2011 年版。

刘泽民、李玉明主编:《三晋石刻大全临汾市浮山县卷》,三晋出版社 2012 年版。

卢国龙:《道教内丹学探微》,中央编译出版社 2012 年版。

丁福保辑:《清诗话》,上海古籍出版社,2015 年版。

郭绍虞选编:《清诗话续编》,上海古籍出版社,2016 年。

吴震:《明末清初劝善运动思想研究》,上海人民出版社 2016 年版。

周颖:《王世贞年谱长编》,上海三联书店 2016 年版。

陆岩君:《张溥研究》,上海三联书店 2016 年版。

朱丽霞:《海上丝绸之路与十七世纪太仓文坛》,上海三联书店,2016 年版

朱子彦:《中国朋党史》,东方出版中心 2016 年版。

郭宝平:《明朝大书生——王世贞传》,现代出版社 2017 年版。

汪涌豪、骆玉明:《中国诗学》,东方出版中心 2018 年版,

中国学术名著提要编委会编:《中国学术名著提要》(合订本),复旦大学出版社 2019 年版。

林庆彰:《明代考据学研究》,中国台湾学生书局,1983 年版。

熊秉真主编:《欲掩弥彰:中国历史文化中的'私'与'情'——私情篇》,汉学研究中心 2003 年版。

汪放、郑闰:《太仓港史话》,古吴轩出版社 2008 年版。

高琪:《娄东文化读本》,南京大学出版社 2013 年版。

陆静波:《娄东文化概论》,《静波丛稿·娄东文化卷》2017 年版。

(日)内藤湖南著,马彪译,《中国史学史》,上海古籍出版社 2017 年版。

(美)牟复礼(Frederick W. Mote),(英)崔瑞德(Denis Twitchett)编;张书生等译:《剑桥中国明代史》,中国社会科学出版社,1992 年版。

(美)海登·怀特:《元史学:19 世纪欧洲的历史想象》,译林出版社 2013 年版。

(德)马克斯·韦伯:《儒教与道教》,江苏人民出版社 2008 年版。

(法)丹纳著,傅雷译:《艺术哲学》,广西师范大学出版社 2000 年版。

(日)小野和子《明季党社考》,上海古籍出版社 2006 年版。

马泰来:〈谢肇淛的《金瓶梅跋》〉,《中华文史论丛》1980 年第四辑。

佚名译,黄润华、王小虹点校,康熙四十七年满文本《金瓶梅》卷首,《文献》第 16 辑,1983 年 6 月。

王永宽:〈《牡丹亭》和昙阳子〉,《古典文学知识》1986 第 7 期。

姜黾:〈《金瓶梅》指斥的明代时人时事〉,《史学集刊》1991 年第 3 期。

郑利华:〈后七子文学阵营的形成、变迁及其活动特征〉,《中国文学研究》2000 年第三辑。

孙学堂:〈王世贞才思格调说辨析〉,《聊城师范学院学报》,2000 年第 1 期。

许建平:〈金瓶梅成书新证〉,《河北师大学报》2002 年第 2 期。

陆静波:〈太仓清真寺碑考〉,《苏州杂志》2004 年第 3 期。

翟奎凤：《〈尚书·周官〉与〈周礼〉关系考论——兼谈西周的公卿官学与孔子儒学》，《太原理工大学学报》（社会科学版），2006年第2期。

魏宏远：〈王世贞晚年"自悔"论〉，《中国文学研究》2008年第1期。

杨镰：〈顾瑛与玉山雅集〉，《西南民族大学学报》（人文社科版），2008年第9期。

魏宏远：〈论王世贞晚年诗歌写作的转变〉，《浙江社会科学》2009年第11期。

吴新雷：〈昆山腔形成期的顾坚与顾瑛〉，《文化艺术研究》，2012年第5期。

孟宁：《〈昙阳大师传〉与〈魏夫人传〉》比较，《濮阳技术学院学报》2014年第6期。

魏宏远：〈附魅、祛魅和返魅：昙阳子传记形象的历史演变〉，《社会科学》，2014年第10期。

谈晟广：〈一件伪作何以改变历史一从《蓬莱仙奕图》看明代中后期江南文人的道教信仰〉，《艺术史研究》，2018年3期。

万晴川：〈明代文言小说《斩蛟记》作者考〉，《文献》2016年1期。

叶晔：〈"五子"诗人群列与王世贞的文学排名观〉，《文学遗产》2016年第6期。

张晓兰：〈天一阁所藏孤本戏曲《后七子》作者及本事考论〉，《文学研究》2018年第1期。

蒋寅：〈生活在别处——清诗的写作困境及其应对策略〉，《文学评论》，2020年第5期。

刘勇刚：《云间派研究》，南京师范大学博士论文，2002年。

高琪：《吴伟业与娄东诗派初探》，苏州大学硕士论文，2004年。

徐美洁：《屠隆净明道信仰及其性灵诗论》，上海师范大学硕士论文，2008年。

李燕青：《艺苑卮言研究》，上海大学博士论文，2010年。

李金华：《毕沅及其幕府的史学成就》，南开大学博士论文，2010年。

后 记

　　自从 2019 年初接受撰写《娄东文化精髓》的任务之后,我们即着手拟订纲目,遴选作者,为全书的撰写做资料和人员上的准备。其间为了写好此书,特别是为了对娄东的文化精神能有较为准确的概括,我们又先后于 2020 年 1 月和 10 月,约请对娄东文化素有研究、成就卓著的凌鼎年、凌微年、夏咸淳、张庆、高琪、吴骏、陆静波、宋祖荫、陈健、汤政等专家学者,来上海交通大学与我们共同研讨。各位先生贡献了非常宝贵的意见,对我们的工作帮助尤大。在具体写作时,我们反复斟酌提炼了全书体例和对娄东文化精神的概括,从太仓历史上的众多文化现象中,又进行筛选,确定了相关专题,并由相关人员合作完成。

　　撰写过程中,我们参考并吸收了学界已有的相关研究成果,尤其是汪放先生和郑闰先生的《太仓港史话》、高琪先生的《娄东文化读本》、陆静波先生的《娄东文化概论》,对我们帮助尤多,特此说明,并向诸位先生恭致谢忱!

　　"学术为天下之公器",编撰《娄东文化精髓》,对我们是个挑战,所概括的娄东文化精神是否准确,相关的专题研究有无疏误,皆有待于方家批评指教。我们衷心欢迎大家对我们的工作,对《娄东文化精髓》一书提出意见和建议,以帮助我们提高学术水准,也有利于相关研究的深入。

　　因为篇幅和体例的限制,有的已撰写完成的对娄东文化的专题研究稿件未能入选此书,诚为憾事。此书的出版,只是我们对太仓文化研究的一个阶段性成果,接下来我们会将相关的专题研究陆续形之成文,争取有机会再结集付梓,一并向大家请教。诚望赐正,谨此致谢!

编者

2021 年 12 月